光明社 GUANGMING DAILY PRESS
光明版 GUANGMING VERSION
U0950537

高校社科文库
University Social Science Series
教育部高等学校
社会科学发展研究中心

汇集高校哲学社会科学优秀原创学术成果
搭建高校哲学社会科学学术著作出版平台
探索高校哲学社会科学专著出版的新模式
扩大高校哲学社会科学科研成果的影响力

绩效评估视野下地方政府有效性的制度建构

System Construction of Local Governmental Validity in the View of Performance Appraisal

张　玉/著

光明日报出版社

图书在版编目（CIP）数据

绩效评估视野下地方政府有效性的制度建构 / 张玉著 .
-- 北京：光明日报出版社，2010.5（2024.6 重印）
（高校社科文库）
ISBN 978 - 7 - 5112 - 0714 - 2

Ⅰ.①绩… Ⅱ.①张… Ⅲ.①地方政府—政治制度—研究—中国 Ⅳ.①D625

中国版本图书馆 CIP 数据核字（2010）第 066546 号

绩效评估视野下地方政府有效性的制度建构

JIXIAO PINGGU SHIYE XIA DIFANG ZHENGFU YOUXIAOXING DE ZHIDU JIANGOU

著　　者：张　玉

责任编辑：佟翠玲　　　　责任校对：赵英慧　刘　洋

封面设计：小宝工作室　　　　责任印制：曹　净

出版发行：光明日报出版社

地　　址：北京市西城区永安路 106 号，100050

电　　话：010-63169890（咨询），010-63131930（邮购）

传　　真：010-63131930

网　　址：http：//book. gmw. cn

E - mail：gmrbcbs@ gmw. cn

法律顾问：北京市兰台律师事务所龚柳方律师

印　　刷：三河市华东印刷有限公司

装　　订：三河市华东印刷有限公司

本书如有破损、缺页、装订错误，请与本社联系调换，电话：010-63131930

开　　本：165mm×230mm

字　　数：252 千字　　　　印　　张：15. 25

版　　次：2010 年 5 月第 1 版　　　　印　　次：2024 年 6 月第 2 次印刷

书　　号：ISBN 978 - 7 - 5112 - 0714 - 2 - 01

定　　价：68. 00 元

版权所有　　翻印必究

CONTENTS 目 录

第一章

导　论

一、问题的提出

在当代中国走向现代化的进程中，基于政府主导型现代化发展模式的逻辑使然，政府对经济和社会的发展，起着举足轻重的作用。因而，有关政府有效性问题的研究，也构成了行政学和经济学经久不衰的研究主题。由于社会发展体现为一个动态渐进的自然历史过程，所以，从静态上看，不存在一种放之四海而皆准的政府有效性的合理界定，从动态上看，不存在一成不变的政府有效性评估指标的固定量化。对于市场经济体制发育成熟、民主法制秩序较为完善的西方发达国家来说，政府有效性的建构在很大程度上取决于“自下而上”的渐进性制度的生成过程；而对于正处于由计划经济体制向市场经济体制全面转型的当代中国来说，政府有效性的建构则不能笼统的归结为静态层面上政府职能的转化和动态层面上政府绩效评估指标体系的逐层量化。因而必须从经济发展与制度建构相互关系的深层机理上，来动态考察地方政府有效性的合理内涵、影响因素及其由此而规约着的制度路径。

由全能政治社会向后全能体制的过渡①，不同国家呈现出了不同的路径模式和制度选择，中国政府职能的转型经验表明，即使在相同和相近的宏观制度环境下，地方政府有效性的制度建构与其在经济社会发展中的作用，也是大相径庭的。这是因为，政府有效性的制度建构，固然与政府职能的转变、政府规模的大小密切相关，但更深层次上的挑战则是在特定制度规约下，对地方政府绩效评估标准的价值设计和科学评价体系有着密切的关系。当代中国深化行政

① 萧功秦认为“后全能体制”社会具有三个基本特征：一是存在着有限的多元化，并逐步形成非政治领域的自主社会空间；二是意识形态领域仍然保持社会主义的基本符号体系，作为党的组织整合与党内凝聚的基础；三是后全能体制社会继承了全能体制下执政党的国家动员力量，它仍然具有强制性的巨大资源。参见萧功秦：《中国社会各阶层的政治态势与前景展望》，《战略与管理》1998 年第5期。

体制改革面临着的一系列难题，以及每次机构改革都不可避免的陷入“精简—膨胀—再精简—再膨胀”的怪圈，其中原因固然与从理论上厘清政府职能和政府规模有关，但是更同在政府有效性的价值预设下，以动态设计的绩效评价体系为根据，对地方政府有效性的制度建构作出合理的绩效评估标准分析有关。基于此，本文以对地方政府有效性价值预设的历史考察作为逻辑起点，基于特定经济发展条件下，合理政府权责对经济发展的职能定位为前提，从中国经济发展与制度供求关系的相互作用机理出发，界定地方政府的有效性及其评价指标，从中揭示当代中国政府职能转变和职责有效的制度变迁过程。

（一）政府绩效价值的制度生成，规约着政府制度变迁的有效性

如何适应以市场化为导向的经济体制改革实践，推进行政体制改革，转变政府职能，建立有效政府，是改革开放以来中国行政管理学界面临的一个根本性的课题。围绕这一问题，学者们或者从政府机构改革与数量规模的增减关系上，划定政府的大小规模（如大政府与小政府之争），来论证政府的有效性；或者从政府职能定位与政府权责划分的权能组合上，划定政府的性质类别（如服务型政府、责任型政府或法治型政府），来论证政府的有效性。前者涉及的是行政权力机构的合理分化、增减和重组，是行政体制数量上的变革；后者涉及的是行政权力作用的空间、领域和形式的合理定位，是行政体制结构上的变革。

然而，无论是基于政府外在数量规模有效的政府机构改革，还是基于政府内在职能权责有效的政府职能转变，最终都没有走出“精简—膨胀—再精简—再膨胀”的怪圈。这是因为，中国传统的行政体制与计划体制有着重大的内在关联，已经形成了一种相互支撑、相互限制的强化机制。中国行政机构、政府规模的问题，在很大程度上是传统行政体制及其运行机制，以及其所指向客体的政策结果所决定的。只要政府没有从经济与社会协调发展的整体视角上来建构评价政府绩效的合理价值标准，那么，其体制变迁所体现的制度结果就不能得到较好的展示，政府有效性的制度设计就不会有实质性的改变，机构改革就很难取得实质性的成效。如果没有与经济发展要求相一致的行政法制、行政监督体制、行政决策体制、行政人事（公务员）制度、行政社会管理制度等方面的进一步改革与完善，机构改革也难以取得相应的效果。政府的制度设计决定着政府的制度绩效，而政府制度绩效的价值评估标准的合理生成，则依赖于经济与社会发展的现实要求，并构成政府制度设计的前提。

由此可见，政府绩效评估的价值标准及其现实规定性，不仅制约着政府职

能的性质和边界以及政府规模的大小，而且决定着政府制度结果的评价与未来取舍。它们之间是互为动力、互为前提和互为保障的。这一现象可以从中国行政体制改革实践的内在逻辑中得到证明。

（二）行政体制改革的深入发展，呼唤着政府绩效标准的制度建构

首先，从理论层面看，肇始于上世纪 80 年代以来的中国的行政体制改革不是一个自主性的变迁过程，而是一种适应性调整的自然历史过程。随着经济体制改革的深入发展和市场经济体系的不断完善，如何使政府职能转换尽快地适应经济体制改革的要求，改变政府职能履行过程中普遍存在的角色错位现象，很自然地就成为行政体制改革的中心课题。正是在上述背景下，如何根据市场经济的运作规律和市场经济国家某些普适性的政府有效性的价值预设，来深化行政体制改革，重新调整和确立我国地方政府的职能和规模，使其有效地服务于中国经济的全面发展，成为 90 年代以来我国行政管理学领域的一大研究热点。围绕着政府有效性的制度建构，学术界在借鉴西方国家政府职能演变的历史规律，以及成熟的市场经济和法治社会条件下的政府权责规范和有限政府作用边界理论，探讨我国地方政府有效性所必须的合理职能定位及目前存在角色错位现象；借鉴西方新公共管理的理论与实践，探讨我国地方政府职能转变的可能性空间和途径；立足于改革开放以来我国地方政府职能转变的经验教训，对中国地方政府职能转变的战略取向进行总体性反思，从理论上提出地方政府职能转变的目标模式等等。这些探讨，无论对于传播和普及现代有效政府理念，还是扩大政府职能转变问题研究的理论视野，都起到了十分重要的作用。

但客观地讲，目前学术界对地方政府有效性的研究，基本上还停留于理论上的逻辑推演，停留在对政府有效性分析的规范性界定上。因此，这种研究还无法对目前处于中国行政体制改革前沿的地方政府，其有效性的制度建构，及其在现实中遇到的困境和挑战作出应有的回应，更不用说提供必要的理论指导。

其次，从实践层面来看，建立有效政府，作为我国行政体制改革的重要目标提出已将近 20 年。尽管期间，关于政府有效性建构的研究，也取得了一些进展，但无可否认的事实是，各级地方政府有效性的建设还没有取得实质性、结构性的突破。就地方政府的实践行为而言，地方政府的行政职能仍然定位混乱、步履维艰，这是因为：

1. 从中央政府的视角来看

中国作为一个现代化进程启动之后，经历了漫长经济延宕的后发国家，无论是“民族复兴”的梦想，还是强化执政党政治合法性的现实需要，都决定了改革以来，中国的现代化建设合乎逻辑地遵循着“追赶型”的发展模式，政府主导的特点非常鲜明。沉重的赶超压力，决定了我们几乎不可能耐心地等待市场体系和市场秩序按照自生自发的逻辑，缓慢地在“试错”中演进。

更重要的是，作为一个转型国家，中国为避免社会秩序出现激烈震荡，理性地选择了可控的渐进性改革。而随着现代社会调控规模日益扩大，内容日趋复杂，在后发现代化国家转型阶段，行政机构作为社会调控体系的主导力量，对于驱动社会经济的发展具有决定性的作用。中国转型的历史背景，特别是高度集中的计划体制和高度集权的政治体制，决定了中国市场体系的发育不可能是一个纯粹的自生自发过程。从某种意义上说，社会转型本身就意味着市场体系的发育，在很大意义上是政府主导推动、制度培育的结果，政府必须也必然会在市场体系发育过程发挥一系列积极而重要的作用。与此同时，在制度资源极为稀缺的条件下（主要表现为政府管理的制度化和法制化程度较低），为了确保社会的稳定和经济的平衡发展，中国政府在社会转型过程中，有意识地“希望和保留并继承了全能主义政治的大部分政治资源，并运用这些政治资源作为工具，来完成中国向市场经济秩序的过渡”①。其制度预设是：一旦政府遇到经济手段难以克服的发展障碍时，行政手段和政治手段就成为必要的补充。

于是，转型期的中国，政府面临的是一个带有悖论性的难题：政府既是行政体制改革的对象，又是行政改革的推动力量。就政府同市场经济的关系而言，这一悖论意味着，我们一方面要大力宣传市场经济自然秩序的有效性，逐步收缩和限制政府对市场运作的行政干预；另一方面又不得不在一定程度上承认政府干预经济的现实合理性，甚至需要借助于强有力的行政干预来推进经济体制的转型。如果说“后发”的历史境遇给政府所提供的广阔舞台，往往会潜移默化地制约着人们对于限制政府行政干预迫切性的认识的话，那么，保持社会转型可控性的政治取向，则往往可能减轻对政府职能转变、政府权力限制、政府规模精简，所可能导致的社会失控的顾虑，以及对政府基于制度有效的建构滞后，所造成的制约经济社会协调发展的关切程度。

---

① 参见萧功秦：《中国全能型的权威政治：发展中的优势和问题》，转引自尹钛：《中国政治型问题研究热点述评》，载于《浙江社会科学》，2003 年第 2 期。

2. 从地方政府的视角看

由于在中国现行的政治和行政体制下，行政体制依然承载相当大的政治统治功能。除非推进某项行政体制改革拥有足够强大的制度激励，能够让地方政府规避风险并带来较大的制度收益。否则，地方政府基于规避政治风险的考虑，通常在政府职能的制度选择上，都会采取“看上面”、“跟着走”的策略。而中央政府基于规避整体制度变迁推进可能会产生政治风险的考虑，同样会在政府职能转变上采取审慎的态度。这就决定了政府有效性的制度建构必然只能是适应性的，即不是根据政府行政管理的基本规律，根据市场经济条件下政府职能的合理定位，来设计出一种全盘的改革战略，提供充分的制度供给。而是根据经济改革的要求和政治权威的支持，有选择性推进某些职能的调整，来促成政府有效性的制度建构。

3. 基于渐进改革条件下的制度供给，其政府有效性的制度建构，仍然面临着制度稀缺的体制性障碍

其一是政府有效性建构的动力机制具有稀缺性。

行政体制改革缺乏来自政府自身的驱动力。新时期中国行政体制改革的动力主要来自两个方面：政治权威的推动和经济体制改革的推动。“行政体制改革并非由政府自身发动”缺乏自身内部制度创新的动力机制，并由此造成行政体制改革的“适应性特征”以及对于经济体制改革“刺激—回应”的逻辑局限性。为此有学者提出，有效政府的建立有赖于“政府自觉”；有赖于行政体制改革的制度供给，实现从“外源式”向“内源式”的转换。但是，这一主张在理论层面上仍然没有解决，在现行的制度约束条件下，政府是否有可能，以及如何才能建构形成政府推进行政体制改革的内在动力机制，实现基于“政府自觉”的政府职能和角色转换的结构性突破？

据此，一些学者从公共选择理论的“政府自利性”假设这一研究视角出发，就政府有效性建立的根源进行了理性推演。肯定地方政府行为除了公共性属性之外，还存在着自利性倾向，并依此对政府职能转变的理性选择障碍进行分析。但严格地讲，自利性在很大程度上只是政府制度选择的一种诱因，自利性概念自身并没有为政府职能转变的制度逻辑分析提供太多的信息。比如：地方政府的自利性的生成机制与扩展机制是什么？自利性因素是借助于何种中介要素成为地方政府制度变迁的前提？地方政府的自利性的实现机制与途径又是什么？诸如此类的问题，都需要以政府绩效评估制度的历史变迁为基础，对政府有效性制度供给过程进行实证性量化研究。

其二是政府基于职能有效的目标指向，而由此作出的制度选择，其作为“选择”中介要素的约束机制与激励机制，存在着稀缺性。

不同的制度供给，会形成不同的行为约束机制和激励机制。就中国的地方政府而言，在改革的不同阶段，随着制度约束条件的变迁，地方政府的职能定位会表现出很大的差异。一个曾经以理性无为著称的地方政府，完全可能因约束机制的改变而演变为积极有为的强政府。而在改革的同一时间段内，不同层级的地方政府因面临的意识形态风险及其同地方经济利益关联度的差异，在行为有效性的制度建构上，也会表现出很大的区别。甚至同一时间段的同一个地方政府，也会因不同行为领域制度约束机制的变迁，以及该领域行为可能产生的政治绩效的差异，而有完全不同的制度选择。因此，地方政府基于职能有效性的制度选择，受制于特定时空条件下的制度供给。

因为“实际的人是在现实制度所赋予的制约条件中活动的”①。外部制度环境及其变迁，是我们研究地方政府职能转变及其障碍时必须给予充分关注的一个重要因素。在中国经济发展与政府职能有效性定位的互动进程中，政府体制变迁的制度供给与政府绩效的主动选择有着密切的联系：一方面，政府职能权责的合理定位，是促进市场体系发育的重要支撑力量，而市场体系的发育程度，又会反过来对政府职能转变的制度创新提出新的要求。

那么，具体地讲，促进地方政府有效性的动态生成，需要创造什么样的外部制度环境？制度安排怎样建构政府制度选择的约束机制和激励机制，进而怎样制约着地方政府的职能转变？显而易见，地方政府在面临建立有效政府的要求和压力时，将不得不充分考虑到各种支撑条件，以及推进职能转变可能产生的实际收益以及风险和成本。

从行政过程的多元行动主体之间的互动关系讲，政府有效性的制度建构及其实现程度并不完全取决于政府自身的意志，它在很大意义上是社会多元力量相互博弈的结果。在制度生成的过程中，影响力日益扩大的市场主体及其利益集团，以及弱势群体的非制度性的利益表达，都可能对地方政府的制度选择产生重要影响。即使在政府内部，追求政绩最大化的“政治企业家”的制度选择，也会受到追求福利最大化的职业官僚群体的制肘。这意味着，我们只有深入考察地方政府绩效生成的历史发展进程，深入到政府保障绩效实现的制度供给的内在运作机制及其演变历程中，才能深刻地理解和揭示地方政府在追求

① ［美］罗纳德·哈里·科斯：《论生产的制度结构》，上海三联书店，1993年，第349页。

“有效性”目标的职能转变过程中，所规约的制度选择及其内在逻辑。

其三是政府有效性建构过程中，地方政府不同绩效模式的制度选择，可能导致“政府悖论”。

对于地方政府来说，建立“有效”意义上的政府绩效，不是一个简单的习得某种确定职能的过程，而是一个适应经济社会发展，试错性地进行职能的自我调整过程。在政府职能缺乏有效的硬约束机制的情况下，地方政府的绩效模式和制度选择有着极大的弹性空间。尽管从总体上讲，改革开放以来中国各地的经济发展模式都被打上了很深的“政府主导”烙印，但“政府主导”本身却是一个相当宽泛的概念，它既可以体现为政府直接支配整个市场体系的发育，政府强制性地干预微观经济过程；也可以体现为政府以政策引导来扶持市场的发育，以及在中观层面对经济发展的适度干预。不同的政府角色模式，对地方经济和社会发展产生的影响将会是截然不同的。

根据政府作用于市场的手段不同，政府在经济活动中作用，可以简单地用三只“手”来比喻，即无为之手、帮助之手和掠夺之手。① 所谓“无为之手”，即古典经济学“守夜人”式的无为政府。现代福利经济学强调政府“帮助之手”（helping hand）的意义，认为面对普遍的市场失灵，政府的干预是必不可少的。但政府的干预、调控终究是不能没有边界的，特别是在政府职能为其自利性或强势利益群体所左右时，“扶持之手”恰恰可能演变成“掠夺之手”（grabbing hand）。如果政府的作用仅限于“无为之手”，那么它越小越好；如果它的作用仅限于“帮助之手”，那么它越强大越好；而如果政府的作用仅限“掠夺之手”，那么对它的限制越多越好。但现实的政府往往同时具备三重功能，这就产生了巴里·温加斯特（Barry Weingast）所说国家（政府）的“本质两难”（fundamental dilemma）：国家需要足够强大，才能具有足够的强制力去做它该做的事，即执行合同；但国家又不能过分强大，以至于它可以不受约束，滥用自己的强制力，任意侵犯公民的财产和权利。② 正如制度经济学家道格拉斯·诺思在“诺思悖论”中所指出的：“国家的存在是经济增长所必不可少的。然而，国家又是导致人为的经济衰退的原因”。③

可见，地方政府有效性的建构，并不仅仅是职能认知分析或规模大小界定

① 张玉：《区域政策执行的制度分析与模式建构》，人民出版社，2007 年版，第 158 页。

② 王一江：《国家与经济》，载《比较》第 18 辑，中信出版社，2006 年。

③ 竺乾威主编：《公共行政理论》，复旦大学出版社，2008 年版，第 340 页。

问题，更重要的是，它是一个政府的理性作用下的制度构建过程。换言之，即使地方政府官员广泛而深刻地认识到了政府职能转变的重要性和紧迫性，如果缺乏制度供给的激励性，地方政府也可能不会采取任何实质性的反应。因此，我们需要在大量实证指标设定和研究的基础上，对地方政府有效性的制度选择机制作出深入、具体的分析，使其行为选择规约于制度建构之中。这是因为，地方政府有效性的建构，既是一个政府职责、权限范围的收缩或扩张的调整问题，也是一个政府职能和政府行为模式的历史变迁过程。仅仅局限于静态的视角，参照市场经济体系高度发达的西方国家的经验，对市场经济条件下理想化的政府职能结构和政府规模大小作出规范性的界定，不仅在实践上无法给目前正面临着种种困境的地方政府职能转变进程提供必要的理论指导，而且在理论上也可能导致政府职能、政府规模等相关问题的研究长期止步不前。如果说90年代以来行政学界的研究主题经历了一个从政府机构调整到政府职能转变的重大转换的话，那么，目前地方政府有效性的建构研究，迫切需要从普适性的政府绩效标准评价界定，从政府行为理性选择的制度建构上，通过实证研究与理论诠释，来揭示政府有效的内在逻辑，这也是本文的研究宗旨。

二、本文研究的理论意义和现实意义

（一）理论意义

1. 从绩效评估视野下，研究地方政府有效性的制度建构，有助于我们从理论上廓清地方政府有效性的基本内涵，梳理清楚政府有效性的理论起源和历史演进历程，并从地方政府绩效内涵的拓展方面，将确保地方政府总绩效得以实现的制度绩效定义为：政治绩效、组织绩效、职能绩效和权责绩效的互动协调，来逐层论证政府有效性制度建构的目标路径。尝试着“从制度主义的分析视角，为地方政府绩效的定性、定量分析，提供一个一般性的理论分析框架和验证模型”。

2. 合理界定政府职能是开展政府绩效评估的基础。本文以经济发展所规定的地方政府的职能定位为依据，来界定有效政府的绩效评估尺度，有助于强化“政府部门应依据职能权责，设置政府机构”这一现代组织理论，从而为“大部制”改革在实践层面的逐层展开，提供理论依据，是对有效政府理论研究的有力补充。

3. 基于结构方程分析模型，设定“地方政府有效”的绩效评估指标，并通过实证调查，验证各个指标在政府绩效体系中的权重，从而为地方政府有效性的制度建构建立科学的、可操作性的指标体系。在一定程度上，扬弃规范化研究的演绎性和不可实证性，使政府有效性的制度建构体现量化分析的精确度。

（二）现实意义

关于有效政府的学术研究，人们主要择重于从政府内部机构改革与职能演进的理论层面进行研究，而很少涉及政府职能履行的外部效果。本文在绩效评估视野下，对地方政府有效性评价体系构建与制度预设进行研究，提出了地方政府绩效在任务层面上体现为：经济绩效、社会绩效、政治绩效和文化绩效的有机统一；在制度层面上体现为：政治绩效、组织绩效、职能绩效和权责绩效的互动协调。依次所遵循的评价尺度是“经济—效率—效益—公平”。其中，政府绩效的取得与政府的制度有效的价值预设呈密切的正相关关系。在“经济增长型”制度预设的前提下，地方政府绩效侧重于经济和效率，而在“社会发展型”制度预设的前提下，地方政府绩效则应侧重于效益和公平。制度决定了政府绩效的价值倾向，在制度所规约的范围内，无论以“经济、效率”作为政府绩效的评价尺度，还是以“效益、公平”作为政府绩效的评价尺度，都有其历史的合理性。最后通过基于结构方程 SEM 分析模型的数据采集，来证明政府绩效指标体系与评估标准的逻辑预设和实证检验，分析和验证当代中国地方政府有效性建构的制度路径为：政治绩效合法性、组织绩效合理性、职能绩效有限性、权责绩效对称性。这一研究的现实意义是：

1. 有利于探索和构建有效政府的合理评估尺度

在落实科学发展观，建构和谐社会的大背景下，探讨地方政府的有效性，必须跳出压力型体制和管制型模式的传统政府形象，从科学政绩观的确立及其需要的角度，来构建政府绩效评估体系。本文提出反映和适合我国经济与社会协调发展的政府绩效评估制度，从而为建设社会主义和谐社会、全面贯彻和落实科学发展观与正确的政绩观，提供必要的政府配套改革支持。

2. 为推进我国政府管理体制改革和确立政府有效的标准，提供理论参考

目前我国学术界关于政府有效的研究，比较多地着眼于宏观的“体制层面”和“结构层面”，局限于政府机构数量的增加与减少及政府职能的调整与转变，关注的热点聚集在机构改革、职能转变及政府与企业、政府与社会的关系等问题上，对于微观层面的政府内部“管理问题”，或因为这一管理所由此产生的外部效果（如公众满意度、政府公信力等），则很少予以直接的关注和深入的研究。政府内部的“管理问题”没有与政府体制创新、机构改革、职

能转变有机结合起来，缺乏一种有效的方法来评估政府管理体制改革之后的运行水平及改革效果。这致使政府为推进经济与社会协调发展，而做出的制度变迁和制度供给，在具体操作上，缺乏目标性的激励机制和制度化的约束效应。加强对地方政府有效性的制度构建研究，有利于将政府管理体制改革的宏观战略和微观内部行为、规划确立与外部结果评价有机地结合起来，有利于将抽象的“有效政府标准”进行具体目标分解，从而推进我国政府管理体制改革的进程。

3. 为推进我国政府体制改革与政府绩效评估的理论研究，提供新的视角

从研究的视角上看，开展对中国地方政府有效性实现的绩效评估体系构建研究，有利于突破传统的政府绩效评估将重点放在借鉴西方政府绩效评估经验上的做法，实现政府管理体制改革和政府绩效评估模式创新，将视野和重点确立在中国的具体国情和中国省市发展的具体场景，这对于推进当前我国政府管理及其绩效评估理论的研究，具有基础性意义。

三、核心概念界定

（一）政府绩效

绩效（performnace）如果单纯从语言学的角度来说，它包含有成绩和效益的意思，它最早用于投资项目管理，后来在人力资源管理方面又有广泛应用。政府绩效，西方国家又称“公共生产力”、“国家生产力”、“公共组织绩效”“政府业绩”、“政府作为”等，它是指政府在社会管理中的业绩、效果、效益极其管理工作中的效率和效能，是政府在行使其功能、实施其意志的过程中体现出的管理能力。运用“绩效”概念衡量政府活动的效果，所指的不单纯是一个政绩层面的概念，还包括着政府成本、政府效率、政府稳定、社会进步、发展预期等含义在内。

从内涵上而言，政府绩效作为评判政府治理水平和运作效率的重要依据，主要包括四个方面：①

第一、经济绩效。经济绩效表现在经济持续发展上，国民经济不仅仅体现为量的扩张，而且在结构合理的前提下体现为质的提升，考察经济绩效要以经济增长率、通货膨胀率、就业率、利率和汇率作为重要衡量指标。良好的经济绩效既包括经济可持续发展程度较高，又包括政府能供给经济与社会协调发展

① 藏乃康：《政府绩效的复合概念与评估机制》，南通师范学院学报（哲社版），2000 年第 3 期。

的宏观经济政策具有正向促进性。

第二、社会绩效。社会绩效是经济发展基础上的社会全面进步。社会全面进步的内涵包括：人们的生活水平和生活质量的普遍改善和提高；社会公共产品供应及时到位，社会治安状况良好，人们安居乐业；社会和谐有序，社会群体、民族之间和谐协调，没有明显的对抗和尖锐的冲突。

第三、政治绩效。在市场经济条件下，政治绩效最经常的表现为制度安排和制度创新。市场经济的游戏规则或社会秩序的供应是一种政府制度安排，这是政府核心能力之一。政府制度安排的能力越强，政治绩效就越容易凸显。在当代政党政治的条件下，执政党的思想一般通过国家意志来表达和体现。廉洁高效并代表人民的利益是执政党在政治绩效上的表现；依法行政则是政治绩效对政府的要求。

第四、文化绩效。文化绩效是经济绩效发展到一定阶段后的产物，也是经济进一步发展的环境基础。它主要是从教育发展、科技发展、广播影视发展和体育发展等方面，来考察文化环境伸展的速度与水平。

它们之间的相互关系是：经济绩效是政府绩效的主要内涵和外在表现，在整个政府绩效体系中发挥着基础作用。没有经济绩效，社会绩效、政治绩效和文化绩效就会缺乏物质基础和物质支撑，社会绩效和政治绩效也不会长久持续。社会绩效是政府绩效体系中的价值目标，没有社会绩效，经济绩效就没有实现的意义和价值，政治绩效会失去社会基础。政治绩效是整个政府绩效的中枢和核心，实现经济绩效和社会绩效需要政治绩效作为法律和制度的保证和保障。文化绩效则为上述三大绩效提供基本的发展环境。同时政府绩效体现在政府行政管理的每一个层面和领域。这种绩效既不是政府短期投入的回报，也不是政府终端产品的累积，而应该是较长时期经济发展、社会进步、政治文明、生态安全的总成果。

从外延上讲，政府绩效包括内部绩效和外部绩效。

内部绩效主要是指为政府的权力组织结构所规约的政府权力运行形式，在政府组织内部，基于投入产出的比例运算，所取得的实际效果。其绩效评价的主要依据来源于政府的内部组织结构。如上级对下级的绩效考核，同级立法机关对行政机关的绩效考核。外部绩效主要是指政府权力作用于经济调节、市场监管、社会管理和公共服务领域所取得的实际效果。其绩效评价的主要依据来源于政府的外部组织结构。如公众对政府的满意度评价、政府公信力的体现等。

从结构上而言，政府绩效包括微观、宏观两个层面。

宏观层面的政府绩效以特定的政府为关注对象，涉及整个政府活动的成绩和效果，具体体现为政治的民主与稳定，经济的健康与发展，人们生活水平和生活质量的持续提高，社会分配的公正与公平，国家安全和社会秩序的改善等。可见，宏观层面的政府绩效取决于政府管理活动的各个主要方面，包括政府素质、政府能力、政府职能、政府行为方式、政府决策的质量等等。

政府在微观层面的绩效由个人绩效和组织绩效构成。个人绩效包括个人的工作表现，工作成绩、工作态度，以及他的专业知识、熟练程度。组织绩效是以特定的政府机构或公共部门为关注对象，体现为这些单位的工作成就或效果，具体以效率、效益、服务质量等来衡量。

综上所述，我们认为：政府绩效就是指政府部门及其公务人员，在一定时间内依法履行职能或岗位职责过程中，以投入所获得的初期的和最终的结果比较及其所产生的社会影响。本文所考察的是地方政府部门所取得的上述总体公共绩效（即经济、政治、文化、社会），在变为现实的制度构建中，由制度作用于内部组织和外部环境而展示出来的：制度构建的政治绩效、制度构建的组织绩效、制度构建的职能绩效、制度构建的权责绩效四个方面的有机统一。

（二）政府绩效目标

政府绩效目标又称绩效标准，指政府干预经济和社会的价值取向和终极目标。常用的指标模式是用具体的概念来构建的，具体体现为“4E 标准”即：经济（economy）、效率（efficiency）、效益（effectiveness）和公平（equity）。

经济（economic）——成本标准。这种衡量只是关注政府及其部门的预算规模，也就是政府干预的内在成本。当然，成本衡量能很好地体现出预算和实际成本之间的差距。然而，成本本身并不能衡量服务效率和效果，因而单一使用成本衡量不能满足政府绩效评价的要求。

效率（efficiency）——生产力（productivity）标准。它指为产生特定水平的效益所付出努力的数量，简言之即投入与产出的关系。该标准与经济理性同义，它关心的是手段问题，而且这种手段是以货币方式加以表达与比较的；其计量方法有单位产品成本和服务成本，或者单位成本能提供的产品和服务的数量。最低成本实现最大效益就是有效率的。①

效益（effectiveness）——质量标准。相对于前一标准，它更侧重于评价

① ［美］维廉．邓恩：《公共政策分析导论》，中国人民人学出版社，2002 年版，第 306 页。

主体的主观价值判断。效益衡量是看“情况是否得到改善”，即用来衡量提供服务的影响和质量，看服务是达到预期目的，它关心的是目标和结果。效益可分为两类：一是改变现状的程度，二是行为改变的幅度。

公平（equity）——结果标准。是指政府干预行为的客观经济效果（如服务的数量或货币化的收益）和努力（如货币成本）在社会群体中的不同分配，实现的是非生产性的社会效益；它与法律和社会理性密切联系。公平作为衡量指标时，关心的是接受服务的团体或个人是否都受到公平的待遇，需要特别照顾的弱势群体是否能够享受到更多的服务。公平标准通常无法在市场机制中加以界定，因而很难衡量。下列的原则可以指导公平性的衡量，“一是帕累托标准：使一个人的境况变好的同时，不能使其他人的境况变坏。目的是保障最低福利。二是卡尔多—希克斯标准：在效益上的净收益者能补偿受损者。目的是保证社会净福利的最大化。三是哲学家罗尔斯的再分配标准：使处于条件恶化的社会成员的收益增加，则是正义的行为。该标准强调再分配福利最大化”。①

（三）政府绩效评估

1. 西方国家政府绩效评估理念的演进与发展源考

政府绩效评估理念缘起于工商企业管理中的绩效管理制度。早在20世纪初泰罗的（Frederick. w. Taylr）《科学管理原理》一书中，就提出了绩效管理的时间研究、动作研究等概念。法约尔（Henri Fyaol）在《工业管理与一般管理》中，以更宏观的研究，把这种制度从工商企业推广到各种人类组织。从此，绩效管理的理论与方法成为了包括经济、行政、军事和宗教组织在内的一般的管理理论与方法。但绩效管理真正运用到政府管理中来，则是始于20世纪50年代美国的绩效预算和70年代以来西方国家普遍开展的政府改革。绩效评估在西方国家政府管理中的孕育和产生是公共管理知识发展的结果，体现了西方国家放松规制和市场化的改革取向，以及发展政府责任机制和顾客至上的管理理念②。

（1）公共行政理论的研究及其发展，为绩效评估在西方国家政府管理中的孕育和产生奠定了理论基础

从历史的观点看，西方公共行政学自19世纪末到20世纪60年代以来，着重研究的是行政组织的内部取向、机构组成、活动程序、行政原则和官僚体

① ［美］维廉．邓恩：《公共政策分析导论》，中国人民大学出版社，2002年版，第310页。
② 蔡立辉：《政府绩效评估的基本理论》讲稿，见中山大学教务处精品课网站，第8页。

制；行政学以管理学为理论基础，科学管理占据了主导地位①；公共部门的管理以技术为基础。② 以效率和效益为导向的技术视野是这个时期公共行政的标志，追求行政效率是这个时期公共行政理论与实践的最高目标。

但以经济效率为基本目标，忽视了公共行政所应肩负社会责任，其结果是在经济获得前所未有发展的同时，却普遍存在着失业、贫穷、疾病、无知和绝望。这种社会状况导致了各种社会危机，构成了对现有政治制度的根本威胁。为此，社会科学，尤其是政策科学和公共行政学集合在一起，以塔尔科特·柏森斯、卡斯特、罗森茨韦克、高斯、雷格斯等为代表，采用系统分析方法，从整个公共行政活动及其与环境的相互作用中，探寻公共行政的解决途径和公共行政内部各部门之间的关系，强调公共行政适应环境的权变观念与生态观念，谋求公共行政及其环境之间及公共行政内部各部分之间动态的、具体的一致性，以保证公共行政的高效能、高效率。这样，20 世纪 60 年代后期、以弗雷德里克森（H. G. Friderickson）为代表的“新公共行政学”提出公共行政的核心价值是社会公平，主张将“效率至上”转为“公平至上”；强调公共行政变革的终极目标是建立民主行政之模型；并将顾客的需求作为政府公共部门存在、发展的前提和政府公共部门组织设计方案应遵循的目标。③ 新公共行政学扩大了公共行政学研究的视野，对西方国家政府改革产生了广泛的影响；特别是顾客导向的理论观点奠定了当代公共管理基本理念的雏形和绩效评估的理论基础。

（2）20 世纪 70 年代出现和兴起的政策科学和公共政策分析，使绩效管理逐渐成为公共行政理论的共识性主张

以普雷斯曼（JeffreyLPressman）和韦达夫斯基（Aaronwildvasky）为主要代表，谋求政策学、政策分析与公共行政相结合，使政策科学与政策分析的重点转变为研究政策执行和公共项目，而不再重点研究机构。这种转移对公共管理发展的重要意义，正如凯特尔（Donald. F. Kettl）所说，政策执行研究将问题的焦点由组织，特别是由结构与过程转移到公共项目及其所产生的结果上。

---

① H. G. Fredersekosn. Social equity and public admsnistration: A Symposium ［J］. Public Administrarion Review. 1974，(3)：51.

② JackRabin, W. Barley Hildreth and Gerald J. Miller. Handbook of public Administration（M）. New York; Marcel Dekker, 1998. 21.

③ H. G. Frederiekson. Classics of Public Administration［M］. HarteourtBrace college Pubblishers. FortWorth: Texas, 1997. 58.

这样，就使绩效问题成为了公共行政中人们所关注的焦点问题。同时，政策执行研究是以政治学、社会学、经济学和心理学等学科为基础所进行的跨学科研究。① 这种方式强调运用各学科理论与方法来解决政府管理中实际存在的问题，为公共管理的研究与发展提供了新的方法。例如，戴维·奥斯本（David Osborne）、特德·盖布勒（Ted Gaebler）主张把企业或私营部门经营的一些成功的管理方法移植到政府公共部门中来，主张政府应像企业那样引入竞争机制、树立顾客意识、视服务对象为上帝②，从而形成了企业家政府理论。胡德（Hood）从现代经济学和私营管理理论与方法中吸取要素，提出了政府管理应以市场或顾客为导向、实行绩效管理、提高服务质量和有效性，以及界定政府绩效目标、测量与评估政府绩效，③ 从而形成了新公共管理理论。这种多元的综合研究方式，使公共管理研究由研究行政环境的变化对政府管理的影响，到研究环境变化后的管理结果，包括公共服务的网络结构、高绩效体系和顾客服务。绩效管理与绩效评估成为公共管理各理论派别的共同主张。

（3）西方国家社会发展和政府管理改革的实践，推进了政府绩效评估实践的普遍化进程

众所周知，自由资本主义发展到垄断资本主义，自由竞争的极端导致了可以摧毁自由竞争制度本身的社会矛盾和冲突。这在客观上需要有一个超脱于所有竞争主体来扼制垄断的协调执行官，需要有一个维持基本社会公正而免于社会崩溃的社会公共产品的分配者。生产高度社会化和科技进步成为经济发展的第一动力，又需要有一个执行社会公共事务的组织者。正如日本社会学家真田足教授所说："国家在经济领域的出场是垄断资本主义的资本积累和集中，比资本主义积累的发展速度更快、规模更大、竞争更剧烈，从而越发增强了资本增殖的冲动为此就必然要动员一切方法和手段，其中最有利的是实现对国家的动员"。④

在垄断资本主义条件下，从维护资本主义生产关系和正常社会秩序的客观需要出发，西方国家不得不采用对社会公共事务的积极干预主义。垄断资本和

---

① Donald. F. Kettl and H. Brinton Milward. The State of Public Mangement ［M］. Baltimore and London: The Johns HoPkins University Press, 1996. 3.

② Osborne, D. and. T. Gaebler. Reinventing Government. How the Entrepreneurial Spsrits Trsansforming the Public Sector From the Sehoolhouse to Statehouse ［M］, Mass.: Addison－Wesley. 1992. 5.

③ Hood Christopher. public Management: for all seasons ［J］. public Administration. 1991, (1): 92101.

④ 王惠岩：《政治学概论》，高等教育出版社，1999 年版，第 114 页。

国家政权紧密结合在一起，政府的经济职能和社会服务职能均扩大和加强了。政府通过行政手段和法律手段来保证市场秩序的维持，通过预算和高额税收、发行公债等办法承担起某些社会公共事务的管理。在收入再分配领域内采取一系列福利措施等，以维护社会经济的发展和政治稳定。政府行政权力就是在这种社会背景下日益强化。政府职能急剧扩张，政府涉足的领域急剧扩大，政府干预社会公共事务的程度也急剧加深，由此导致了机构规模急剧膨胀和政府体制的变化：议会权力削弱，行政权力扩大；政府变成了集中主要权力的“万能政府”，政府的官僚机构和军事机构不断扩大，并大有使权力过分集中到政府首脑一人身上的趋势。政府管理的集权化和官僚主义化形成了政府垄断，推行“福利国家”、“人民社会主义”和“混合经济国家”的政策导致了政府管理失控、低效率、财政赤字，导致了公众对政府的不信任和民权运动高涨。面对这种社会现实，以美国、英国、澳大利亚、新西兰、日本、荷兰等为代表的西方国家掀起了一场政府改革运动。以绩效为本的政府绩效评估措施，正是这场改革运动所普遍采取的一项重要措施。雷纳斯效率评估分析小组的改革方案，以及执行机构对工作结果承担责任，执行机构内部奉行以结果为本，而不是以规则为本等改革措施，极大地推动了政府绩效评估在英国的开展。就美国社会而言，严重的财政赤字在事实上开始践踏美国的政治；政府绩效赤字使公众对政府有效的、有回应力的和高质量供给服务的能力失去了信心。① 为了解决国家的这两个赤字问题，美国把绩效管理与评估视为重新调整政府与社会关系能否取得成功、能否再造出有效政府责任机制的决定性条件。1993 的《国家绩效评论》（NPR）、《戈尔报告》（From Red Tape ToResults – creating A Government That Works Better and Costs Less）和《1993 年政府绩效与结果法案》（Government Performance and Results Act of 1993）是美国推行政府绩效评估措施的纲领性报告，它有力地推动了绩效评估在政府管理中的具体运用。

西方国家普遍推行的绩效评估措施，包括政府围绕其使命采用目标管理（MBO）、全面质量管理（TMQ）等手段进行绩效管理，强化了政府对议会和顾客的双重责任；实行成本核算，加强财务控制，完善信息反馈，实行以绩效为基础的预算制度；改革公务员制度，打破统一的薪酬体系，推行绩效工资制和业绩奖励制，正是这些改革措施的实行，推动了以公共责任和顾客至上为理

① JohnJ. oilulio, Gerald Gavreyand Donald F. Keetl.. Improving Government Peorfrmance: An owner ' s Manua. Baltimore and London: The Brookings Institution, 1993. 79.

念的绩效评估制度的运用与发展。随之而来，公共项目及其产生的结果成为了政府管理活动的核心和关注的焦点；绩效管理、顾客至上与服务意识、在政府公共部门与管理中引进竞争与市场机制等措施在实践中得到了广泛运用；政府管理目标也由单一地追求效率目标，发展到全方位地追求社会公平、提高效率和服务质量、改善公共责任机制和提高公众的满意程度。

2. 西方国家政府绩效评估演进的当代启示

纵观西方绩效评估的发展历程，我们可以看到：

（1）当代西方国家政府绩效评估，是以“放松规制”为目标的政府内部的改革措施。其改革的路径是：从单纯的法律规则控制转变为法律支配下的绩效控制、从过程控制转变为结果控制，大力推行以结果为导向的政府绩效评估措施。

（2）当代西方国家政府绩效评估作为政府内部改革措施，体现了市场化的改革取向。政府绩效评估直接指向政府部门应具有的职能定位。这就决定了政府绩效评估的内涵中，必然要包含重塑有效政府职能的基本内容。

（3）当代西方国家政府绩效评估，体现了发展政府责任机制的宪政理念和顾客至上的管理理念，极大地促进了公共行政学说史上宪政主义与管理主义的有机融合。正是在这个意义上，政府绩效评估适应了管理民主化、绩效化的要求，有助于民主责任政府和有效政府的建设。

3. 政府绩效评估的内涵

政府绩效评估就是根据效率、能力、服务质量、公共责任和公众满意程度方面的分析与判断，对政府公共部门管理过程中投入、产出、中期成果和最终成果所反映的绩效，进行评定和划分等级。

将政府绩效评估应用于地方政府的有效性研究，所需探明的是：

政府绩效评估不仅是行政方法的一种创新，而且是政府管理理念的一场革命。政府绩效评估将公众对政府的信任度和政府权威建立在可衡量的绩效基础上，强调了“结果导向”，强调了政府责任，增强了公共权力行使与政府部门绩效之间的联系，有助于提高行政行为的有效性。公众对政府部门提供公共服务的质量与成本的关注，有助于促进行政行为规范化、程序化和民主化；绩效目标的确立、绩效评估程序的施行以及评估结果的公开与应用，有助于强化政府部门的责任，有助于促进行政监督方式的创新与变革、完善监督机制和提高行政监督的有效性。

（四）政府有效性

所谓政府有效性又称有效政府。在西方理论界，最早明确提出有效政府（Effective State）这一概念的应该是在世界银行的《1997 年世界发展报告》中。该报告认为，有效政府是指“通过鼓励和补充私营企业和个人的经济活动，来起到催化和促进作用的政府。”在具体内容上，“有效政府都具有一些共同的特点。其一是政府制定规则的方式。这些规则是私人从事交易，更广泛地说，是市民社会的行为基础。其二是政府通过这些规则本身发挥作用的行为方式，这些行为是可信赖的、可预见的，并能对腐败起到控制作用。”①

戴维·奥斯本（David Osborne）和特德·盖布勒（Ted Gaebler）认为，有效政府即企业化政府模式，它指的是：行使公共责任的公营机构，不断地以新的方式，运用其资源来提高其效率和效能的过程。

唐纳德·凯特认为，有效政府的特点体现在六个核心的方面：“对更高的政府劳动生产率的追寻；更加强烈的市场化倾向；以顾客需求为导向的趋势；从中央到地方的更大的放权；不断提高把握和追踪公共政策的能力；强化对政策结果负责的各种策略。”②

我国学者刘鹏认为一个有效政府至少应具备的特征是：“科学的政府决策行为，因为决策贯穿管理的全过程；有效的管理层级体制，要求兼顾官僚制与现代民主管理制的优点；政府公务员具备为纳税人服务的政府行政伦理观念；具有规范化、标准化的行政目标体系；具有较为完备的法制法规的良好行政环境；富有创新精神和以人为本的人事管理制度；较高的公务员个人业务能力水平。”③

郭艳华则提出了有效政府的两个特征即：“有效政府的规模是适度的；有效政府一定是高效率的。”④

综上所述，本文认为“政府有效性”的内涵包括：

1. 作用边界的有限性

因为在既定的条件下，政府的能力通常是有限的，从而决定了政府作用边界也一定是有限的。一个试图取代市场或第三部门的作用范围，而无所不包、无所不管的全能政府，一定不是有效政府。

---

① 胡鞍纲：《2002 年世界经济发展白皮书》，中国社会科学出版社，2001 年版，第 34 页。
② 竺乾威：《公共行政理伦》，复旦大学出版社，2008 年版，第 245 页。
③ 刘鹏：《有效政府与有效市场》，载《现代经济探讨》，2004（1）。
④ 郭艳华：《有效政府：地方政府的角色定位》，载《广东行政学院学报》，2003（4）。

2. 具有良好的政府能力

所谓“政府能力”主要指现代国家政府即国家行政机关，在既定的国家宪政体制内，通过制定和执行品质优良、积极而有效的公共政策，最大可能地动员、利用、组合、发掘、培植资源，为社会和公众提供广泛而良好的公共物品和公共服务，理性地确立社会普遍遵从的正式规则并积极引导更为广泛的非正式的社会规则，维护社会公正和秩序，形成有效调节社会关系和社会行为的制度及其机制，进而在比较的意义上促进国家快速、均衡、持续、健康发展的能力。良好的政府能力是成为有效政府的必要条件，但不是充分条件。没有良好的政府能力，任何政府想要成为有效政府都是不可能的。具有良好能力的政府不一定是有效政府。只有这种能力作用并服务于社会的公共利益，那么它才构成有效政府的基本内容。

3. 在合理价值规约下，具有较高的行政效率

行政效率是指“公共组织和行政工作人员从事公共行政管理工作所投入的各种资源与所取得的成果和效益之间的比例关系。”① 然而，行政效率高的政府却不一定是有效政府。因为，如果政府公共政策或管理行为的价值取向不当，越有效率的政府，其社会危害性越大，有效性也越差。只有体现职权建构的公共性，并将广大人民群众的根本利益作为政府履行职能的出发点和价值取向的高效政府，才是有效政府。

4. 注重社会公平

有效政府在其效能指向的最终结果上，致力于实现并维护社会的机会公平和结果正义，使大多数人从经济与社会发展的总体成果中获取收益，并增进社会福利存量。

（五）制度建构

要准确认识地方政府制度建构的涵义，必须对两个相关的概念——地方政府和制度建构——有完整的认识。

1. 地方政府的涵义

关于地方政府的涵义，学术界的观点颇不一致。《国际社会科学百科全书》是这样解释地方政府的：“地方政府一般可以认为是公众的政府，它有权决定和管理一个较小地区内的公众政治，它是地区政府或中央政府的一个分支

① 刘旭涛：《政府绩效管理：制度、战略与方法》，机械工业出版社，2003 年，第 158 页。

机构。”①《美国百科全书》则认为：“地方政府，在单一制国家，是中央政府的分支机构；在联邦制国家，是成员政府的分支机构。”② 此外，广义的地方政府解释认为，地方政府即地方国家机关；狭义的地方政府解释则认为，地方政府就是地方的国家行政机关，不包括地方立法机关和司法机关。

本文所使用的“地方政府”概念，包含着以下三层含义：

（1）地方政府是指地方的国家行政机关，它同中央政府的区别是：基于国家行政系统中的地位、职责、权限的不同，而管辖范围不同的行政单位；

（2）地方政府在范围上包括：除中央政府以外的各级政府；

（3）地方政府在区域上体现为：国家为进行行政管理、正确行使行政职能而划分的各级行政区域。

2. 制度建构的涵义

关于制度建构，在制度学派的文献中，它通常被视为制度创新、制度发展的同义语，用以表达“制度创立、变更及随着时间变化”③ 的动态过程。美国学者拉坦指出：“制度建构或制度发展一词将被用于指（1）一种特定组织的行为变化；（2）这一组织与环境之间的相互关系的变化；（3）在一种组织的环境中支配行为与相互关系的规则的变化。”④ 而美国学者熊彼特在《经济发展理论》中则把制度建构定义为用一种效益更高的制度来代替另一种制度的过程。我国学者林毅夫认为：现有制度的修正同时也是一种创新活动，新制度的采纳也必须随着旧制度的变化而变化。这种“制度建构”的变化过程与“制度创新”具有一致性。

事实上，制度建构既是一个经济学范畴，也是一个社会关系范畴。既包括经济领域或企业的制度建构，也包括整个社会的各个具体领域和各团体的制度建构。它不仅涉及经济利益的调整，而且包含着人们的权利和价值、文化观念的总体调整。一般来说：

（1）制度建构是以思想观念的更新为前提

思想观念的变革越彻底，创新活动就越顺利。只有人们观念上更新了，才

① 周黎安：《中国地方官员的晋升锦标赛模式研究》，载《经济研究》2007（7），第3页。

② 杨小云：《近期中国中央与地方关系研究的若干理论问题》，《湖南师范大学社会科学学报》2002年第1期。

③ ［美］诺斯：《经济史中的结构与变迁》，上海三联书店，1994年版，第225页。

④ ［美］V·W·拉坦：《诱致性制度变迁理论》，载《财产权利与制度变迁——产权学派与新制度经济学派文集》，上海三联书店、上海人民出版社，1994年版，第329页。

能以新的眼光、新的视角去审视各种制度，并把对制度的创新作为自己的一种自觉行动。

（2）制度建构活动具有创造性

创造性是人的能动性的最高体现，制度建构的创造性本质要求不仅制度建构活动要赋予新制度以新规定、新要求、新标准、新组合，而且意在追求一种高效优化的制度。只有满足这两个方面要求，我们才能称之为制度建构。

（3）制度建构的结果，体现为扬弃与飞跃的制度发展过程

制度建构的结果，不是对原有制度的简单抛弃，而是既克服又保留，既克服不利于社会发展的制度因素，又保留了有利于社会发展的制度因素，从而使制度更具科学性。制度建构的这种克服和保留，其要求不仅要实现对原有制度的补缺、丰富和完善，更是一种高层次的发展，因而是制度发展过程中的质变。

3. 当代中国地方政府制度建构的基本类型

制度建构的主体包括个人、团体和政府。我国的政府体制改革，其实质上是中央政府主导的、以供给型制度建构为主要模式的制度变迁过程。在此，本文根据地方政府在制度建构中所处的地位和角色，将地方政府的制度建构类型，分为以下三种：

（1）中央政府行政授权的制度建构类型

在这种制度建构类型中，中央政府是制度建构的发起人和新制度方案的制定者，是制度建构的第一行动集团，地方政府只是新制度的具体组织者和实施者，其地位不具有主动性，不是其固有的职权范围内的制度创新行为，而是在中央政府的许可或授权下所从事的制度建构，其实质是中央政府供给主导型的制度建构，如深圳市政府在中编办授权下拟从2003年开始试行的“行政三分制”改革就属于典型的此类制度建构类型。中央政府授权的地方政府制度建构的优点是改革的风险小，成本低，但其形式单一、领域狭窄，地方政府的制度创新能力受到约束，知识积累速度较慢。

（2）地方政府自主创新的制度建构类型

改革开放以来，随着我国宪法秩序、权力结构和意识形态环境等制度环境的变化，地方政府作为制度建构主体的地位无论是在理论上还是在实践中都得以真正确立。另一方面，分税制财税体制的推行和深入，使地方政府摆脱了传统体制下依赖中央政府的被动局面，获得了独立处理地方范围内公共事务的权力。而地方经济的发展使地方政府有能力承担制度创新所需的费用。上述三个

方面的共同作用使地方政府具备了发动自主制度建构的内在动机和物质基础。因此，20 世纪 90 年代中后期以来，地方政府开始结合本地区的实际需要，多角度、多层面地开展自主制度建构行为，如地方在行政改革中根据本地的实际采取不同的策略和模式。在地方政府自主的制度建构过程中，地方政府是制度创新的发起人和新方案的制定者、组织者和实施者，是在其自己固有的职权范围内主动进行的制度创新，地方政府充当了制度建构的“第一行动集团”，其主体地位得以充分彰显，创新能力得以有效提升。但是在我国目前的政治架构下，地方政府自主的制度建构往往面临着能否被中央政府“事后承认”的政治风险。

（3）地方政府与微观主体合作博弈的制度建构类型

在中国经济发展的市场化时期，由于微观主体（团体和个人）和地方政府之间存在很多的利益共同点，地方政府就可能对微观主体的制度建构活动予以鼓励和扶持，从而实现制度建构。这一制度创新行为我们称之为“地方政府与微观主体合作博弈的制度建构行为”。在这种制度建构行为中，地方政府充当了微观主体（第一行动集团）的保护者，即第二行动集团，利用自身的组织优势，帮助微观主体的制度创新寻找现实的支撑途径，使其实现制度建构，从而实现本区域公共福利的最大化。改革开放以来我国私营企业的蓬勃发展就是地方政府与微观主体合作博弈制度建构行为的生动体现①。

综合上述三个方面的分析，我们将地方政府制度建构定义为：地方政府以新的观念为指导，通过制定新的行为规范，调整主体间的权利平等关系，为实现新的价值目标和理想目标而自主地进行的创造性的活动。

四、地方政府有效性制度建构的国内外研究现状

（一）国外研究现状

西方理论界关于政府有效性的认识与争论，主要是围绕着政府规模大小与政府职能的定位的分析，经历了一个逐渐演进的过程，这个过程大致可以划分为以下几个阶段。通过回顾这些不同阶段的理论成果，能够为我们清晰地展现当代中国合理政府模式在制度构建上的必然历程。

---

① 此处对地方政府制度创新行为的类型分析受到了以下两篇论文的启发：杨瑞龙、杨其静：《阶梯式的渐进制度变迁模型——再论地方政府在我国制度变迁中的作用》，《经济研究》2000 年第 3 期；陈天祥：《中国地方政府制度创新的角色及方式》，《中山大学学报》，2002 年第 3 期。

1. 政府规模的数量大小

(1) 政府的规模有效——小政府

小政府亦可称作为守夜人政府，这种理论以个人自由至上的信念为基础，认为政府是一种不得已而为之的工具，主张消极无为的政府，尽量避免政府对经济和社会的干预。它产生于一百多年前曾在西方经济学界占据主导地位的自由主义经济思想。它的主要代表人物是亚当·斯密（Adam Smith）与萨伊。在斯密看来，人们“受着一只看不见的手的指导，去尽力达到一个并非他本意想要达到的目的。也并不因为事非出于本意，就对社会有害，他追求自己的利益，往往使他能比在真正出于本意的情况下更有效地促进社会的利益。”也就是说，自由企业制度这只看不见的手完全能够实现资源的最佳配置和经济的发展，政府只需充当一个守夜人的角色。斯密对政府的三项职能做出了经典界定：“第一，保护社会，使不受其他独立社会的侵犯。第二，尽可能保护社会上各个人，使不受社会上任何其他人的侵害或压迫，这就是说，要设立严正的司法机关。第三，建设并维持某些公共事业及某些公共设施（其建设与维持绝不是为着任何个人或任何少数人的利益），这种事业与设施，在由大社会经营时，其利润常能补偿所费而有余，但由个人或少数人经营，就决不能补偿所费。”斯密反对政府对企业实施过多的管制，因为“管制的结果，国家的劳动由较有利的用途改到较不利的用途。其年产物的交换价值，不但没有顺应立法者的意志增加起来，而且一定会减少下去。”如果说，斯密的观点只是从微观方面规定了政府的守夜职能，那么萨伊则使政府的守夜职能走向宏观领域。萨伊在 1803 年出版的《政治经济学概论》中提出一个重要命题，被人们称为萨伊定律：供给能自动创造对自身的需求。市场经济本身能够维持社会总需求和总供给的均衡，政府的干涉是完全多余的。萨伊认为：“政府干涉生产的大危害，并非起因于偶然违反既定的准则，而是起因于对自然法则的不正确看法以及以这些看法为根据所订立的不正确原则。”在萨伊看来，政府试图替代企业和企业家去决定生产什么、生产多少等问题是完全没有必要的，因为“这种较高利润，自然会把生产者吸引到这些生产事业。”政府的职能在于为经济发展创造一个安定、安全、公平和有利的环境。具体地说，萨伊认为政府职能应集中在以下几个方面。第一，通过计划周详、办理妥善和维修得当的公共土木工程，特别是公路、运河、港口等等，强有力地刺激私人生产力。第二，创办高等学校、图书馆、中小学和博物馆等帮助财富的创造。第三，保证人身和财产的安全，特别是保证不受专横权力蹂躏的安全。总之，小政府理论奉行

“职能最少的政府就是最好的政府”的原则，主张尽量缩小公共事务的范围以限制政府职能的扩张，政府的职能仅限于提供维护公共秩序、处理外交与国防等最基本的核心公共产品，政府只充当“守夜人”的角色。

（2）政府的规模有效——大政府

随着西方自由资本主义的快速发展，市场机制自身所具有的结构性缺陷逐渐暴露，20 世纪二三十年代的全球资本主义经济危机的爆发，打破了市场万能的神话，庇古和凯恩斯等西方经济学家在对市场失灵进行论证的同时，深入探讨了国家干预的必要性与合理性，大政府理论应运而生。从微观的角度，以庇古（A. C. Pigou）为代表的福利经济学家提出了“市场失灵”的概念，认为政府能在一定程度上纠正市场失灵，从而促进经济的平稳增长，提升社会的福利水平。庇古的观点是，在客观上存在着边际私人纯产值与边际社会纯产值相背离的情况下，单纯依靠自由竞争是不可能达到最大国民收入量的。于是就应当由政府采取适当的经济政策，消除这种背离。政府这时应采取的经济政策是：对前一类部门（即边际私人纯产值大于边际社会纯产值的部门）征税，对后一类部门（即边际私人纯产值小于边际社会纯产值的部门）实行补贴。庇古认为，通过这种征税和补贴，就可以导致经济资源从边际私人纯产值小的地方转移到边际私人纯产值大的地方去，以减少边际私人纯产值与边际社会纯产值之间的差距，其结果将使经济福利增加。据此，政府的职能和规模都应当扩大。

而从宏观的角度，凯恩斯（J. M. Keynes）批判了市场机制能自动保持总供给等于总需求的萨伊定律。凯恩斯指出，之所以有效需求会出现不足，是由于三个基本的心理因素，即“心理上的消费倾向、心理上的对流动性的态度以及心理上的对资本资产的预期收益的估计”起影响作用。也就是说，如果任由市场机制和自由企业制度自发起作用，宏观经济无法保持均衡的状态，因此，政府的机能不能不扩大。“虽然对 19 世纪的政论家或当今美国理财家而言，由于使消费倾向和投资诱导相互协调而引起的政府职能的扩大是对个人主义的严重侵犯，但我要为这种扩大进行辩护。……它不但是避免现在经济制度完全被摧毁的唯一可行之道，而且也是个人动力能完全发挥作用的前提条件。”① 按照凯恩斯的观点，政府的职能就是进行需求管理，以实现宏观经济的均衡。大政府理论认为要全面增强国家的作用，政府在社会和经济生活中不

---

① ［美］凯恩斯：《就业·利息与货币通论》，商务印书馆，1988 年版，第 164 页。

应该只充当一种工具，扮演消极角色，而应发挥积极的作用，对经济和社会发展进行全面干预。政府除了斯密界定的经典职能之外，还被赋予了诸如提供公共物品、实现社会公平、维持物价稳定、实现充分就业、维持宏观经济平衡、经营国企、管制私人企业等职能。

2. 政府职能的历史定位

（1）政府职能有限即有效

20 世纪 70 年代以后，国家干预主义使西方资本主义世界陷入了滞胀的严重衰退之中，凯恩斯主义对滞胀的现状无法做出合理的解释。为了克服政府全面干预社会经济而导致的机构膨胀、行政效率低下和财政负担沉重等消极后果，人们开始研究有限政府理论。现代产权学派的主要代表人物罗纳德·科斯（R. H. Coase）认为，“政府行政机制本身并非不要成本。实际上，有时它的成本大得惊人。而且，没有任何理由认为，政府在政治压力影响下产生而不受任何竞争机制调节的，有缺陷的限制性和区域性管制，必然会提高经济制度运行的效率，而且这种适用于许多情况的一般管制，会在一些显然不适用的情况中实施。基于这些考虑，直接的政府管制未必会带来比市场和企业更好的解决问题的结果。”① 根据科斯定律，只要产权明确界定的领域，市场能使资源最优配置，便无需政府插手。政府的职能一方面是维持明晰的产权，另一方面则是去干预产权不易界定或界定不清的经济领域，以使交易费用尽量地减少。以詹姆斯·布坎南（J. M. Buchanon）为代表的新弗吉尼亚学派认为市场经济条件下政府干预行为的局限性或政府失败问题是现代西方社会面临的种种困境的根源，必须从根本上限制政府的无限度增长，遏制不断自我膨胀的大政府趋势，从而保护自由和法治。布坎南的“公共选择理论在一种非常实际的意义上提出了一种政府政治失灵理论，这是本世纪 50 年代在福利经济学中出现的市场失灵理论完全相似的理论，这样一来，政府对那些不能通过非政治化的市场的运转进行合乎理想的操纵的活动领域的侵入，就不再是理由充分、证据确凿了。”② 布坎南将集体活动划分为三个层次：“第一个层次的集体活动是实施现存法律的活动。第二个层次的集体活动包括在现存法律限度内的集体活动。……这类活动包括筹措资金，供给和提供公共物品与公共服务。第三个层

① ［美］科斯等：《财产权利与制度变迁》，上海三联书店，1991 年版，第 56 页。
② ［美］布坎南：《自由、市场和国家》，北京经济学院出版社，1988 年版，第 144 页。

次的集体活动包括改变法律本身，改变现存的规则的活动。”① 很明显，布坎南所界定的这三项职能和斯密的思想基本上一致，即政府只需履行最基本的职能。弗里德曼（Milton Friedman）也认为，政府的职能是相当有限的，主要是维护纪律秩序，规定财产权内容，制定市场游戏规则，补充私人慈善事业和对缺乏能力的人的照顾。而为了防止政府破坏市场的自发秩序，哈耶克（F. A. Hayek）提出，“尽管政府必须管理或运用其所拥有的手段（包括被雇来执行其指令的人所提供的服务），但是这并不意味着政府也应当同样支配公民私人的活动。区别一个自由的社会与一个不自由的社会的判准是，在自由的社会中，每个个人都拥有一个明确区别于公共领域（public sphere）的确获承认的私域，而且在此私域中，个人不能被政府或他人差来差去，而只能被期望服从那些平等适用于所有人的规则。”② 他在1976和1979年出版的《法律、立法与自由》第二、三卷中，对政府的职能进行了论述，认为“作为公共资源的管理者，政府按照合法方式开展上述完全合法的活动的领域是极其广泛的。当然，我们做出这一简要阐释的目的，主要在于使人们避免产生这样一种印象，即通过把政府的强制性活动和垄断权严格限定在实施正当行为规则、保卫国防和征收税款以资助政府活动三个方面，我们的目的是要把政府完全捆绑在这三项职能上。”③ 总之，有限政府理论强调政府机构应该比较少，规模比较小，政府职能应该有限，不应该包揽过多的社会管理事务。这一理论其实也是对政府机构膨胀、效率低下等现实问题进行积极回应的结果。

（2）内在规定政府职能有效

由于市场失灵与政府失灵的普遍存在，1988年，由查尔斯·沃尔夫（Charles Wolf）主持完成的一份题为《市场或政府——权衡两种不完善的选择》的报告中对二者的边界进行了探讨。沃尔夫认为，“市场与政府间的选择并非是一个在完善与不完善之间的选择，而是在不完美的程度和类型之间，在缺陷的程度和类型之间的选择。”④ 从实证的角度，沃尔夫得出结论：“在立法、司法和行政领域里，政府有时能够具有开创精神，来改善和扩大市场的作

① James Buchanan. The Theory of Public Choice. Ann Arbor. The University of Michigan Press. 1972. 55 ~56.

② ［美］哈耶克：《通往奴役之路》，中国社会科学出版社，1997年版，第66页。

③ ［美］哈耶克：《通往奴役之路》，中国社会科学出版社，1997年版，第87页。

④ ［美］查尔斯·沃尔夫：《市场或政府——权衡两种不完善的选择》，中国发展出版社，1994年版，第97页。

用，从而减少市场缺陷事件的发生率。……通过在政府管理中注入一些市场因素，可以缩小非市场缺陷的影响范围。”① 著名经济学家萨缪尔森（P. A. Samuelson）也曾指出：“对于一个健康运行的经济来说，市场和政府这两个部分都是必不可少的。现代经济的操作如果没有市场或政府就像一个孤掌难鸣的经济。”② 他们认为政府与市场的关系不是互相替代而是互为补充，既然政府的干预是必要的，那么问题的关键就不再是要不要政府干预，而是如何提高政府干预的有效性。“我们相信没有一个有效的政府，文明社会就不能有效地运行，不过今天有效的政府实属凤毛麟角。我们相信，工业时代的政府官僚机构既庞大又集权化，提供的服务千篇一律地标准化而又不看对象，因而不足以迎接迅速变化的信息社会和以知识为基础的经济的挑战。……为了使我们的政府重新变得有效，我们一定要重塑政府。”③ 据此，1997 年，世界银行在其题为“变革世界中的政府”的世界发展报告中，系统地分析了世界各国政府的改革之道与经济表现，得出了一个结论性观点：经济和社会的可持续发展所需要的，既不是“小政府”，也不是“大政府”，而是有效政府。该报告回顾道，在过去的一个世纪中，工业国中福利国家增多了，而许多发展中国家也采取了政府主导的发展战略，其结果是，全世界各国政府的规模及其管辖范围都极度扩张，“正是这种政府影响的极大增长，也使得问题的重点从数量性转向质量性了，即从政府的规模及其干预措施的范围，转向它们在满足人民需求的有效性上来了。”④ 报告强调，“如果没有有效的政府，经济的、社会的和可持续的发展是不可能的。有效的政府——而不是小政府——是经济和社会发展的关键，这已越来越成为人们的共识。”⑤ 有效政府是该报告关于政府作用的一个总结，也是贯穿整个报告的一条主线。围绕这一主线，世界银行的专家们经过研究提出了解决全世界各国政府有效性问题的大框架，即两阶段战略。“第一项任务是使政府的作用与现有能力相适应——建立使国家能有效地提供集体物品和服务的机构性法规和准则。第二项任务是，通过规则、伙伴关系以及政府内外的竞争性压力，使政府能力得以重新恢复。”⑥

---

① ［美］查尔斯·沃尔夫：《市场或政府——权衡两种不完善的选择》，中国发展出版社，1994 年版，第 94 页。

② ［美］萨谬尔森：《经济学》，华夏出版社，1999 年版第 28 页。

③ 程溅兰等编著：《世界银行发展报告 20 年回顾》，中国经济出版社 1999 年 7 月版，第 134 页。

④ 程溅兰等编著：《世界银行发展报告 20 年回顾》，中国经济出版社 1999 年 7 月版，第 132 页。

⑤ 程溅兰等编著：《世界银行发展报告 20 年回顾》，中国经济出版社 1999 年 7 月版，第 138 页。

⑥ 程溅兰等编著：《世界银行发展报告 20 年回顾》，中国经济出版社 1999 年 7 月版，第 154 页。

美国著名公共管理学者唐纳德·凯特（Donald F. Kettl）在《有效政府——全球公共管理革命》一书中描述了包括新西兰的“新公共管理”运动、美国的“再造政府”以及世界上其他发达国家和发展中国家的相关努力，他发现“这场全球公共管理改革运动的战略是寻求降低政府的成本，使政府对于公民、对于市场主体来说变得更加友好，提高公共管理人员的管理能力以及提高政府的生产力。这是一种正在进行中的努力，总的来说，就是让政府工作得更好，成本更低。”凯特认为，有效政府主要关注两个问题，“一个是与现实政治有关的政策问题：即政府应该做些什么？政府是否能够或应该精简？政策问题主要围绕价值展开，并依赖于实现这些价值的政治过程；另一个是根源于效率与效果的行政问题：即政府怎样才能把事情做得更好？在政府运作中，我们能否以较少的代价获得较大的收益，从而提高公民的满意度？行政问题主要围绕管理的变革展开，并依赖于对管理过程的不断改善，尤其是对传统官僚权威体制的变革。”①

总之，有效政府既不是小政府，也不是大政府，而是在有限政府理论基础上发展而来的一种全新的政府理念和政府模式。它跳出了传统的只关注政府规模大小和干预范围的思维定势，将关注的重心转移到政府干预的能力和效率上来，以有效性作为政府公共管理的根本价值取向。它昭示着，构建有效政府将是各国政府改革政府作用与现有能力相适应，建立法规和准则，重振政府能力政府的共同目标。

3. 交易费用理论以“区别性组合”的政府模式来建构政府的有效性

1995 年，美国经济学家威廉姆森研究交易费用如何影响政府治理结构的选择。首先，威廉姆森认为政府交易存在三种协调交易机制即：市场—经济成本，层级制—制度规则，和信任与承诺—社会资本，三者的互动是通过反馈与合作来实现。而其中起决定作用的因素是制度规则。

其次，威廉姆森批判公共官僚制理论没有重大的研究贡献。因为他们都预先假定政府低效的现状，以推导出如何治理政府低效的结论。例如：公共选择理论假定有效的制度和治理结构有利于使交易费用最小化，但是现实中的公共预算制度和政治制度都是使交易费用最大化——在现实生活中缺乏说服力。他们只关注市场协调交易机制，而忽视官僚层级制。政治领域产出的多目标性，使得组织经济学的理论，不能直接应用于政治领域。

---

① 竺乾威：《公共行政理论》，复旦大学出版社，2008 年版，第 275 页。

最后，威廉姆森提出私人部门的市场交易规则与层级规则，不适合于政府公共部门。因为：政治价值≠经济价值；公共权力的行使具有强制性。而经济权力的行使是纯自愿性。政治家和行政管理者不能因为效率去构建他们的交易成本，是因为政治家不能售卖他们的公共权力。交易费用中的资产专用性，不能应用到公共部门。由于政治领域不同于经济领域因而交易费用的价值取向也不同。正规的交易费用，必须根据公共部门的特征来加于调整。政治承诺会危机交易成本。市场制度的交易费用，是私人部门配置资源的制度规则。政府制度的交易费用是公共部门配置资源的制度规则。所以，政治产权的不确定性，使得政治承诺的可靠性无法保障。因而，交易费用的公共行政学理论，主张通过“区别性组合”的政府治理结构，来设计不同特征的交易结构和交易成本，以保证最有效的政府有效性得以产生。

（二）国内研究现状

近年来，我国学者基于不同的研究旨趣和学术背景，从不同的角度和侧面，对“有效政府”的内涵给予了有价值的探讨。

1. 从政府运作的成本和社会收益的关系角度

刘鹏认为，政府的运行是需要付出成本的，相对于无效政府或低效政府而言，有效政府“是指一种运作成本低于其工作所带来的社会收益的公共权力执行机构。”①

郁建兴、徐越倩指出，市场经济的发展要求一个有限性和有效性辩证统一的政府，有限政府是指政府与市场之间在法治前提下应保持距离，而“有效政府是指在有限政府的基础上，政府活动符合成本—收益原则，使政府绩效处于最佳状态。”②

沈晓冬提出，“有效政府是指政府运作所产生的社会收益大于所用的社会成本。衡量政府是否有效主要从两个维度加以考察。一个维度是政府自身的管理，即政府的人事、财政、决策、执行、监督等制度是否有效；另一个维度是政府对社会公共事务的管理，即政府能否有效地提供高质量的公共产品。”③它的本质是政府通过有限的社会成本达到预期的社会目标。

---

① 刘鹏：《论有限政府与有效政府的关系及其建构过程》，载《云南行政学院学报》，2003（04）。

② 郁建兴、徐越倩：《政府招商引资活动的有限性与有效性》，载《东南学术》，2003（02）。

③ 沈晓冬：《有限政府：全球化市场体制下政府模式的界定》，载《重庆工商大学学报》（社会科学版），2004（06）。

王秀娟和王瑞娟主张，“有效政府是指在公共行政活动中，政府按照行政目标的要求，以尽可能少的行政成本，获得尽可能多的行政产出。这里的有效包括效率和效益。”①

2. 从职能均衡的角度

郭艳华认为有效政府是一个相对的概念，它“是要在充分考虑市场和社会的需求以及自身能力的基础上，来决定政府能够做什么，在应该发挥作用的领域找准政府的着力点，在不应该发挥作用的领域坚决退出，以有效地引导经济社会发展。归根到底，有效政府取决于政府、市场与社会三者之间的均衡，是三者均衡的合理选择。”②

李娜、吴英永提出，在承认政府对市场的作用不可替代但又具备缺陷的前提下，“有效政府是指能够作为不偏向的第三方发挥支持市场作用的激励和约束型政府。即一个作用与能力相适应，体制设计与客观需要相适应的能力良好机构；在既定的能力条件约束下，实现与市场或者社会力量的职能均衡。”③

3. 从公共权力的视角

刘伟、吴总健认为，“公共权力中的有效政府就是负责任的政府和有效率的政府，政府的有效性必须通过明确政府角色与提高政府机构的能力来实现。”④

黄丽华提出，“有效履行公共管理职能的政府，首先应该使公共权力的运行与政府公共管理的公共精神在价值上保持一致。其次，政府还必须提高公共权力的运行效率，以利用有限的社会资源创造出更多更好的社会产品。”⑤

4. 从政府组织效率、效益与效能角度考量

陈康团认为，“有效政府是指有效率和有效果的政府。政府的工作效率越高、工作效果越好，就越能推动社会经济的发展，从而为政府的财源准备了良好的基础，同时也能有效地从社会上汲取属于政府的那部分财源。”⑥

朱正梅指出，“有效政府是指办事高效、能实现经济与社会持续发展的政

---

① 王秀娟、王瑞娟：《对建设服务型政府的若干思考》，载《中共山西省委党校学报》，2005年第5页。

② 郭艳华：《有效政府：地方政府的角色定位》，载《广东行政学院学报》，2003（04）。

③ 李娜、吴英永：《试论开放的市场准入机制与“有效政府”作用的发挥——从经济与法的角度》，载《云南大学学报》（法学版），2004（04）。

④ 刘伟、吴总健：《公共权力与有效政府》，载《天府新论》，2003（05）。

⑤ 黄丽华：《地方政府能力建设与公共汉理创新》，载《黑龙江社会科学》，2005（03）。

⑥ 陈康团：《政府行政能力与政府财力资源问题研究》，载《中国行政管理》，2000（08）。

府，而不管政府机构规模大小。”①

张明主张，“有效政府就是一个具有较高组织效能、效率、适应性以及创新能力的政府，它应该拥有一个具有创新惯性和质量持续改进的公共组织和公共体制。它是一个分权的政府，通过下放权力，鼓励那些直接面对顾客者更好地利用自己的决策；它是一个掌舵而不是划桨的起催化作用的政府，将竞争机制注入到提供服务中去，注重成本，将服务对象（学生家长、排队更换驾照的人们或一般公众）视为顾客，以满足顾客而不是官僚制度的需要为目标。”②

王甲成的观点是，“有效政府是指政府运转高效，公共管理民主化，政府更加负责任，具有回应力，政府更加守法、廉洁、公正。有效政府是在小政府的基础上，对政府能力、质量的强调。有效政府不仅注重行政理念的创新，更注重行政组织重塑和行政组织整体效能的发挥，着重强调行政组织系统结构的完善，以提高行政机构的效率。”③

事实上，虽然对有效政府内涵的看法如此之多，但大多并非是专门研究有效政府模式的理论成果，其研究要么从有效政府与其他政府范式的关系角度（而且重心不在有效政府），要么是其他研究中的简短描述，而真正将有效政府作为一个明确的概念并加以详细阐释的论著极少，并且对有效政府内涵的理解也不完全一致。其中，毛寿龙教授认为，“有效政府，应该既是技术上有效的政府，也是配置上有效的政府，更应该是具有制度效率的政府。极其有效的政府，是三者皆备的政府。而极端无效的政府，则是三者皆无的政府。”④ 张中祥、吴开松在《从有限政府到有效政府：价值·过程·结果》、《有效政府的理论基础及其构建》以及《论有效政府》等一系列论文中从对有限政府的再审理入手，提出有效政府的内涵包括价值、过程和结果三个层面。⑤ 胡家勇的观点是，“有效政府意指这样一种政府，它既能最大限度地校正市场失灵，又能避免自身失灵和自身非效率。”⑥ 颜廷锐等提出，“关于有效政府的内涵，虽然没有统一说法，但是一般认为一个政府如果是有效的，它就必须满足以下几个方面的要求，即它必须具有科学决策、依法行政、较强的适应性、廉洁高

---

① 朱政梅：《论政府机构改革与利益分配之间的关系》，载《徐州师范大学学报》，2000（02）。

② 张明：《有效政府理论及其对中国改革的启示》，载《行政与法》，2003（05）。

③ 王甲成：《“小政府”：渊源、意义及其向度》，载《江南社会学院学报》，2005（06）。

④ 毛寿龙：《有效政府的基本价值》，载《天津行政学院学报》，2003（02）。

⑤ 张中祥：《从有限政府到有效政府：价值·过程·结果》，载《南京社会科学》，2001（03）。吴开松：《论有效政府》，载《江汉论坛》，2002（01）。

⑥ 胡家勇：《转型国家如何构建有效政府》，载《天津社会科学》，2005（06）。

效、民主行政的能力”,① 要具有这些能力，政府必须是法治政府、民主政府、有限政府和分权政府。

综上所述，本文倾向于从经济发展与政府职能变迁的相互关系中，立足于地方政府制度供给的4E标准，来考察地方政府有效性的内涵，以解决政府职权范围内应该做什么、怎么做的问题？进而廓清地方政府的有效性，是在特定的绩效评估制度下，其行政活动符合成本—收益原则，既能最大限度地矫正市场失灵，又能避免自身失效，还可以充分调动第三部门的力量来共同推动经济和社会的持续发展。

五、本文研究的基本方法——整体主义的新制度经济分析法

本文以整体主义的分析方法作为整篇文章的思维逻辑和研究前提，以新制度主义经济学的基本原理，作为方法论专业层面的分析主线。基本出发点体现为：

（一）整体主义的研究前提

1. 从方法论的整体主义出发，认为：社会是一个实体，它区别于自己的各个组成部分，并且不可归之于各个组成部分；整体虽然是由局部组成，但整体并不等于部分之和，“社会不但不能还原为个体，相反，这种社会结构成为决定和制约个体行为的原因性力量。”② 社会整体对于个体具有外在决定性和优先性。“尽管个人是社会的主体，个人活动形成社会，但社会一旦形成便产生了新的特征，这些新的特征反过来塑造了个人意识和个人行为，因此，只能从社会环境的角度才能得出对个人行为的最好解释。”③以此作为本文研究的基本前提。

2. 强调个体的行为应从其所在的整体来解释，制度影响个人的偏好，制度先于个体；个人受认知能力的限制，不是完全理性的行动者，个人不能在制度、程序和规范之间自由选择。因此，制度对于研究客体的地方政府的行为活动，具有决定作用，并决定绩效评估制度的历史生成。

3. 制度不仅决定地方政府的目标和战略，而且迫使地方政府与其它社会

---

① 颜廷锐：《特许经营：经济增长的新亮点》，载《江海学刊》，2005（02）。

② ［英］大卫·马什，格里·斯托克：《政治科学的理论与方法》，中国人民大学出版社，1996年第2版，第56页。

③ 同上，p78.

组织合作，并调解地方政府部门之间的冲突。①

（二）制度决定论

1. 关于制度的涵义

在“政治学—行政学”领域，制度主义的不同流派对制度理解有着相当大的区别。一般而言，理性选择制度主义把制度理解成为影响到结果的规则，它的出现是为了解决类似与“囚犯困境”或“公用地悲剧”之类的集体行动的难题，基本上相当于制度经济学的正式制度概念；社会学制度主义的“制度”定义最为宽泛，其制度不仅包括正式的规则、程序或规范，而且还包括符号系统、认知规定和道德模板；历史制度主义把制度与组织或由正式组织颁布的规则和惯例联系在一起，马奇和奥尔森指出“制度乃是组织中的行为规则、常规和全部程序。政治制度是相互联系的规则和常规的集合，它们决定着与角色和处境相适应的适当行动”② 豪尔则将制度定义为在各种政治经济单元之中构造着人际关系的正式规则、惯例，受到遵从的程序和标准的操作规程。这种制度定义，既将组织中重要的行为惯例涵盖其中，又不像社会学制度主义那样把制度经济学的非正式制度，甚至符号系统都涵盖其中。

本文所使用的制度内涵，主要采用新制度经济学关于制度的一般定义：即制度（institution）是一种由规则所构成的社会秩序。包括：意识形态、宪政制度和行政法规。其理论依据是：诺斯认为“制度是社会中的游戏规则。较为正式的说法是：制度是人为设计的，用于人际互动的约束条件”③。舒尔兹说，“我将一种制度定义为一种行为规则，这些规则涉及社会、政治及经济行为”。④ 它在横向上包括政治制度、经济制度、技术制度。在纵向上分为规范性行为准则（normative code）、宪法秩序（constitutional order）和制度安排（institutional arrangement）三个层次。其中，规范性行为准则包括道德、习俗和意识形态。它们从文化层面约束人们的行为。宪法秩序指的是关于各种人类活动的基本原则，涉及社会、政治和经济等诸方面，它以宪法为核心，是制定

① B. Guy Peters. Institutional Theory in Political Science: the New Institutionalism [M]. Londonand NewYork: Wellington House, 1999. 71.

② 凯尔布尔《政治学和社会学中的“新制度学派”》，载《现代外国哲学社会科学文摘》，1996年，第3期。

③ North, Douglass C.. Institution, Institutional Change and Economic Performance [M]. Cambridge: Cambridge University Press, 1990. 3.

④ R. 科斯等：《财产权利与制度变迁》[M]，上海三联书店，1991年，第253页。

社会各个领域相应行为规则的根据。而“制度安排的定义是管束特定行动模型和关系的一套行为规则”,①它包括成文法、习惯法和自愿性契约等等。三者的关系，从形式上看，宪法秩序处于最高的地位，制度安排是按宪法原则来制定的，但实际上宪法秩序体现的是道德、习俗和意识形态中的政治原则，所以规范性行为准则处于制度的最高层次。

澳大利亚学者柯武刚（Wolf gang Kasper）和德国学者史漫飞（Manf red E1 St reit ）从制度的产生进一步把制度区分为内在制度和外在制度，认为：内在制度是从人类经验中演化出来的。它体现着过去曾最有益于人类的各种解决办法。包括习惯、伦理规范、良好礼貌和商业习俗，也有盎格鲁—撒克逊社会中的自然法。外在制度是被自上而下地强加和执行的。它们由一批代理人设计和确立。这些代理人通过一个政治过程获得权威。② 两者的根本区别在于：其发生效力时是否需要外部的强制。作为内在制度的习惯和文化，是在一个群体内，随经验而演化的规则，不需要第三方强制执行，可产生自律行为。而作为外在制度正式的规则和程序，是权威设计出来的，它依靠正式的有组织的机制来实施，需要第三方的设计和强制执行。③

2. 关于制度的功用

本文沿用新制度经济学所主张的：制度作为一种社会秩序和社会环境，对个人的行为具有决定性的作用。制度决定个人的行动。个人的偏好和目标的形成，是由制度塑造的。因此，个人不能在制度、程序和规范中自由选择，只能以“适应性逻辑”（a logic of appropriateness）去选择自己行为活动的特点。④

(三) 混合方法的技术应用

在方法论的技术层面，本文采用了实证、描述与诠释相结合的混合方法应用。一方面，能够克服使用单一方法而带来的偏见，增加“工具性方法群”交叉性使用的综合优势。另一方面，“采用混合方法进行研究的研究者，更有可能根据他们潜在的研究问题，来选择方法和手段，而不是根据在社会科学研究

---

① 柯武刚、史漫飞：《制度经济学》，商务印书馆，2002 年，第 377 页。

② 柯武刚、史漫飞：《制度经济学》，商务印书馆，2002 年，第 256 页，36~37 页.

③ B. Guy Peters. Institutional Theory in Political Science：the New Institutionalism [M]. London and NewYork：Wellington House，1999. 71.

④ J ames G. March，Jonan P. Olson. Rediscovering Institutions：the Organizational Basis of Politics [M]. New York：The Free Press，1989. 161.

中，一些预先形成的关于研究范式的偏见，来选择研究方法”①。

六、本文研究的理论假设和一般分析框架

（一）研究的理论假设

1. 制度规定着地方政府的权限与职责

中央制订的诸如调动地方政府积极性的重大政策、财政制度等，都直接影响着地方政府的职能定位，以及实际拥有的权限。

2. 制度决定着地方政府绩效模式选择的激励结构

新制度主义经济学认为：制度具有解决激励机制的功效。制度借助其奖惩机制可以对地方政府绩效模式的选择产生直接的影响，它提供了一整套什么绩效受鼓励，什么绩效会受惩罚的信息和标准。理性的“经济人”会根据这种信息和标准来调整自己的权责职能与作用边界，使其符合利益最大化的目标。有效率的制度可以促使地方政府在谋求自身利益最大化的同时增进公共绩效和公共利益，形成正和博弈；相反，无效率的制度会“激励”地方政府以损人利己、损公肥私的方式来实现自身的利益，产生负绩效，导致零和博弈，甚至陷入损人不利己的负和博弈困境。地方政府作为理性主体，会根据制度环境的特点，按照趋利避害原则，选择特定制度环境下最优的绩效模式

3. 制度决定着地方政府的制度创新的边界和活动空间

在新制度主义看来：制度的功能是激励与约束的统一。制度环境允许特定的主体追求潜在收益，但同时也限制了其活动空间。一方面制度环境只允许行为主体根据制度环境所允许的制度安排来追求利益，这不仅限制了行为主体的制度选择空间，而且意味着新制度必须借助于旧制度的“外壳”，才能得到承认。另一方面，制度环境要求变迁主体的制度选择不能超前，也不能滞后，必须符合制度环境内部各重要制度安排变迁的进程。

4. 制度塑造着特定环境下，地方政府绩效实践活动的现实生成

制度决定了不同地方政府主体的不同策略集。地方政府作为理性的行为主体，在任何制度环境下都会根据制度环境建构的激励结构和约束条件，选择有利于实现政府自身及地方利益最大化的博弈策略集，当制度环境发生重大演变时，地方政府将根据自己的目标集合和所面临的特定局势，在现行制度环境所决定的可行空间中选择最有利于自己的行为策略。制度环境对地方政府绩效模

① Johnson. R. B. & Onwueg buzie . A Mixed Methods Research：A Research Paradigm whose Time has Come. Educational Researcher，June，2004.

式的实际影响力，受到其自身评价标准的制约。

（二）研究的一般分析框架

本文以制度主义分析方法为基础，其所建构的一般分析框架为：

1. 在理论层面上，制度建构的价值预设，决定了“政府有效”的基本标准；

2. 在实践层面上，经济发展过程中，意识形态的制度安排，决定了地方政府行为活动的制度选择以及由此而产生的的政府绩效观；

3. 在历史的层面上，经济发展的制度变迁，决定着意识形态的制度安排，决定了地方政府的政绩选择，从而，使政府绩效的评价尺度“经济、效率、效益、公平”标准的演进，呈现出历史的正当性。

4. 科学发展观作为当代中国建构和谐社会的价值预设，其在实践层面上的具体运行，必然要求扬弃传统政府绩效的评价尺度，建构新的政府绩效评价标准，使之与落实科学发展观的制度需求相一致。

5. 囿于传统经济发展观指导下的制度惯性，使当代中国地方政府行政体制改革的制度供给，滞后于经济发展的步伐，滞后于科学发展观所要求的制度安排。又由于地方政府的绩效评估标准，仍沿袭传统经济发展观指导下的指标体系，从而，使得地方政府的经济绩效获得了“制度合法性”的价值认同，而对新的制度创新缺乏动力。

6. 制度的有效供给，是建构地方政府有效性，赋予政府管理持续发展的直接动力。引导地方政府绩效观从“经济增长”有效转变到“社会和谐发展”有效的制度构建是，与科学发展观要求相一致的政府绩效评估制度的制度创新，它依赖于重建地方政府政治绩效的合法性、组织绩效的合理性、职能绩效的有限性、权责绩效的对称性。

（三）研究的主要内容

第一章　导论：主要包括本书写作的理论意义与现实意义、所涉及到的核心概念界定、国内外目前研究本问题的现状，以及本书可籍以进一步拓展研究的学术空间。主要研究方法和创新之处。

第二章　地方政府有效性制度建构的原则与价值选择：由于研究和分析地方政府的有效性，首先要确证政府有效性的理论价值原则。而对理论价值原则的确定，只能从公共行政理论发展的历史演进中去寻找。本章主要从西方行政学说历史演进的视角，考察基于政府有效性制度建构的原则不同，而使得政府有效的价值选择分别经历了“效率—公平—效益”的嬗变。并从这一嬗变中，推论出政府有效性的元价值内容是：经济、效率、效益、公平的有机统一。

第三章　地方政府有效性建构的制度预设：政府绩效的取得，与社会发展观的历史演进，具有正向一致性。本章从当代社会发展观演进的一般意义上，推出：基于地方政府绩效目标的制度基础是政治效率的合法性、制度核心是组织效率的合理性、制度保障是职能效率的有限性。决定了地方政府绩效指标的价值标准为：效率与公平并重、效率与民主兼顾、经济增长与社会发展同步。评估体系体现为：经济性指标、质量性指标、公平性指标和稳定性指标的合理建构。

第四章　地方政府有效性缺失的制度分析：从地方政府绩效的制度建构上，来考察经济 GDP 政绩观长期占主导地位的原因在于：政治—行政承包机制与地方政府行为自主性的提升，经济政绩至上的考核机制与地方政府自主性扩张的内在冲动，所产生的“晋升竞标赛”，其实质是制度变迁滞后于经济发展速度的结果。深层的原因是：没有将政府绩效的理论价值预设，归结为现实层面的制度预设。只有以制度建构来规约地方政府绩效的评估标准及其基本内容，才能真正实践“政府有效性”的丰富内涵。

第五章　地方政府有效性制度建构的目标路径：全面诠释地方政府政治绩效的合法性与公共性、组织绩效合理性、职能绩效有限性、权责绩效的对称性及其具体内容，逐层论证政府有效性的目标路径是“与政府内在职能规模和外在数量规模相一致的制度建构”。最后通过基于结构方程 SEM 分析模型的数据采集，来证明政府绩效指标体系与评估标准的逻辑预设，并进行实证检验。

七、本论文可能实现的创新及其存在的不足

（一）对现有政府有效性的研究成果进行学术总结

关于政府有效性的研究，学者们围绕着政府职能与政府规模决定政府有效性的相互关系，或者从政府的规模出发，认为，政府有效性的合理建构，应当是传统意义上的小政府或大政府；或者从政府职能的历史定位考察，认为，地方政府的有效性，应当通过科学的指标体系建构，来形成权利与职责边界有限的有限政府和服务于公众公共利益的有效政府。当代西方美国经济学家威廉姆森提出，根据公共部门的基本性质，进行政府有效性的“区别型组合”。但是就如何组合政府的具体治理结构，他没有进一步分析。

国内学者关于政府有效性的研究，分别从：从政府运作的成本和社会收益的关系角度；从政府组织效率、效益与效能角度考量；公共权力运行的角度进

行研究。但是，究竟地方政府有效性的普适性意义体现在那些方面，学者们没有提出统一的分析视角和具体的思考模型。本文力图做一学术总结。

（二）提出政府绩效的取得与政府的制度变迁呈密切的正相关关系

在考察地方政府有效性的建构中，多数学者都倾向于从行政学的视角，认为地方政府的有效性取决于政府的职能有效、权力有效和规模有效，着重于从地方政府权力与责任的内部运行与所需的成本数量之比，来研究地方政府的有效性，而地方政府在认定自己的有效性之时，则倾向于从政府与市场的视角，确认在自身的任期框架下，从 GDP 增长的总量来考量自身的有效性。本文认为地方政府绩效在任务层面上包括经济绩效，政治绩效、文化绩效和社会绩效，在制度层面上包括政治绩效、组织绩效、职能绩效、权责绩效。二者的关系是：任务绩效决定制度绩效的设计，制度绩效保障任务绩效的实现。它们共同构成政府有效性的科学内涵。依次所遵循的评价尺度是经济—效率—效益—公平。其中，政府任务绩效的取得与政府制度绩效的取得（政府的制度变迁）呈密切的正相关关系。在“经济增长型”任务绩效的制度预设下，地方政府有效性的评价标准侧重于经济和效率，使其制度绩效的构建呈现出“越位”、“缺位”或“错位”；而在“社会发展型”任务绩效的制度预设下，地方政府有效性的评价标准则应侧重于效益和公平，其有效性建构的制度路径为：政治绩效合法性、组织绩效合理性、职能绩效有限性、权责绩效对称性。

（三）思维视角的方法论创新

从前的学者思考地方政府的有效性，都是在假定传统官僚制政府有效性出现了严重的问题的前提下，希望从西方新公共管理的系列理论主张中去寻找当代中国地方政府制度绩效构建的有效性基础。本文首先历史地分析了官僚制理论的利弊得失，并对整个西方公共行政理论的发展历程进行梳理分析，从理论源考与中国经济发展历史演进相契合的基础上，立足于“逻辑与历史的一致性”来提出当代中国政府有效性的制度绩效建构，何以既不是“大政府”也不是“小政府”，而是“与政府内在职能规模相匹配”的公共服务型政府。为什么政府制度绩效建构的关键，要采取打破“职责同构”的大部制改革，从而，使理论分析与改革发展的历史分析和当代中国政府运行的现实结构保持一致。并在实践研究基础上，映证制度主义关于“逻辑与历史一致性”的方法论建构。

（四）本文研究的不足之处

本文的不足之处有两点：其一是：提出政府绩效价值的“经济、效率、效益、公平”的获取，不仅是一个经济问题，而且是一个政治问题，基于“政府主导型”市场经济的发展模式定位，当代中国地方政府，作为推动这一模式向前发展的“第一行动集团”，其有效性的内涵应当包括为特定历史发展所规定的任务绩效，又包括为这种任务绩效所规定着的制度绩效（主要是政府的组织规模和职能定位）。但是，如何从西方行政学关于政府价值设定的理论演进中，逻辑地推演出上述两重绩效的内在规定性，本文较为欠缺。其二是：本文在厘定政府的任务绩效与制度绩效相互关系的理论分析中，缺乏细化的详实性。

第二章

地方政府有效性制度建构的价值选择

从制度上构建有效的地方政府，应立足于地方政府有效性制度建构的价值原则，因为价值决定着政府绩效评估的逻辑取舍，也由此构成了政府有效性研究的理论起点。从学理上看，“价值这个概念所肯定的内容，是指客体的存在、作用以及它们的变化，对于一定主体需要及其发展的某种适合、接近或一致。”①。因此，价值是一个关系范畴。在人类历史上，政府公共权力的有效性是其合法性存在的基础。而确定政府有效性的标准，又源自于人们对政府功用的价值认同。因此，对政府职能的历史定位，不仅决定着公众对政府合法性存在的价值评价，也决定着政府根据这一价值设定，去巩固和创新自己的合法性。其基本的逻辑是：政府存在的历史功能──→有效政府的价值预设──→政府有效性的评价标准──→政府活动的具体有效性。

在公共行政产生之前，国家与政府合为一体，政府职能体现为国家职能。这一职能在管理的层面上，被定义为“效忠国王和稳定社会秩序”，政府有效的价值预设是“仁治”和“忠君”，政府有效的评价标准是“忠孝仁义礼智信”，并由此决定政府活动的全部准则，都必须符合“忠孝仁义礼智信”的评价尺度。伴随着现代政府管理体制的形成，国家与政府职能的分离、政治与行政界限的划分，使得政府职能、政府有效的价值预设、评价标准以及政府活动的具体有效性，呈现出自然历史的演进过程。因此，对有效政府的历史考察，肇始于现代政府管理体制的诞生。只有从公共行政学价值变迁的历史逻辑，及其对有效政府评价标准所产生的事实影响这一双重维度，来全面思考公共行政价值转向的深层原因，才能对政府有效性的制度建构标准，作出合乎历史发展规律的科学评价。从而，为确立当代中国“政府有效”的绩效评价制度，提供理论依据。

---

① 李德顺：《价值论》，中国人民大学出版社，1987年版，第13页。

第一节　官僚制关于政府有效性建构的效率价值

政府有效的价值定位，肇始于政治与行政的理论二分。传统的公共行政学理论以威尔逊、古德诺关于政治与行政二分法的基本假设为研究前提，以韦伯的科层制理论为逻辑基础，以效率原则作为最高标准，采用制度或法理的研究方法，以正式的政府组织机构——“官僚体制”作为研究的主要领域，并致力于从政府行政效率价值预设，来构建政府管理效果的有效性。

一、官僚制“效率价值原则”的构建基础

有效政府的价值预设，是由政府存在的历史功能（打上特定历史烙印的政府职能）所决定的。19 世纪末 20 世纪初，西方主要资本主义国家相继进入了工业化、城市化的发展阶段，资本主义由自由竞争向垄断阶段过渡。这一时期，不仅社会生产力的迅速发展和经济结构的巨大变化，使政府管理经济社会公共事务的活动变得越来越重要，而且社会关系的日益复杂也带来了一系列社会事务问题。为了加强对经济社会公共事务的管理，缓和、解决各种社会问题，政府开始转变过去那种消极、被动的“守夜人”状态，而以积极、主动的态度，干预经济社会的公共事务，推行社会福利计划，增进全民福利。政府的管理职能日益扩展到人类生活的各个方面，成为无所不管的“全能政府”。它表明：经典意义上的政府管理方式，已经越来越不能适应时代发展的要求，迫切需要有一门专门的科学即公共行政学，来指导政府管理经济社会公共事务的活动，创建健康的社会公共生活，维护社会公共利益。

官僚制关于有效政府的“效率价值”预设，是由威尔逊和马克思·韦伯等人奠定的。现代美国行政学家威尔逊在其著作《行政学研究》中，提出了“政治与行政”二分的思想，确定了公共行政研究的理论前提，也重新界定了政府管理的主要职能。在他看来，公共行政研究首先要发现政府能恰当而成功地做什么事情，以及如何以最高的效率和最低的成本做好这些恰当的事情。在威尔逊之后，美国行政学家古德诺扬弃了政治学上的立法、司法和行政的三分法，对威尔逊提出的政治与行政二分思想作了进一步的阐释和发挥，确立了公共行政学的理论基础。他认为，“政治是民意的表现，亦是政策的决定，行政

是民意的执行，亦是政策的执行。"①，后来，美国行政学家怀特进一步强调了政治一行政二分后的政府职能，他指出"政治不应该侵入行政，管理自身就是一种科研对象，公共行政自身能够成为一种超越价值（特指"应然性的研究"）的科学，行政学的目的是做到经济和效率。"② 从此，人们便把政府管理经济社会公共事务作为一个科学事实的研究领域，开始了更加专门地集中研究政府职能及其公共管理问题，以期在经济社会公共事务管理领域，最大限度地实现经济和效率，从而使现代政府管理经济社会公共事务的有效性建立在"效率原则"的价值尺度之上。

二、官僚制的效率价值规定着有效政府的基本特征

如果说，威尔逊·古德诺将政府有效性的制度建构规定为"效率价值"。那么，马克思·韦伯则通过对官僚制理论的建构，则把威尔逊等人所创立的行政管理的"效率原则"变成了可以实施的制度性方案，使政府有效性的评价尺度，定位于经济和效率。

（一）官僚制是最有效率的政府组织形式

在韦伯看来，随着传统社会结构的解体，新兴工业化进程的加快，各种社会组织的发展，最关键的问题应是使组织合理化，管理合理化，从而为新的资本主义政府管理方式提供所需的效率，而官僚集权组织恰恰是可以满足这种需要的组织形式。官僚制是一种建立在权威基础上的最有效率的组织形式。

为了解释官僚制政府组织是政府有效性实现的合理路径，韦伯详细分析了官僚组织的功能、结构和管理方法，探索了公共行政的科学化、技术化出路。具体说来，韦伯建立在"合理性—合法化"基础之上的"理性官僚制"，既是一种组织结构，又是一种管理方式。它以合理的组织分工，等级森严、层级节制的权力体系，严格的依规章制度办事的运行机制，"非人性"化的组织管理为特点。从纯粹技术的观点来看，这种"理性官僚制"组织是效率最高的组织形式，是一种高度"理性化"组织机构的理想类型。

（二）官僚制的基本特征

作为合法性统治"最纯粹类型"的理性官僚制，其有效性的制度构建体现为如下特征：

① 丁煌：《西方行政学说史》，武汉大学出版社，2002 版，第 53 页。
② 尼古拉斯·亨利：《公共行政学》，华夏出版社，2002 版，第 124 页。

1. 合理分工的专业化运作

官僚制提供了贯彻行政职务专业化之原则的最佳可能性，每个职员皆负有专门的任务，他们受过专业的训练，而且从不断的职业实践中增加自己的专业知识。在实行官僚制的组织中，无论是管理层次还是任务层次都有一种高度明确的分工。行政人员完成任务才意味着解决事务，做到依据可以预计的规则，完成业务。

2. 权力体系的层级化节制

官僚制组织是一个等级实体，具有等级与权力一致的特征，在这样的一个等级实体中，将各种公职或职位按权力等级组织起来，形成一个指挥统一的指挥链，沿着自上而下的等级制，由最高层级的组织指挥控制下一层级的组织直至最基层的组织，于是便形成从上到下金字塔式的等级权力体系。

3. 职权体系的规则化

官僚组织是根据完整的法规制度设立的一种组织结构，这种组织有确定的组织目标，并依靠完整的规章制度去规定组织成员的行为，以保证整个管理工作的一致性和明确性，从而有效地达到组织目标。

4. 组织管理的非人格化

在实行官僚制的组织中，管理工作是以法律、法规、条例和正式文件等来规范人的行为的，公事和私事之间有一条极为明确的界线，公务活动和私人生活的关系范围是截然分开的，不得掺杂个人的情感、偏好等非理性因素。在组织成员之间的公务关系中存在的只是对事务的关系而非对人的关系。

5. 行政人员的职业化

在官僚制出现以前，行政人员的角色是亦官亦民，非官非民，其角色是兼职的。社会分工的结果导致了官僚制的出现，公私分开，官民分开，政务官和事务官分开，行政人员开始转为职业化。在官僚制组织中，行政人员是根据组织中不同层级的职位需要，公开招考和挑选具备某种技术资格的成员，按照其专长进行合理分配和正式任命。经过专业培训的官员，可以最大限度地发挥行政效能，并与工业社会密切相关。

三、官僚制效率价值原则的合理性基础及其精神实质

“官僚制举起理性和逻辑的旗帜，批判和否定了产业革命初期个人专制、

裙带关系、暴力威胁、主观武断和感情用事进行管理的做法。"① 官僚制在本质上"是'理性'性质的，规则、目的、手段和'求实的'非人格性控制着它的行为。"② 其合理性基础表现为：

（一）官僚制政府管理制度的建构，是对专断独裁和"长官意志"的否定

正像本尼斯所指出的："官僚制举起理性和逻辑的旗帜，批判和否定了产业革命初期个人专制、裙带关系、暴力威胁、主观武断和感情用事进行管理的做法。"③

（二）官僚制政府管理制度的建构，是对组织形态的理性化配置

官僚制揭示了行政组织中的许多重要的特征和管理原则，例如：专业分工，职责权限，层级节制，考试录用，工作报酬等问题，这些都是建立在理性的基础之上的，韦伯明确指出"体制官僚是'理性'性质的：规则、目的、手段和求实的非人个性控制着它的行为。"④

（三）官僚制的政府管理制度把行政管理与效率问题紧紧结合在一起

凸显专业化的技术与机器般的效率，在合理化的社会组织的功效。因此，"在精确性、速度、明确性、文件积累的知识、慎重性、运作一致性、从属体系以及减少摩擦等方面，理性官僚制都胜过荣誉性和非专业化的行政制度。"⑤ 韦伯认为，"对于官僚体制来说，'可预见的规则'，具有真正决定性的意义。"⑥

官僚制"作为美德赞扬的特性是：它成功地从解决职务上的事务中，排除一切爱憎和一切纯粹个人的、从根本上说一切非理性的、不可预计性的感觉因素"⑦，它避免了任性专断和感情用事，要求行政主体"忠诚于制度本身"而不是"忠诚于某个亲戚、保护人、领导人或政党"。⑧ 制度的核心要件就是一系列的规则，官僚制本身就包含着制度化精神，所以规则对于现代官僚制具有决定性的意义。这不仅意味着有规则，更重要的是规则要内化为行政主体的行为，成为行政过程中普遍信守的原则。它抛弃了经验管理过程中的人治因

① 孙耀君：《西方管理学名著提要》，江西人民出版社，1992 年版，第 279 页。
② ［德］马克斯·韦伯：《韦伯文集》（下），中国广播出版社，2000 年版，第 374 页。
③ ［德］马克斯·韦伯：《韦伯文集》（下），中国广播出版社，2000 年版，第 372 页。
④ ［德］马克斯·韦伯：《韦伯文集》（下），中国广播出版社，2000 年版，第 378 页。
⑤ ［德］马克斯·韦伯：《韦伯文集》（下），中国广播出版社，2000 年版，第 424 页。
⑥ ［德］马克斯·韦伯：《韦伯文集》（下），中国广播出版社，2000 年版，第 374 页。
⑦ ［德］马克斯·韦伯：《韦伯文集》（下），中国广播出版社，2000 年版，第 344 页。
⑧ ［美］欧文·E·休斯：《公共管理导论》，中国人民大学出版社，2001 年版，第 33 页。

素，避免了任性专断和感情用事，进而使人治条件下各种弊端得以最大限度地克服。所以韦伯盛赞官僚体制的行政管理是“实施统治形式上最合理的形式”①，正因为如此，它适应了随现代化浪潮而来的现代政府、企业和一切大型社会组织管理复杂化的需要，并同自由竞争的市场经济、完备的理性法律和适应社会变化的崭新伦理精神一起，推动着近现代社会的不断进步和发展。

总之，传统公共行政，基于政治与行政二分的研究前提，将现代政府管理的职能定位于执行国家机关制定的政治决策，并以最低的成本取得最高的效率。由此推演出政府有效的价值原则是“效率至上”原则。而在此价值规约下的有效政府的制度建构，体现为理性化、专业化、组织成员非人格化的层级官僚制体系。这种“效率至上”的价值追求，适应了 19 世纪末 20 世纪初，整个资本主义发展对政府管理效率的高效要求，因而无论是对社会发展还是对公共行政自身的学科发展而言，官僚制组织关于“效率至上”的价值追求都在相当长的时期内发挥了良好的作用。一方面，它改变了以往政府低效、混乱的管理局面，提高了政府行政的运作效率，使政府对社会的管理更加有序和高效。另一方面，从“公共行政”自身的学科发展而言，正是由于“传统公共行政”致力于对“效率”的追求，才使得公共行政找到了从政治学母体中脱离出来的现实依据，也使得公共行政获得了成为独立一门科学的价值。

第二节　公平价值与有效政府的理性建构

新公共行政以“公平价值”作为政府有效性的评价尺度。其发展的合理性囿于官僚制的政府管理制度，对“效率”的极端追求，使政府“有效”的制度检验，在实践中出现不可弥补的缺陷。首先，传统官僚制政府模式，由于深受“科学管理理论”的“工具理性”思维的影响，其对效率的追求还停留在简单的“技术效率”阶段，强调的是以最少的投入来获得最大的产出。这种完全量化的“效率”观被移植过来后，无法完全涵盖政府管理的所有领域，并把丰富的政府职能简化为单一的技术职能，缩小了政府有效性的作用视域。其次，传统官僚制政府模式，为了达到对“技术效率”的极端追求，而设计了“理性官僚组织”，对人采取绝对控制的手段，以追求有效率地完成组织的目标，导致了组织中人的异化。同时由于对组织效率的过分迷恋，为了达到

① ［德］马克斯·韦伯：《经济与社会》（上），商务印书馆，1997 年版，第 248 页。

“高效”而专注于组织设计中的每一个细节、程序，这种对细节的过分关注，又造成组织整体感的丧失，并产生组织整体的无效率和缺乏长远的效率。正如戴维·奥斯本所认为的：今天的社会环境与官僚制组织产生的环境早已大不相同，传统的官僚制已经远远不能适应社会环境的变化。官僚体系“中央集权、层次繁多，在变化迅速、信息丰富、知识密集的90年代已经不能有效运转”①。为了使政府运作更为有效，我们一定要重塑政府有效的价值标准，亦即用企业家精神来改革或重新塑造政府。最后，传统官僚制政府模式在实践中的具体运作，存在着与民主价值之间的冲突。欧文·E·休斯认为，官僚制由于它的理性、不透明性、刚性以及等级制的特性，使得它不可避免地会与民主制之间发生冲突②。在休斯看来，无论是过去还是现在，官僚制和民主制之间都存在冲突，官僚制以规则、控制为价值，忽视人民群众的参与，无疑是对强调人人平等参与的公民文化的挑战，让一群标准的官僚精英，秘密地进行管理运作，对民主制毫无意义。

一、新公共行政学关于政府有效性公平价值的理性建构

由于以古德诺、韦伯为代表的传统官僚制理论，作为实证科学的产物，无法应对现代科学技术的发展所造成的各种危机以及社会出现的种种变化，现代政府也无法再用过去的管理模式来控制局势和解决问题。20世纪40年代到60年代，形成了一个新的公共行政学流派——新公共行政学派，并引发了新公共行政运动。可以这样认为，这场运动既是西方行政学界对以美国为代表的西方国家连续出现的一系列社会、经济与政治危机所做出的积极、有力的回应，也是人们对“有效政府”的价值理性进行重新思考的一次理论尝试。

新公共行政学派缘起于1968年由沃尔多发起的，一群青年行政学学者在锡拉丘兹大学（Syracuse University）的明诺布鲁克（Minnowbrook）会场举行研讨会，会议的目标是：弄清公共行政学的相关问题以及这个学科如何改变，以迎接70年代的挑战。新公共行政学派主要代表人物是曾担任过美国公共行政学会主席（1977年）的乔治·弗雷德里克森和美国《公共行政学评论》主编德怀特·沃尔多等。1971年，以《走向一种新公共行政学：明诺布鲁克观

① ［美］戴维·奥斯本：《改革政府：企业精神如何改革着公营部门》，上海译文出版社，1996年。

② Owen E. Hughes. Public Management and Administration：An Introduction［M］. 3rd ed. Palgrave Macmillan，2003.

点》为书名的会议论文集出版，该书可以说是“新公共行政学”的宣言。在此本论文集中，沃尔多、弗雷德里克森等一批年轻的公共行政学者，分别采用了现象学方法、本土方法论、符号互动论、解释学以及批判理论等一系列新的研究方法，来探讨公共行政学的发展趋势，建构新公共行政学，并进而引发了一场“新公共行政运动”。

新公共行政学高举“社会公平”的旗帜，反思传统公共行政的固有缺陷，倡导关注人民需要，建立规范价值，提高社会性效率。该理论认为：规约政府有效性的公共行政价值，不仅应当以经济、有效的方式为社会提供高质量的服务，而且应当把社会公平作为公共行政所追求的目标。如果说：传统的公共行政将有效政府的价值原则择重在：如何能够利用可以利用的资源，提供更多更好的服务（效率）？如何能够花费更少的资金，来保持我们的服务水平（经济）？那么新公共行政理论则主张将“社会公平”价值原则，全面运用到当代政府管理的理论与实践中，有效政府的价值评价标准应当更多地关注：政府服务经济的效率原则，是否增进了社会公平。

二、新公共行政公平价值的基本内容

与传统官僚制不同，新公共行政所高扬的“社会公平原则”，其基本内容在于：强调建立规范价值，关注人民需要，提高社会性效率，以改善人类的生活，实现行政管理工作的最终目标。表现为：

（一）针对官僚制“效率至上”价值，新公共行政在理论上强调行政是管理与服务对象的沟通互动，在实践中强调行政的目的在于承担社会责任

从理论方面来看，新公共行政学针对传统官僚制理论，将效率当做基本价值，强调非人性化和客观化的所谓理性效率，促使组织对人与人之间的互动采取机械性的控制，个人只是惯性地服从并且专注于工作过程，人与人之间变成了工具般地相互操纵，以追求有效率地完成组织目标；而个人则失去了自我反思和自我了解的意识，缺乏创造精神和人格的健康发展，甚至造成组织成员与服务对象之间的疏远和隔离，进而失去了组织应该表现出的社会价值和责任的弊端。主张采取解释学和批判理论的模式进行研究，以期超越传统公共行政学的所谓“理性模式”，认为公共行政组织可以通过“了解”和理想情境的沟通对话，来促使公共行政与其服务对象——人民产生诚挚的互动；公共行政不仅仅是执行政策的工具，而且还是对广大民众生活的各个方面都具有决定性影响

的重要因素，它担负着广泛的社会责任。

从实践方面来看，新公共行政学主张公共行政可以通过增加其对广大民众的需求作出积极反应，来抵消传统公共行政理论下的无效率观，引导社会价值，进而实现公共行政的民主政治责任与义务。因为，公共行政担负着对影响和削弱社会公平、科学管理、经济有效的各种因素以及组织结构进行变革的使命，公共行政的最重要的目的在于促进人类幸福，担负社会责任。

（二）新公共行政学倡导社会公平的价值理念

新公共行政学倡导社会公平的价值理念，否定传统行政片面追求效率、经济，而忽视公平的理论体系。新公共行政学认为，实现以较少的投入换取较大的产出即：经济和效率目标固然是公共行政的价值追求和目标之一，但决不是其核心价值，更不是唯一的价值准则和终极目标。公共行政的核心价值在于社会公平，在于促进公民社会所拥有的、以社会公平为核心的基本价值。

在新公共行政学者看来，社会公平的内涵极其丰富。正如弗雷德里克森所指出的："公平意味着人与人之间的一种公正、正当和公道的精神或习性，……它与自然权力或正义同义。"①"社会公平包含着对包括组织设计和管理形态在内的一系列价值取向的选择。社会公平强调政府提供服务的平等性；社会公平强调公共管理者在决策和组织推行过程中的责任与义务；社会公平强调公共行政管理的变革；社会公平强调对公众要求做出积极的回应而不是以追求行政组织自身需要满足为目的；社会公平还强调在公共行政的教学与研究中更注重与其他学科的交叉以实现对解决相关问题的期待。……总之，倡导公共行政的社会公平是要推动政治权力以及经济福利转向社会中那些缺乏政治、经济资源支持，处于劣势境地的人们。"②

据此，新公共行政学认为民主行政是现代社会的大势所趋，并期待着在当代民主社会中，建立民主行政模型。新公共行政学认为政治的民主必须实实在在地体现在民主的行政过程之中，公众的权利或利益高于政府自身的利益扩张和利益满足。因为，以"社会公平"为核心理念，其实是一种民主的行政理论。此后，美国学者奥斯特罗姆在《美国行政管理危机》一书中用八个基本命题概括了新公共行政的民主行政理论，并将民主的行政理论与韦伯和威尔逊

① 程样国：《国际新公共管理浪潮与行政改革》，人民出版社，2007年版，第11页。

② 蔡立辉：《西方国家政府绩效评估的理念及其启示》，载《清华大学学报》（哲学社会科学版），2003年第1期，第76页。

等人的官僚行政理论一起构成公共行政学的两种基本理论和分析模式。使民主行政成为官僚制行政的一种有效的补充形式。

（三）新公共行政学抛弃了传统行政学关于政治—行政二分法的基本观点

新公共行政学认为，由于传统行政学的政治—行政二分法观念局限了公共行政的研究领域内，使行政学过多地关注行政机关预算、人事、组织以及大量其他的所谓“中性”问题的研究，忽视了与社会、政治密切相关的政策问题的研究，致使公共行政游离于社会政治现实之外，远远不能满足解决社会问题、处理社会危机的需要。因而，政治—行政的分离，只是一种理论虚构，而在现实的政治与行政运行中，根本不存在行政体系游离于政策制定之外的状况。

当代西方国家的政治与行政相互渗透的事实已经证明传统的政治—行政二分法没有现实政治生活基础。“威尔逊提出政治—行政二分法的目的只是为了改革当时美国极度腐败的吏治和推行公务员新政策所做的必要的理论或舆论准备，是策略的需要。”① 新公共行政学推崇“后逻辑实证主义”哲学流派的思辨方法，强调批判理论、道德哲学对公共行政研究的意义，主张社会科学家应该有责任以其专业的知识和才能从事价值判断。因为，行政管理者并不是价值中立的，他们应该对好的管理与社会公平作出承诺，并以此作为奋斗目标或理论基础；行政学者也不仅仅是学术研究者，而且更应该是改革社会、推进社会发展、促进社会公平和进步的倡导者。

三、止于理性反思的公平价值

新公共行政学突出强调公共行政的价值问题，重新树立“社会公平”的价值无疑是近代启蒙精神的某种回归，对于矫正“传统公共行政”时期，单纯以“效率至上”的价值取向，来作为度量政府有效性的唯一尺度，是十分有益的。同时它回应了20世纪后半叶，社会发展对政府职能和政府管理的客观要求，体现了公共行政学自身发展的必然趋势，无疑是公共行政学发展史上的一次巨大的进步。

但是新公共行政学在“公平与效率”的问题上并没有走的更远，从某种意义上说，它还只是一种社会思潮，还不能称作是完整意义上的学派。它只是

① Tony Saich：《对政府绩效的满意度：中国农村和城市的民意调查》，载《公共管理评论》（第5卷），清华大学出版社2006年版，第1～19页。

重提了一个已被人们遗忘多时的价值目标“社会公平”，对其的倡导也仅止于口号式的“呐喊”，而缺乏实践上的制度构建。因而，新公共行政学派虽然提出了重树“社会公平”的价值目标，但由于其缺乏实践的可操作性，使得“社会公平”原则很难在公共行政的理论和实践当中，最终成为政府有效性制度建构的主导范式，以取代传统的官僚制效率原则。正如《布莱克维尔政治学百科全书》对新公共行政学概括的：“在本世纪政治动荡的60年代，美国出现了一个新公共行政学运动，这是那十年激进政治在行政管理方面的回音。新公共行政学关注如何使官僚机构反映某些‘委托人’（特别是穷人）的愿望，而较少反映其他‘委托人’（特别是全体中产阶级）的愿望。新公共行政学缺乏概念上的连贯性，没有明确限定的宪法基础，没能生根立足，容易被反对者当作仅仅是一种情感的爆发而不予理睬。”①

第三节　新公共管理关于政府有效性建构的效益价值

一、新公共管理基于效益价值的范式转换

范式一词起源于托马斯·库恩的《科学革命的结构》一书。在该书中，库恩曾首先对范式（paradigm）和范式转换（paradigmshift）的概念作出了为学术界所公认的共识性界定。所谓范式，就是一个解决科学问题的具体范例，是一个学科内的科学家一致认同的科学成就，是一套相互关联的定律、概念、假设、价值、技术的完整体系。② 范式为科学研究确定了问题范围、研究方法和研究准则。

“新公共管理”基于效率价值的范式转换，是与社会发展的客观要求紧密地联系在一起的。自20世纪70年代起西方各国的经济与社会发展普遍地陷入了困境，主要表现在：政府财政不断攀升，经济停滞增长，通货膨胀不断加剧，社会失业率居高不下，公众对政府的信心不断下降。面对这样的困境，传统的基于韦伯—威尔逊范式的官僚制政府束手无策。不但如此，政府运行体制本身还不断暴露出效率低下、机构臃肿、反应迟钝、腐败滋生等弊端。同时，

① Gregg G. Van Ryzin, Douglas Muzzio, Stephen Immerwahr, Lisa Gulick, Eve Martinez. Driver and consequences ofcitizen satisfaction: An Application of the American Customer Satisfaction Index Model to New York City. Pubic Administration Review, 2004, (3): 331 ~350.

② Thomas Kuhn. The Structure Of Scientific Revolution, The University Of Chicago Press, 1970.

随着经济全球化及信息技术的发展，各国政府又面临着新的挑战，即如何在全球竞争日益加剧的情况下建立符合现代社会发展要求的行政体制，重新思考政府有效性的价值尺度。正是在这种历史背景之下，一种以经济学为基础，以政府与市场关系的协调为核心理念的公共管理理论——"新公共管理学"在20世纪80年代的英美两国应运而生，并迅速扩展到西方各国，成为近年来西方规模空前的公共管理改革的主体指导思想之一。新公共管理理论主要是针对传统官僚制模式的等级结构、集权模式、非人性化和僵硬的工具理性、繁文缛节以及行政效率低下，主张用一种新的视角和新的行政途径来改造官僚制组织结构。这种新途径就是管理主义路向，是以"3E"（效率、效能和经济）为行政价值观，偏重于强调管理、经济和操作层面的技术设计，借鉴私人企业管理的理论和方法，采用社会化、市场化、企业化和民营化的手段，并倡导通过"公共企业家"的政府改革来达到重塑"服务型政府"的目的。

"新公共管理"改革运动最早出现在新西兰、澳大利亚和英国，这三个国家也因此被公认为"新公共管理"改革成功的典范，特别是新西兰，由于其采用"管理主义"变革其政府的深度、广度、持续时间和成效而被许多西方国家奉为最为成功的例证①。因而，许多西方工业化国家纷纷效仿，从而使得"新公共管理"的效益范式逐渐成为主导西方国家公共部门改革的主要理论依据和实践模式。

该范式的应用，直接导致了这些国家政府公共管理和公共政策职能的分化，其具体路径是：政府通过合同和契约方式将原来承担的公共管理的职能转包出去，由经过选择的合适的社会团体或者私营企业来承担过去一直由公共部门自身承担的管理社会事务和公共产品供给的职能，从这个角度来看，西方国家的政府具有"非管理化"倾向。与此相对应，政府的公共政策制定和执行的功能在逐渐上升，而且有取代传统公共事务管理的趋势。政府正逐渐将工作的主要内容和重心转向公共政策的制定和监督执行，这种政府公共管理与公共政策分化的趋势正是"新公共管理"范式在政府行政改革中所倡导的，尽管其在实践当中的效果有待商榷，但确是政府基本职能及其定位的根本性改变。② 标志着"有效政府"的评价尺度也发生了根本性的变革。

---

① 陈振明：《政府再造—公共部门管理改革的战略与战术》[J]，载《东南学术》，2002（6），第16~22页。

② 张康之：《论政府的非管理化—关于"新公共管理"的趋势预测》[J]，载《教学与研究》，2000（6），第33~37页。

针对传统官僚制行政模式的弊端，新公共管理模式的效益原则包括：1. 提高公共部门的资源配置效率和工作效率；2. 增加政府实施的各种计划、项目的有效性；3. 通过职能转移缩小公共部门的规模，削减政府的预算开支；4. 改善公共部门提供的产品和服务的质量；5. 使公众更加容易获得公共服务，增强公共服务对公众需求的反应力；6. 增加行政行为的透明度，使不透明地行使公共权力的机会最小化；7. 完善公共机构的责任机制，使公共机构及其主管人员更好地对政务官和议会负责。正如澳大利亚学者欧文·休斯在《公共管理导论》一书中所指出的：新公共管理明确表示了脱离古典官僚制的意图，欲使组织，人事，任期和条件更有灵活性。……这些做法背后的推动力是有效验的“三E标准”，即经济、效率和效能。其目标在于将掌舵与划桨分开，通过民营化和市场检验等方式减少政府职能的趋势。①

从这些阐述中，我们不难发现“新公共管理”主义理论所具备的“效益”原则体现为：1. 作为取代传统官僚制行政模式的一种新的公共管理范式，“新公共管理”注重结果的实现和管理者的个人责任；2. 明确表示了脱离古典官僚制的意图，欲使组织、人事、任期和条件更有灵活性；3. 明确规定了组织和人事目标，这样可以根据绩效指标对工作任务的完成情况进行测量，重点要依据“3E”原则即经济（economy），效率（efficiency）和效果（effectiveness）；4. 资源管理人员更有可能带有政治色彩地致力于政府工作，而不是无党派的或中立的；5. 政府职能更有可能受到市场检验；6. 通过民营化和市场检验、签定合同等其他方式来减少政府职能的趋势。

二、新公共管理效益价值的应用及其发展趋势

新公共管理所倡导的“效益”原则，在西方国家行政实践和变革中的应用，扩宽了世界范围内公共部门改革方向的前途和视野，使得西方各国关于政府有效性的制度建构，呈现出一些共性的发展趋势，体现为：

（一）有效政府体现为：政策职能与管理职能的分离

新公共管理理论认为，公共组织分四种类型，即政策组织（如计划委会）、规制组织（如证券管理委员会）、服务提供组织（如就业服务局）和服从型组织（如警察局）。前两者负责“掌舵”，而后两者的职能是“划桨”。政府应把这两种职能分开，将掌舵的职能置于中心位置，而“划桨”的职能可通过建立

① ［澳］欧文·E·休斯：《公共管理导论》彭和平等译，中国人民大学出版社，2001年，第62页。

准自治或半自治的机构来承担，如英国建立的“执行局”，政府各部的部长可通过与这些执行机构的主管签订合同、建立适当的奖励机制等措施来实现政府预期的目标。特别是那些商业性公共服务，则完全可以通过私有化、企业化的途径来提供。

（二）将私营部门的管理方式引入公共部门，以丰富政府有效的基本内容

市场机制与私营部门的管理，对政府管理价值的重新发现和利用，是新公共管理理论的核心。该理论认为，要改善官僚制的运转效率、消除政府失灵的根本途径，在于取消任何形式的“公共垄断”，即在公共部门中恢复竞争，引入市场、准市场机制。根据其官僚预算最大化模型，尼斯坎宁提出了相应对策：在官僚机构之间引入竞争，打破某些机构对公共服务供给以及对生产成本信息的垄断；重构公共部门的激励机制，激励官僚采取成本最小化策略，而非预算最大化策略，以效率逻辑取代扩张逻辑；将私人市场方法扩大运用到公共服务的生产中，采取签约外包方式提高效率。正是基于管理具有共通性这样一种认识，西方各国在公共部门的管理中广泛采用私营部门的管理方式，如打破政府部门的垄断，通过公开竞标的方式将公共服务承包出去，实行全面质量管理和目标管理，对公共机构和人员进行量化绩效评定，与工作人员签订短期就业合同，重视对员工的物质奖励。

（三）通过对公共机构实行绩效管理，来提升政府有效性的水平

在明确“掌舵”和“划桨”职能划分的基础上，政府努力改善政策和规制的质量，对公共服务部门放松规制，通过控制其预算总额、与之签订绩效合同，使之由过去的由规则驱动型组织转变为任务驱动型组织。

（四）由重视工作过程和投入转向注重结果和产出，以量化分析政府的有效性

传统的公共行政强调公共机构的运行，必须按照一系列正式规则和一整套固定程序工作，投入其人力财力物力，这容易导致公共机构僵化、反应慢、效率低。新公共管理则转而注重工作结果和产出，即明确规定公共机构应达到的工作目标，对其最终工作结果予以测量，并对达到甚至超额完成预期目标的机构及其人员实行奖励。

（五）通过多种形式的授权改善公共部门的工作效率

在传统科层制组织结构中，权力集中，上层发号施令，下级依令而行。第一线人员往往缺乏自行处置的权力，难以适应快速多变的外部环境。新公共管

理则主张通过授权来改进公共部门的工作。授权分三种形式：一是组织授权，即政策、规制等组织向提供服务的组织授权。“让管理者管理”是新公共管理的著名口号。二是雇员授权，即公共机构向机构内的工作人员个人授权，使他们在工作中有一定的灵活处置的权力。三是社区授权，即对于某些社区和社群需要的服务，政府部门不再直接提供，而是在给予一定的财力支持的前提下，授权给社区或社群，让他们自己解决问题、自我服务。

（六）把需要服务的公众视为公共机构的顾客，以改善公共服务质量

政府应通过调查，倾听顾客的意见，建立明确的服务标准，向顾客做出承诺以及赋予顾客选择“卖主”的权利，以实现改善公共服务质量的目的。

总之，“新公共管理”主义理论对传统的公共行政学的效率价值原则提出了挑战。它的出现，极大地改变了现代公共行政学的研究范围、方法、理论基础和学科结构，并使得公共行政学的实践意义得到了很大的提高。① 随着当代政府有效的评价尺度不断地实现定量评价与定性评价、市场化和科层化的有机综合，“新公共管理”理论日益成为西方乃至世界范围内公共管理研究领域的主流，并且逐步形成取代传统公共行政学研究的趋势。可以说，正是由于“新公共管理”理论相对于传统公共行政关于政府有效的价值的创新，才使得在现代公共管理学的研究中形成了一个更加全面、综合的知识框架，开拓了新的研究视野，奠定了更加坚实和广泛的理论基础，以及提供了政府管理的全新的实践模式。② 而这正是在当代行政科学中“新公共管理”范式取代传统公共行政范式的重要原因。

三、新公共管理效益原则的价值转换

新公共管理范式的核心价值取向为以高扬效益为核心的“3E”原则，即经济（economy），效率（efficiency）和效果（effectiveness）；并凸显“责任、向私营部门借鉴管理方式、公共服务政治化、公共服务社会化（公众参与）”等相关价值目标，从而实现“有效政府”的评价尺度，由效率至上向效益原则的价值转换。体现为：

（一）从封闭的本体论范式到方法论范式的转换

马克斯·韦伯以传统官僚制的范式构建了一个单一式的权力集中、政治与

① 赵景来：《新公共管理”若干问题研究综述》，载《国家行政学院学报》，2001（5），第72～77页。

② 张康之：《论政府的非管理化—关于“新公共管理”的趋势预测》，载《教学与研究》，2000（6），第33～37页。

行政绝对分离、具有金字塔式的等级结构、以效率为核心、严格的公务员考核制度的政府。此种范式构建的主体即所营造的是一个封闭、保守、没有活力的政府。严格意义上讲，政府实体从其建构的框架结构上具有很强的完备性，也正是这种严格的等级森严的结构束缚了政府的发展和完善，使一个鲜活的主体变成了僵硬、保守、封闭的实体，才使得仅仅唯有效率才是衡量政府行政效率的手段和标准。正是对于非人性化、效率化的关注和批判，传统范式逐渐努力地向人性化、效率化、公平化转向。将政府这个僵硬的实体细分化为具有差异性、特殊性、人格化的有活力、互动性的主体。到了新公共管理时期，由于公共管理研究领域进一步发展和精化，其研究范式也更注重从方法论上进行革新，传统的政府管理彻底从以前封闭的金字塔中走出来向企业进行学习充电，将企业经营管理的方法、技术、原则导入政府中来，使政府管理能吐故纳新，赋予“效率”这一最终评估标准新的价值意义。

（二）从非人格化到人格化的转换

传统的官僚制行政范式，与其说是构建了一个完备的政府，不如说是它自身预设了一个具有严格等级结构的政府。因此，管理者只能以此为据来参照执行，而忽略了人的重要性。一旦抹煞了主体的这种能动性功用，那么所谓的标准—效率就失去了存在的实际意义，因为一切均按预设的过程发展，人们只是被动的按部就班即可，那么效率就不会降低，也不会提高了。社会人所具有的差异性、特殊性运作打破了官僚制的封闭性，将它置于危机之中。人的主体性、人格化特征凸现出来，不容忽视。民主、责任、公平人格化的行政范式也就应运而生。这样等级结构的政府才可能以勃勃生机和开放的态势展示出来。

（三）从过程功利主义向结果功利主义的转换

从传统官僚制行政范式到新公共管理范式的演变可视为是由过程功利主义到结果功利主义转换的过程。何谓“过程功利主义”，福克斯评述功利主义时说，收益必须大于支出，收获必须超过所承受的痛苦。这个对终极价值的开放性定义从逻辑引出了一种有关如何获得善与幸福的过程理论。人们可以避免以任何实质的方式定义“善”的内容，功利主义无法告诉你出路究竟在哪里，但它能给你提供或许有些帮助的工具式的过程理论。这正是过程功利主义的逻辑，如果过程合理的话，将会取得更大限度的善。① 传统官僚制范式不惜一切

① ［美］查尔斯·J·福克斯：《后现代公共行政——话语指向》，中国人民大学出版社，2002，第21～22页。

代价所建构的完备的等级结构，无非也是为了获得更大的受益—行政效率的提高。这里最大限度的善就是“效率”。而且如果此种构建及相应的严格制度和典范的奠基是具有现实合理性的话，必然最大的效率就会实现。事实上，过程的合理性，很功利地体现在结果中，结果如何从较大程度上证实和验证了过程的合理性。结果功利主义在某种程度上包含了过程功利主义，过程总是孕育在结果中，过程是以实现结果为己任。新公共管理范式正是在扬弃前人的成果之上，重新赋予“效率”以人性化的道德人伦色彩并以企业管理模式为依托的功利主义色彩。从过程功利主义到结果功利主义的转换是公共行政学研究方法科学化的合理推论。

总之，新公共管理学更多地从经济学的途径，研究公共管理尤其是政府管理的有效性问题，它被人们称为“以经济学为基础的新政策管理理论”① 或“市场导向的公共行政学”。② 新公共管理改革浪潮在西方国家的普遍展开，已经在相当程度上改善了其公共管理水平，促进了经济与社会的发展，满足了更多的公共服务需求，同时也增强了西方国家在国际社会中的竞争力。但是，新公共管理在建构政府有效性的价值预设中，也存在着以下认识误区：

首先，新公共管理试图否定并推翻传统模式的伦理制度。

新公共管理在对人性的认识上，主要援引新古典经济学的人性假设：它将文化因素对人性的规制视为外在变量，进而强调对行政官员的责任约束，强调以行政结果代替过程，作为衡量行政管理人员政绩的主要标准。在这样的人性假设下，公共伦理在新公共管理的理念中失去了存在的价值和依据。传统模式通过制度约束来遏制贪污腐败行为的发生，并保证官僚制组织接触的每一个人都受到公正对待。但新公共管理将注意力转变到结果而不是手段的运用时，把公共服务诚实正直的文化看作是特定条件，在某种程度上，它的处方中去掉了以往在公共服务方面，为保证诚实和中立制定的方法（固定薪金、程序规定、永久任期、对直线管理权力的限制、公共部门和私营部门之间明确分开的界限），并进而主张将公共服务政治化，从而，否定行政伦理对官僚制组织成员信念和行为规则的自律约束。

其次，新公共管理中强调借鉴私营部门的管理方式，来提升政府的有效

① 雷志宇：《“新公共管理”模式的内在冲突与矛盾》，载《东南学术》，2002（5），第46～47页。

② 雷志宇：《“新公共管理”模式的内在冲突与矛盾》，载《东南学术》，2002（5），第46～47页。

性，是有效政府的评价制度呈现出“新管理主义”的倾向。

正如波利特所说的：“新公共管理理论”主要是由本世纪初发展起来的“泰勒主义”的管理原则所构成，即强调商业管理的理论、方法、技术及模式在公共管理中的应用。在波利特看来，新公共管理主义或者管理主义只不过是代表了泰勒科学管理思想在公共部门管理中的回归，即在公共部门的管理中必须要强调商业管理的理论、方法、技术及模式，并加以运用，因此，波利特也把新公共管理模式中的管理哲学称为“新泰勒主义”①。罗得斯指出，“新公共管理”有以下几个学说以管理而非政策为焦点，以业绩评估和效率为焦点，将公共管理机构分解成各种建立在使用者付费基础上的处理事务的机构，准市场的使用和合同承包，以培育出一种强调产出目标、限制性项目合同、金钱诱因和自由裁员的新管理风格②。

最后，新公共管理为追求效益主张，实行公共服务签约转包以实现公共服务的社会化，其结果可能产生政治腐败。

这种签约转包的主张实际上是忽略了一些具体的伦理问题，因为在以这种方式进行的公共产品提供的过程中某些做法可能会产生腐败。③ 公共服务的政治化会带来潜在的伦理问题。例如，斯蒂尔曼认为，强调由数量广大的、政治上有党派意识的忠诚骨干完成公共行政工作，能够而且确实产生大规模的腐败和有伦理问题的渎职现象，更不要说很差的和效率低下的绩效。它使政府采用一些不可靠的做法，但是，有限国家的文献仍然对这些极其重要的责任问题保持沉默。④

四、以宪政主义为特质的新公共服务理论

产生于20世纪80年代后期的新公共服务理论，认为新公共管理理论，从管理主义路向来再造服务行政的作法存在重大缺陷，例如，对人性认识的偏颇，对公共行政价值的扭曲和公共行政在民主治理中正当性的丧失，对市场基本教义和市场机能的不当崇拜，以及存在公私管理混淆和不恰当的“顾客”隐喻。因此，它们主张公共部门的改革，应当回归到以宪政主义为特质的新公

① Halachmi, Arie. Community Disaster. Implication for management. Midwest Review of Public Administration 1978, (4): 71 ~279.

② Hood, Christopher. A public management for all seasons [J]. Public Administration, 1991, 69: 4 ~5.

③ [澳] 欧文·E·休斯:《公共管理导论》，中国人民大学出版社，2002年，第295页。

④ Politt, Christopher: Managerialism and the Public Services: The Anglo – American Experience [M]. Oxford: Basil Blackwell, 1990.

共服务行政上来。新公共服务理论秉承了汉密尔顿、麦迪逊、迪莫克、达尔、沃尔多以及新公共行政学派在公共行政史上留下的民主与宪政思想，提出了政府在公共行政中，应将公共服务、民主治理和公民置于中心地位，政府在公共治理系统中所扮演角色是公共服务角色。并且认为重塑“服务行政”不应该仅仅停留于管理、组织和经济的技术设计面，而应向传统公共行政的民主价值回归，寻求公共行政的价值根源和精神灵魂，主张21世纪的政府改革必须回到宪政主义路向。

正如新公共服务理论的主要代表罗伯特·B·登哈特所认为的：新的公共行政范式改革应强调：（1）服务于公民而不是服务于顾客；（2）追求公共利益；（3）重视公民权胜过重视企业家精神；（4）强调政府的政治、社会和道德责任；（5）基于价值的服务而不是掌舵；（6）重视人而不是重视生产率。概括起来，这种基于宪政主义路向而重塑“服务行政”的政府改革包含以下内容：强调民主、代表性、政治回应和责任的价值观，寻求公共行政的公共性、正义性和合法性的价值根源，重新思考公民身份和公民参与的新渠道以及重建政府与社会之间互动的新型合作关系。总之，它构成了一种支配西方政府变革基本方向与力度的特定“语境”。

五、西方行政价值嬗变对“有效政府”制度建构的当代启示

从上面的分析可以看出，西方行政学对政府有效性的价值定位，是着重于政府的制度绩效本身来考察的。无论是官僚制与民主制的制度组织，都旨在探讨确保政府合法与合理的制度构建。其制度建构的过程体现为：官僚制——管制行政——效率价值；民主制——企业型服务行政——效益价值。

由于行政环境和任务的变化，引起政府所面临的行政职能、行政体制、行政方式等诸多方面一系列的新变化，并以程序和公共规范加以法律固化的变迁过程。我国自改革开放以来，经济和社会的发展取得了显著的进步，政府管理面临的国际国内环境和任务也发生了深刻变化。这无疑要求政府管理在理论和实践应用等相关层面，都应进行相应的革新，由此提出了在中国当前语境中，需要深入探讨的行政改革问题。公共行政的价值嬗变，虽然首先出现在官僚制行政发展相对完善的西方国家，但上述转变的迹象也已在我国当前的公共行政领域逐步显现。因此，研究公共行政的价值嬗变，对于我国的行政改革中，有效政府职能及其评价指标体系的确立，具有重要的意义。

（一）政府绩效的有效性体现为政府职能的有限性

政府有效性的价值原则由“效率至上”向“效益”原则的不断拓展，带

给我们的最重要的启示，就是公共权威可以由政府以外的其他主体分享，在政府不垄断公共权力的前提下，公共利益仍然可以得到最大限度的实现和维护。这实际上意味着政府职能的领域和范围收缩了，政府全知全能、全面干预、全面负责的完全理性假设，在面对现代社会的高度复杂性和高度不确定性时难以为继，政府的有限理性，决定了政府作用的局限性。实践证明，政府包管一切、什么都管，最可能导致的结果就是什么都管不好、管不了。这就要求政府要实现从过去的全面干预走向有限政府，政府只承担必须管、管得了、能管好的有限职责。就我国目前面临的国际国内条件而言，我国政府主要应承担宏观调控、市场监管、社会管理和公共服务的职能，除此之外的事务可以交由社会和私人机构负责管理。

需要强调的是：有限责任政府职能的划定，并不表明政府作用的弱化，相反，由于政府管理职责的收缩，政府在属于其职权范围内的公共事务领域的作用却将得到相应的加强。同时，政府在其职责范围的有限领域将会有更多的时间和精力履行法定职权，这为实现善治目标要求下的民主行政提供了有利条件。

（二）建立科学完善的公民参与机制，推进行政民主化

政府有效性的价值原则由“效率至上”向“效益”原则的不断拓展，要求公民的政治参与向纵深发展，与此相适应的行政管理活动，也必然要求各级政府具有容纳公民或公民组织政治参与诉求的机制，从而实现行政民主化。威尔逊—韦伯范式的最初构想是通过政治、行政的二分法来实现民主和集权的平衡，即通过议会政治的方式来表达民意，发扬民主，而作为国家意志的执行部门的行政机关，为了实现效率的目标可以采取集权的方式。然而，随着现代公共事务的日趋复杂化和行政权力自身特点的不断彰显“行政国家”现象愈演愈烈，行政权力失控的危险也日益增强。在行政权力运行中扩大公民参与、发扬民主，是现代民主政治的必然要求，也是治理主义民主行政的基本精神之所在。这就要求各级政府部门大力支持政务公开制度建设、回应公众需求等行政民主化的实践，并逐步健全人民参与管理、监督公共行政的系统配套制度。

（三）在政府体系内进行适度分权，适当扩大基层政府的决策权限

传统官僚制把行政定位为执行，而纯粹的执行机关不需要也不可能拥有自主性。这种集权模式既不能调动低层公务员的工作积极性，也不利于他们创造性地实施行政管理。实际上，现代公共行政的决策所要解决的问题很大一部分都出现在基层。相对于高层机构而言，基层部门在信息的收集上无疑占有优

势，也更容易把握产生相关问题的环境因素。尤其重要的是，现代公共行政所面对的公共事务纷繁复杂、变化无常，这就要求政府具备快速反应的能力，提高回应性。而威尔逊—韦伯范式下的公共行政部门在官僚制原则的指导下划分为数量繁多的层级和部门，这无疑削弱了政府部门快速反应的能力。解决上述问题的最好办法就是在政府体系内进行适度分权，适当扩大基层政府的决策权限。实际上这也是新公共管理强调政府管理的质量，通过多重授权来提升政府工作效率的现实体现。对此，托克维尔就曾针对美国的行政分权指出："当中央的行政部门一心要完全取代下级机构的自由竞赛时，它不是在自误，也是在误人。一个中央政府，不管它如何精明强干，也不能明察秋毫，不能依靠自己去了解一个大国生活的一切细节。它办不到这一点，因为这样的工作超过了人力之所及，当它要独立创造那么多发条并使它们发动的时候，其结果不是很不完美，就是徒劳无益地消耗自己的精力。"①当然，各国的国情不同，政府系统内部权限划分的方式也不可能相同。但是，通过适度分权，扩大更接近群众和公共问题的基层政府的决策权限无疑是增强政府回应能力、提高决策效率的重要途径之一，也是民主行政的重要内容。

（四）改革行政管理的具体方式，推进行政管理制度创新

政府有效性的价值原则由"效率至上"向"效益"原则的价值嬗变，在实践层面的公共认同，归根结底还要靠改变行政管理的具体方式、推进行政管理制度的创新来实现。从本质上讲：改变行政管理的具体方式，推进制度创新也是更高效地提供公共服务和公共产品、更好地满足群众需要的必要环节。这就要求政府机制，能够和其他资源配置机制相互配合，并充分利用其他机制的优势。实际上，我国改革开放以来，随着社会主义市场经济的不断发展，市场机制提供公共产品和公共服务的方式也在逐步完善之中。与此同时，市场经济的发展、产权意识的强化、民主观念的增强，具有中国特色的现代公民社会也在不断成长之中，非政府组织或第三部门提供公共服务和公共产品的机制也处于探索阶段。这就为我国的治道变革提供了良好的环境，也有利于推进治理主义民主行政的实践。比如，在改革行政管理的具体方式上，通过市场机制在公共服务领域的运用，通过合同出租、合营化等各种灵活多样的方式来实现和扩大政府的公共职能。同时，灵活运用行政指导、行政合同、行政规制、行政许可以及经济法律手段实现公共管理职能，以最低的成本求得最大效益，最大限

① ［美］托克维尔：《论美国的民主》，商务印书馆，1988 年，第 100～101 页。

度地满足人民的公共需要。当然，充分发挥公民社会机制的作用也是实现善治的重要条件。可以通过开展社会自治的方式推进民主行政和治理，依靠公民社会的自我管理、自我规范、自我引导和自我满足等自治诉求和自治实践，充分发挥信任、团结、志愿精神等社会资本为社会成员分配社会资源、提供社会服务从而部分地满足社会成员对公共产品和公共服务的需求。实际上，“在成熟的市场经济国家，存在着大量的非政府组织，为社会提供公共产品，成为政府的有效‘竞争者’”①。通过上述措施改善行政管理的具体方式，最终逐步达到“政府掌舵而不划桨”，“授权而不必躬亲”的政府重塑目标，是当前推进政府有效性制度构建的重要方向。

第四节　地方政府有效性制度建构的元价值选择

纵观西方行政学关于政府有效性的价值预设，经历了一个由“效率——公平——效益”的历史演进过程。每一种价值预设的历史生成，都以特定的社会历史要求所规约的政府职能密切相关。由此决定了有效政府的评价标准。那么，是否存在着哲学本体论意义上的关于有效政府的价值判断。换句话说：关于政府有效性的价值判断中，是否存在着一种普适于一切国家，建立有效政府的元价值规定。这里所谓元价值，是属于哲学本体论中的一个基本概念。它特指一种“不证自明的应然价值设定”。与一般的价值概念相比，元价值不是被价值这个领域中所能包含的基本概念，而是比价值概念更为基本的概念。如果借用“善”这个概念来说明，二者的区别在于：元价值是纯粹的善，也可称为至善。而价值则是包含着善与恶和非善非恶的中性判断。二者的联系在于：元价值是本源的善，而价值则是以元价值为比照尺度，派生出来的人们关于善与恶的判断；元价值是不证自明的善，而价值则是有待证明的善。总之元价值不是价值的种概念，而是价值的发祥地。元价值派生价值的过程，就是人类根据其内在尺度与需求的满足程度，来赋予所有进入人类视野的存在物以“属人”意义的过程。

一、公平与效率关系的争论源考

考察政府有效性的元价值规定，必须立足于公平与效率的价值取舍，在有

① 刘成：《体制转轨和经济发展中的政府公共服务供给》［J］，载《经济研究参考》，2005（25）。

效政府评价标准中所占的权重比例。从理论源头上看，公平与效率价值判断及其权重问题是西方经济学，尤其是庇古以来的福利经济学所关注的焦点问题。近一个世纪以来，包括哲学、经济学、政治学、法学、社会学等学科在内的人文、社科领域都被卷入到这一问题的研究当中。然而，直到今天，无论在学理的层面，还是在社会实践的层面，公平与效率的关系问题都没有随着人类知识的积累、科技的进步、社会的演进而最后“终结”，反而因现实世界中不断出现的新情况而显得更为复杂、尖锐。当代中国在确认政府职能，建构有效政府的评价标准和具体路径，面临着的首要问题就是如何科学地处理公平与效率的关系问题。

（一）效率与公平的理论内涵

一般而言，在公平与效率两个概念中，效率的概念较为明确，并且为大多数研究者所认同。

1. 对效率内涵的理论界定

学术界认为：所谓效率，狭义上是指资源的投入与产出的比例关系，广义上是指帕累托效率（或配置效率），即假定特定的一群人和可分配的资源，从一种分配状态到另一种状态的变化中，在没有使任何人境况变坏的前提下，使得至少一个人变得更好。可以发现，这实际上是资源分配的一种理想状态。

2. 对公平内涵的理论研究

相比较来说，思想家们对公平的定义则复杂得多，而且至今没有达成大多数人认同的意见。但是，从构成上来看，一般认为，公平主要可以划分为制度公平、权利公平、机会公平、结果公平、经济公平、社会公平等。事实上，这样的划分也并不完全准确，因为并没有一个统一的划分标准，以致有些概念的次、范畴之间存在交叉重叠的问题。许多研究者从制度主义经济学的研究视角出发，认为制度在社会发展中具有基础作用，因此，制度公平在众多公平概念形成的结构中，显得特别的重要。甚至有论者认为，公平最重要的在于制度公平，只有制度公平才能保证其各项公平的实现。① 对公平与效率之间关系的不同见解，构成了思想史上公平与效率问题论争的起点；本节先对在不同研究视角上的公平与效率争论做一理论分析，以探寻地方政府有效性制度建构的元价值基础。

① 李凤圣、吴云亭：《公平与效率：制度分析》，经济科学出版社，1995年，第15页。

（1）从经济学角度研究的公平

从经济学的角度研究公平概念的学者认为，经济发展对社会发展具有决定作用，是社会发展的基础和核心。因此推演出公平的核心是经济公平。而所谓经济公平是指社会经济生活中，不同利益主体，按各方可接受的条件，处理相互关系——主要是经济竞争中的相互关系，合理分摊经济利益的过程。它包括经济竞争中的机会公平、规则公平和结果公平。机会公平是使进入市场中的人，不因家庭背景、自然禀赋、特定环境等因素的差异，而丧失或多得到某种竞争的机会；规则公平，即哈耶克、诺齐克所称的程序正义原则，它是指市场规则的普遍适用性，大家都能在同一规则下平等竞争；结果公平是指按同样的分配尺度公平地对每一参与市场竞争者进行平等的收入分配，但不是平均主义分配。①

（2）从伦理学角度研究的社会公平

从伦理学的角度研究公平概念的学者认为：公平并不是一个纯经济学的概念，它涉及到价值判断问题。因而在经济公平之上，还有社会公平。社会公平的实质是社会中人的发展，它包括三个层面：一是以社会心理为核心的民众的公平观念，平等意识；二是作为系统的法权意义上的社会价值体系公平观，如“法律面前人人平等”；三是作为社会制度体系的社会公平，如社会的司法制度公平、政治制度公平等。就内容来划分，社会公平包含经济公平、政治公平、社会地位公平。因此，社会公平是更广泛的社会意义上的平等，它更侧重于对一种社会形态做合乎历史、合乎情理的评价，是对某一历史阶段社会不平等的纠正。这部分学者认为：经济公平掩盖了事实上的不公平，社会公平，就是要解决这些蕴涵事实上的不平等以及公平自身的矛盾（自由与平等，个人与群体，理论与现实，代内与代际）之间的不公平 。②

（3）社会主义市场经济条件下的公平

在社会主义市场经济条件下，由于存在多层次、多形式的复杂的经济社会关系，公平的含义也是多方面的。一是作为市场经济基本规范的等价交换的公平。这种含义的公平，是从市场经济的基本要求中派生出来的。它是指商品所有者是有平等权利的，他们根据对他们所有人来说都平等的权利进行交换。二是与社会主义人权原则相适应的权利的公平。人权是一个社会每一个人应当享

① 周诚：《关于公平问题的探索》，载《 中国经济时报》，2004（08），第21～27页。
② 程洁：《效率与公平的关系探析》[J]，载《武汉船舶职业技术学院学报》，2005（5）。

有的自由平等的权利。社会主义的人权观强调要将尊重和保障人权贯彻到社会生活各个方面，特别是将生存权、发展权放在首位，保障每个人的生存权和发展权。三是与社会主义公有制和按劳分配相适应的劳动的公平。这种含义的公平的实质是等量劳动相交换。这种含义的公平既强调要消灭剥削和两极分化，又强调劳动者之间利益的差别。四是收入分配结果的平等，即收入分配的均等化。这种含义的公平反映了不同社会阶层或不同社会成员之间在国民收入再分配后形成的收入差距的大小，它也是目前人们讨论公平与效率关系时一般使用的概念。

(4) 从公平与分配的相互关系出发，来界定公平

从公平与分配的相互关系出发，有学者指出，公平是一个处理事情的原则，要公正，即平等相待。但它没有一个固定的标准来进行衡量。由于公平本身是一个不能确定的标准，以公平要求分配公平，在实践中就更缺乏可操作性。所谓公平作为分配的标准，就是“把分配看成并解释成一种不依赖于生产方式的东西”，因而是不能成立的。① 公平标准是要求合情合理，而分配标准是按贡献付报酬。如果说在分配上要用公平标准进行分配，那么只能实行平均分配。② 而反对这种观点的学者认为，强调重视分配的公平，并不是把公平作为分配的“标准”，比如，按劳分配所依据的标准是劳动贡献，而不是“公平”。在研究中，强调要把分配的标准同衡量分配公平不公平的标准区别开来，不应将两者混淆。③

（二）关于公平效率替换关系的的理论研究

在人类关于公平与效率相互关系的研究中，许多学者认为，公平与效率是两种截然不同的价值标准和政策原则，二者之间存在着非此即彼的替换关系，如果强调了效率，就必然会损失一些公平；如果注重公平，则必然损害一定的效率。“如果平等和效率双方都有价值，而且其中一方对另一方没有绝对的优先权，那么在它们冲突的方面，就应该达成妥协。这时，为了效率就要牺牲某些平等，并且为了平等就要牺牲某些效率。”④奥肯的这一名言，经典地概括了学术界关于公平与效率“替换关系”说的核心意义。相应地，以公平与效率之间存在替代关系的见解为基础，思想家们构思了种种应对之策。总括而言，以

---

① 张宇：《“效率优先、兼顾公平”的提法需要调整》[J]，载《经济学动态》，2005 (12)。

② 何伟：《我们还没有搞清公平与分配的关系》[N]，载《北京日报》，2005.2.12。

③ 卫兴华：《应重视我国现阶段的分配公平问题》[J]，载《理论前沿》，2006 (1)。

④ 阿瑟·奥肯：《平等与效率——重大的抉择》，王奔洲译，华夏出版社，1987年，第80页。

替代关系为前提的应对策略主要有以下三种：

1. 效率优先论

持效率优先论的主要观点，来源于经济学领域。其核心人物是新自由主义经济学和强调自由竞争的货币主义经济学家的著名代表人物，如弗里德曼（M. Friedman）、哈耶克（F. A. Hayek）、罗宾斯（L. Robbins）、科斯（R. Coase）等。这些经济学家认为，个人的自由权利，尤其是自由决策权和自由财产权是保证市场经济正常运行、实现资源最佳配置效率的首要前提。而以公平为价值取向的公共政策往往会损害个人的经济自由权利，进而扭曲资源配置机制的作用，严重影响市场经济效率的获得。为此，这些学者认为，不能为了追求社会公平，特别是结果公平，而损害个人的各项经济自由权利，造成整个市场经济资源配置的低效率。进而，他们主张不应该采取转移支付等再分配方式实现所谓的公平，因为这不但是对高收入者的事实不公平，而且会打击其积极性，造成市场的资本投入不足，从而影响市场绩效。在他们看来，唯一能够容忍的公平是机会公平，国家的力量只应该在机会公平受到威胁的时候介入。除此之外，所有的一切都应该遵循效率优先的市场规律，以有利于资源的最佳配置。

2. 公平优先论

主张公平优先论的学者，包括哲学家、社会学家、政治学家，也有个别的经济学家，主要代表人物有罗尔斯（J. Rawls）、勒纳（A. P. Lerner）、米里斯（J. A. Mirlees）、琼·罗宾逊（Joan Robinson）等。这些学者认为，由社会不公平所导致的收入分配及经济状况的不平等，会造成人与人之间权利和机会的不平等，进而形成人格和尊严上的不平等。而人格和尊严上的不平等最终会严重打击大部分人的工作热情，限制社会制度的开放性，最终导致社会制度的低效率运转。为此，他们认为，在社会过程的各层面进行制度建构时，应以公平优先为基础。只有实现了社会的公平，才有可能最大限度地提升整个社会的效率。由于市场机制无法直接作用于公平的积累，因而，主张公平优先的学者基本上都具有国家干预主义的色彩，认为应该由国家来调整社会制度，提供公平秩序，减少因历史、自然、家庭、天赋所形成的各种不公平现象。

3. 效率与公平兼顾论

以“效率与公平兼顾论”作为应对替换关系策略的学者，包括萨缪尔森（P. A. Samuelson）、伯格森（A. Bergson）、凯恩斯（J. M. Keynes）、布坎南（J. M. Buchanan）和奥肯（Arthur Okun）等。这些经济学家主张兼顾效率与公平，试图在公平与效率之间寻求一种平衡，以获得这两种价值各自代表的利益。他们认为，公平所代表的是一种社会的、政治的权利和游戏规则，而效率所代表的是一种市场的、经济的权利和游戏规则。过于强调任何一方，都有损于社会的全面发展。市场需要有一定的位置，而且市场需要受到约束。① 因此，必须在二者间寻求一种尽可能的平衡关系。在某种意义上，持这种观点的经济学家与赞同公平优先论的学者相同，都认为政府的有效性应该在公平方面发挥作用。但是他们事实上有着很大的不同，因为前者的理论以首先保证市场的效率为前提，而后者则从根本上以公平为理论的价值基点。诚如奥肯所言，应当在有效率的经济中增进公平。可见，在这些学者的论域当中，保证效率优先的经济秩序，仍然是衡量政府有效性的第一位的因素。

二、公平与效率关系的相互统一

从唯物主义历史观来看，公平与效率的相互关系在其本质上具有一致性。公平必然会导致效率的提升，而效率的实现必然要求在全社会范围内实现公平。这是因为：第一，效率的实现必须依赖个体劳动积极性的保持与提高，而公平则是保护劳动积极性的根本因素，因此，效率的唯一正当来源就是公平。只有通过公平促进个体的劳动积极性所导致的效率才是真正合法、正当的效率，也只有这种效率才是可以持久的。第二，公平的建立必须以效率为基础，而且效率是公平得以保障和发展的历史动力，是衡量公平本身的历史尺度。第三，判断任何社会制度是否公正的标准，并不在于这些制度是否符合某些先验的原则、理念，而在于这些制度是否符合效率的要求，是否能促进社会生产力的发展。所以，从人类发展史的角度来看，公平与效率实际上属于同一关系，二者之间在本质上是内在统一的。在一定的历史条件下二者能够相互转化。② 这一观点，构成了当代中国确证政府有效性的价值准则。

（一）实现公平与效率的社会均衡，是有效政府的具体职责

从宏观社会的层面而言，无论公平还是效率，都在资源配置、社会发展等各领域发挥着根本性的作用，二者共生、共存、共荣的互补关系（complementary）才是具有最基础性意义的因素，是社会各项机能得以平衡的重要保障。公平价值及其主导下的制度安排有其优长之处，能够处理好社会、政治领域的各类争端性议题和关系；而效率价值及其主宰的制度设计，则有利于发挥市场

① 吴鹏森：《公平就是效率—公平与效率关系的再思考》[J]，载《社会》，1995（1）。

② 吴鹏森：《公平就是效率—公平与效率关系的再思考》[J]，载《社会》，1995（1）。

经济的优化配置作用，有利于提高个体的积极性和全社会的经济绩效。然而，由于社会生活运行程序的复杂性，使得政府有效性的制度建构标准单凭“公平”或“效率”无法解决经济社会的秩序问题，以致出现一些“公平失效”、“效率失灵”的现象。因此，只有当两者发挥互补作用，相辅相成时，才能够较好地解决社会矛盾，保持社会均衡秩序，促进经济与社会的可持续发展。可见，当代中国构建有效政府的绩效尺度，应当将公平与效率之间的互补关系，作为主要内容，而不是偏重其中一方。因为，实现公平与效率的社会均衡，是有效政府的具体职责。

（二）公平与效率的有机互补，是有效政府的价值依归

从实际的社会功效和理论推演而论，关于公平与效率关系的三种见解，各有其社会基础和价值，但综合而言，“互补关系”论对于市场经济体制下的当今中国政府有效性的价值预设，更具实践的参考价值。

1. 在人类社会发展上公平与效率具有显著的互补关系

如果从人类社会发展长期的实践历程来看，公平与效率这两种在具体公共问题上常常相互冲突的价值原则，在更为宏大的背景下，却存在着互补关系。

首先，对效率价值的追求以及由效率原则所确定的市场原则，能够激发整个社会的生产热情和创造力，在对帕累托最优状态的无限逼近过程中，将创造出巨量的财富。其次，公平则在效率价值主导的生产积累的基础上，在分配领域使人类劳动的产物得到公正的分配，并以此结果反过来通过激励作用促使整个社会向更有效率的方向前进。因而，可以认为，效率是公平的基础，公平是效率的条件。只是在表现形式上，往往会出现效率以牺牲公平为代价向着与公平协调发展的方向发展。① 但其最终结果是实现了公平与效率的互补、和谐。而且，如果用发展的观点来看待公平与效率问题，随着社会生活的不断变化，在社会发展的不同时期，社会制度建构的重心是会有所侧重的。这种重心的转移恰恰体现了效率与公平间一种平衡的互补关系。

2. 公平与效率的互补关系是构成完整的社会过程的基础

随着人类社会制度的演进、知识水平的不断提高，市场经济与民主政治已经成为当代文明国家社会过程的两个重要部分。而且这两个部分对于一个国家而言，缺一不可。缺少了市场经济，会导致国家经济过程的效率低下；缺少了民主政治，则会使民众因为被剥夺了民主、自由的权利而陷于悲惨的境地。在

① 郭志鹏：《公平与效率新论》，解放军出版社，2001 年。

这二者中，市场经济的运行遵照的是一套以效率为核心的游戏规则，强调激发个人的天赋与能力，最优化地配置各类资源；民主政治所执行的是以一系列的公民权利为内容的游戏规则，而公平恰恰是所有这些公民权利所追寻的核心价值之一。事实上，如果没有民主政治对公民自由权利，特别是经济自由权利（包括自由财产权）的保护，是永远也无法维持长久的市场效率的。可见，市场经济与民主政治的共存，构成了现代文明国家社会过程的必然内容。从抽象的角度来看，市场经济与民主政治的互补关系背后，隐藏的正是两种游戏规则的价值取向——公平与效率的互补关系。因而，可以认为，从社会过程的角度而言，公平与效率的互补关系的存在，主导着现代文明国家的进程，是其社会良性运转的基础。

3. 公平与效率之间互补关系在微观领域成立的条件

我们知道，《正义论》的作者罗尔斯主张，一个正义的社会应通过再分配和其他一些补偿措施，使境况最坏的那部分人得到尽可能大的福利，以致达到社会所有成员的平等。然而，包括奥肯在内的经济学家们都认为，这种通过再分配手段实现公平的过程会产生许多不必要的成本。奥肯甚至创造了著名的“漏桶”实验来证明这一过程的非经济性。实际上，从宏观角度而言，这种再分配过程确实存在着成本过大、损害效率的情况。但是，在微观层面，却存在公平与效率之间互补的情况。经济学家瑞贝卡·M·布兰克（Rebecca M. Blank）对此进行了深入的研究。她认为，与奥肯所认为的公平与效率之间存在的替代关系（trade - off）不同，事实上，公平与效率在三种情况下是可以互补的。第一种情况是，当公共援助指向那些特定的没有能力去改变自身行为的人群时；第二种情况是，当公共援助指向那些将行为要求与对转移的付款相结合的具体的项目时；第三种情况是，当公共援助补助通向作为长期投资运作的具体物品的途径时。① 可见，即便在大多数学者认为不可能存在互补关系的微观层面，仍然存在构成二者互补关系的因素和可能。

4. 市场有效配置导致公平与效率的互补

著名经济学家杨（H. Peyton Young）认为，只要公平与效率问题的分配部分能够按照其自身的规律运行，则公平与效率是相互补充的。其关键在于，只要在初始状态中给定的物品被公平地配置的话，竞争性的市场将有效而公平地

① Blank, R. M: Can equity and efficiency complement each other? [J], Labour Economics, 2002 (9): 451 ~468.

培植产权。如果诉求者（claimant）在公共财产中有很明确的分享（不一定是平均的分享），而且这些诉求者对不同的物品有不同的偏好。那么，就存在一个竞争性的配置。这种配置状态中存在一个价格集。在这个价格集里，给定由价格限制决定的诉求者的分享部分的价值，所有的诉求者都最喜欢他自己的部分。事实上，这样的配置能在任何一个类似市场的机制中发现。在这个机制中，诉求者不需要去了解任何有关其他人的效用的信息。更重要的是，这种竞争性配置的结果能在公平的基础上被证明是正当的。显然，这是唯一有效而稳定的重新配置产权的道路。其最终结果，将实现市场有效配置下的公平与效率的互补。

三、政府有效性价值选择的具体路径

由于“经济生活是受经济制度的管制，而不是经济规律的管制，确信通过政府进行集体控制，以不断改正和克服经济生活中的缺陷与调节不当，是非常必要的”①。政府在承担改进经济缺陷的市场失灵中，具有重要的作用，故而，如何将由此职能所决定的政府有效性的价值设计，变为现实就显得十分迫切，因为它不仅涉及到理论上的政府职能定位，还涉及到实践中，有效政府的具体运行原则极其验证功效。

对此，经济学家集中研究了有效政府在实践中的两种价值取舍关系：即在公平（如何分配馅饼）与效率（馅饼的大小）之间的取舍；降低生活的风险（通过提供社会保险）与经济激励之间的取舍。“隐蔽在这些取舍背后的是基本的社会价值观的问题：如果承认我们能够作出选择的经济约束条件，我们想要一种什么样的社会秩序。因为，这个价值观不仅涉及到效率、公平和风险保护（经济保障）的制度保障问题，而且还涉及到个人权利和社会责任问题。”② 这就必须从制度上来保障有效政府价值预设的实现。

真正意义上来讨论有效政府价值设计的制度建构，是从新制度主义经济学开始的。科斯（Ronald H. Coase）重新研究和估价资源配置所依赖的制度条件，发现和澄清了交易费用和产权对经济体制的制度结构及其运作的作用和意义。进行市场交易需要发现合作目标、通知对方想做生意的意愿和合作的条件是什么，进而为成交谈判、起草签订合同、保证合同条款的履行等等。这些活动往往成本高昂，足以阻止许多能够在价格机制无成本运转情况下进行的交

① ［德］斯坦力.L·布鲁：《经济思想史》，机械工业出版社，2003 年版，第 273 页。
② ［美］斯蒂格利茨：《经济学》（第二版）上册，中国人民大学出版社，2002 年版，第 490 页。

易。正如科斯所说的："工商经营者在决定他们经商的方式和生产什么之时，不得不考虑交易成本。如果进行一项交换的费用大于该交换带来的收益，该交换就不会发生，从而由专业化带来的较大生产也不会实现"①。在正交易费用的情况下，制度在决定资源配置如何利用方面起着极为重要的作用。"合法权利的初始界定会对经济制度的运行效率产生影响。权利的一种安排会比其他安排产生更多的产值。"② 科斯的论证很简单，就是通过制度明晰产权，而产权的明确界定有助于减少交易成本，使资源配置产生效率。但是，科斯仅以交易成本和产权理论为中介，引出了制度与效率的关系，认为制度很重要，还没有谈到公平性的问题。

那么，究竟什么样的制度才能降低交易费用，什么样的制度才是确保效率与公平实践统一的好制度呢？美国经济史学家道格拉斯·诺思（Douglass C. North）在制度变迁理论中将产权理论与国家理论结合起来，研究政府有效性价值实现的具体路径。诺思提出的有关国家"暴力潜能"分配论，认为"若暴力潜能在公民之间进行平等分配，便产生契约性国家；若暴力潜能分配是不平等的，则产生掠夺性国家。""国家为取得收入而以一组被称之为保护和公正的服务做交换"。③ 在诺思看来，国家暴力以能实现社会合作显示其公正性。在这里，诺思的国家理论实质上是把科斯的企业理论引入国家问题而展开分析：统治者也是一个具有福利或效用最大化行为的"经济人"，他们也面临着生存和发展的问题，在竞争和交换过程中，他们的理性也是有限的，他们的行为也具有机会主义倾向。国家暴力在界定与行使产权的过程中发挥着重要的功能，国家决定产权结构，最终要对所造成的经济的增长、衰退或停滞的产权结构的效率负责。据此，诺思具体地分析了意识形态的经济功能，在他看来，意识形态是减少提供其他制度安排的服务费用的最重要的制度安排，公平的意识形态为社会成员的行为提供一个共同的准绳，减少内耗，提高效率。然而，诺思虽然从国家理论和意识形态的角度，阐述了公平与经济效率的相互统一，但他并没有具体论证如何通过意识形态的制度安排，来保证公平与效率的实践统一。

詹姆斯·布坎南（James. M. Buchanan）在其公共选择理论中指出，尽管

① ［美］科斯：《生产的制度结构》，上海三联书店，1994 年版，第 231 页。
② ［美］科斯：《社会成本问题》，上海三联书店，1990 年版，第 92 页。
③ ［美］诺思：《经济史中的结构与变迁》，上海三联出版社，1994 年版，第 22 页。

那些追求他们自己利益的人，理解国家对于约束个人行为是必需的，这些个人同时也理解用制度性规则，来约束国家是必须的。布坎南认为："只有个人才知道什么能够给他们带来满足或者什么引起他们的不满；没有外人或团体能够替他们决定这一点。个人寻求那些能够改善他们处境的交易；他们在约束的条件下最大化他们的效用"①。从一般意义上说，只有当事人心里上觉得公平才有可能在实践中同意这种秩序。公共选择理论的一致同意规则的目的在于：保护每个人的公平权利，"效率应解释为往往出现于有关团队中人们间的自愿同意。因为有效率的东西是出自同意的东西，而不是出自同意的东西就是没有效率的东西，所以我们不能限制同意的范围只能有独一无二的结果"②。布坎南认为评价效率的唯一指标是同意的一致性，"同意"意味着经济当事人经过成本一收益计算，认为一个实现资源配置的交易对他是有利的，或至少是无害的。在这里可以看出公平与效率的正相关关系，公平直接带来效率。只有公平的制度才能带来经济的高效率，国家兴衰取决于制度的公平程度及由此所导致的效率损耗程度。

可见，在效率与公平实践统一的路径选择中，新制度经济学把保证公平实现的制度安排放在首位，认为公平的制度能降低交易费用提高经济效率，坚持的是"公平优先、兼顾效率"的公平效率观。那么，什么样的制度安排能保证将公平的观念，转变为现实所需的社会制度呢？新制度经济学认为在经济领域中，从循环的角度来分析经济运行可以分为起点、过程和结果三个阶段，与此相对应，公平包括起点的公平、过程的公平和结果的公平。起点公平是人们在占有生产资料和社会资源方面的公平，过程公平是指机会平等、规则公平，结果公平是与起点公平相对应的一个概念，是人们追求的目标。著名的新制度经济学家约翰·肯尼思·加尔布雷斯（John Kenneth Galbraith）认为资本主义经济是一个由市场体系和计划体系组成的二元体系，计划依靠其强大、集中的经济力量与政治特权控制价格和市场，对分散、弱小的市场体系进行剥削。资本主义社会中的许多问题，如贫富悬殊、经济发展不平衡等，都是因为二元体系的存在产生的。于是必须通过制度变革的方式，提高市场体系的地位和增加它的权力，抑制计划体系的权力和消除它对市场体系的剥削，使两个体系的权力和收入均等化，实现"新社会主义"。在他看来，社会要稳定发展，就要在

---

① ［美］斯坦力L·布鲁：《经济思想史》，机械工业出版社，2003年版，第303页。

② ［美］布坎南：《自由、市场和国家》，北京经济学院出版社，1988年版，第142页。

经济运行的过程中进行一系列的制度改革和实施积极的政府干预。如果二元体系运行的过程不公平，势必挫伤劳动者的积极性，甚至引起和激化社会矛盾，造成社会不稳，社会经济效率就不可能提高。经济运行要在过程中修正、在公平中发展，“经济学的缺陷并不是最初的错误而是未加修正的日益陈旧。日益陈旧的出现是由于那些实用主义的东西变得神圣不可侵犯”。过程公平是结果公平的前提，没有公平合理的经济运行过程就不可能有公平合理的结果产生，同时，公平的结果又决定了连续的、循环进行的下一轮经济运行中的起点公平。因此，新制度经济学主张的公平是过程的公平，认为过程的公平最重要。经济主体在经济活动过程中是否受相同的制度规则调整和约束至关重要，过程的公平实质上是规则的公平，这种规则公平是指要有一套公平合理的社会制度规则，这套社会制度规则既能够保证使劳动者的贡献和所得是对称的，又能够保证劳动者的基本权利不受侵害。惟有在“规则公平”上下功夫，才能真正调动起劳动者的积极性，才能够创造长久的高效率。规则的公平是解决问题的根本之道，无论是个人效率还是社会效率的提高，其依赖的都是“规则公平”。以加尔布雷斯为代表的新制度主义者所研究的制度规则，不仅包括各类组织（公司、工会、国家、企业主协会等等），还包括社会集团的行为准则，即社会意识类型。加尔布雷思自称他的研究是所谓“结构改革”，而不是“量的增减”。他不考虑所谓“经济增长”，认为对“结构”的研究比对“增长率”的研究更符合实际，制度方面的目标比“增长率”的目标更为重要。进行社会革新，即“结构改革”最根本的是改革“二元体系”间的关系，使两个体系的权利均等化、收入均等化，在公平的规则中有相同的发展权利，主要办法是加强国家对经济运行过程的管理，由国家实行管制、调节、计划，以实现社会公共目标。总之，在新制度经济学派的学者看来，公平的核心即指规则的公平，起点公平、过程公平和结果公平归根结底统一于规则的公平。在规则公平没有实现的前提下提倡效率优先，往往成了不公正的特殊利益优先。只有规则公平了，市场才会导向效率优化。关于规则公平的制度安排，才是实现二者统一的具体路径。而规则生成的决定主体，则依赖于政府。

可见，社会历史发展所提出的政府使命，规定了特定历史时期政府在社会生活中所应承担的具体职能。而关于这种职能履行完整与否的评价尺度，构成了每一历史时期，衡量政府有效性的价值原则。古典公共行政时期，强调政府职责在于执行公共政策，因而，政府有效的评价标准被定位于效率原则。新公共行政时期，强调政府的职责在于承担公平的社会责任，因而，政府有效的评价标准被定位于公平原则。新公共管理强调政府职责的正确履行，是要实现“掌舵”与“划桨”的分离，政府职能重在“掌舵”，因而，政府有效的评价标准被定位于效益原则。对“效率—公平—效益”原则在不同历史时期的价值追求，体现了有效政府的评价标准是一个动态发展的历史过程。可见，只有真正实现公平与效率原则的历史的、实践的统一，才能确保政府职能的实际有效。而确保公平与效率历史与实践统一的具体路径，依赖于从制度安排的层面上，去建构政府管理的有效性。

第三章

地方政府有效性建构的制度预设

有效政府价值选择的实践统一，依赖于与政府职能要求相一致的制度构建。道格拉斯·诺思认为“制度是一个社会中的一些游戏规则；或者，更正确地说，制度是人类设计出来调节人类相互关系的一些约束条件。”①T·W·舒尔茨则把制度定义为一种行为规则，这些规则涉及社会，政治与经济行为。②这里的制度既包括正式制度，也包括非正式制度。在柯武刚、史漫飞的语境中被称为内部制度和外部制度。正式制度是人们有意识建立起来并以正式方式加以确定的各种制度安排，如各种成文的法律、法规、政策、规章、契约等。非正式制度是指人们在长期的社会生活中逐步形成的习惯习俗、伦理道德、文化传统、价值观念、意识形态等对人们行为产生非正式约束的规则。

在制度的功用中，正式制度是至关重要的，是人们等价交换或互利合作的基础，也是依法治国的基础；非正式制度对正式制度起促进或阻碍作用。具体而言，良好的制度对于社会秩序的确证，具有多方面的价值：

其一，制度的规范功能。在一个竞争开放的现代社会中，透明公正的制度可以为竞争主体确定竞争规范，从而减少人们行为预期的不确定性，这样可以大大降低交易成本，从而为社会带来增值性利益。正因为如此，制度主义者认为，现代政府最重要的公共服务就是通过提供优良的制度尤其是政治和法律制度，来为社会行为主体确定行动的边界，确定他们的权利与义务。因此，制度这个公共产品的品质好坏，也就从根本上决定着现代民族国家的国际竞争力。其二，制度的凝聚功能。制度承载着特定的精神观念与意识形态，因此，一个得到贯彻的良好制度背后，本身就反映着社会共同体成员对某种价值观念的承

① ［美］诺思：《制度、制度变迁与经济绩效》［M］，上海三联书店，上海人民出版社，1994 年，第 67 页。

② 卢现祥：《西方新制度经济学》［M］，中国发展出版社，1996 年，第 3 页。

认与尊重。长期对社会成员的行为进行制度化的结果，必然将增进社会共同体成员的精神凝聚力，而共同的精神价值信仰将大大增强社会在面临危机和挑战时的能力。其三，制度的协调功能。就制度产生的直接原因来看，归根结底是为克服社会生活中大量的、反复的、经常性的冲突而产生的。只要制度有效，没有什么特殊矛盾和冲突不可以化解，反之，一个失效的制度安排，则不仅无助于冲突的解决，甚至可能恶化冲突。制度化的冲突处理机制，可以使人们不会因为社会冲突而感到恐惧和无所适从。一个稳固的有弹性制度平台的存在，不仅使冲突当事者可以理性地对待冲突，按照制度约定去自发处理彼此间的冲突，同时也为政府作为冲突仲裁者和协调者角色的正确发挥提供了可能。

因此，设计科学合理的政府制度，不仅能保证有效政府价值预设的理论与实践统一，而且决定着政府行政效能的具体发挥。邓小平指出："领导制度、组织制度问题更带有根本性、全局性、稳定性和长期性。这种制度问题，关系到党和国家是否改变颜色，必须引起全党的高度重视。""制度好可以使坏人无法任意横行，制度不好可以使好人无法充分做好事，甚至会走向反面。"①因而，确保地方政府有效性的制度建构，正式制度与非正式制度的制度安排所由此体现的制度绩效极为重要。而特定的制度绩效，总是受一定历史时期，由历史发展所制约着的关于政府任务绩效的价值预设所限制，决定于特定历史条件下对政府职能的历史定位。本章立足于经济发展对政府任务绩效的价值规约，政府任务绩效对政府制度绩效的历史选择，来考察确保当代中国政府有效性的制度安排。

第一节　地方政府制度绩效建构的逻辑起点
——均衡经济增长与社会发展

关于人类社会发展的目标，是以经济增长为中心，还是以持续发展为中心？这一目标的确立，直接关系到政府任务绩效和制度绩效的最终确立，及其制度安排。

一、当代社会发展观的演进及其一般意义

20世纪以来，人类对社会发展与政府任务绩效的研究经历了唯经济增长

① 《邓小平文选》第2卷，人民出版社，1994年，第333页。

论、基本需求论、可持续发展论和全面发展论的演进过程。

（一）唯经济增长的发展观

唯经济增长论崇尚经济“增长至上”，片面追求工业化速度和单纯GDP的增长，与这一发展观相对应，政府制度绩效被逻辑地定位于服务经济增长这一核心任务的经济秩序的制度构建。政府“管”经济，并通过GDP增长的合法性，而赢得了政府绩效的合理性。其结果是：GDP增长了，但自然生态和人类的生存环境却遭到了极大的破坏，出现了“丰裕中的贫困”，同时，在社会经济中也出现了一些负面的效应，如收入差距拉大、资源配置效率低下、社会关系紧张等。它表明：以GDP作为社会发展的唯一标准，会导致自然资源的过量开采和生态系统的破坏，并最终影响人类的生存质量。

（二）基本需求发展观

到了20世纪70年代初，许多学者对GDP增长，以及政府服务于单纯经济增长的行政职能，提出了质疑，认为发展的目标应是多维的、全面的。而政府的任务绩效，除了保障和维护GDP增长之外，还应包括充分的就业、分配的公平、收入差距的缩小等。据此，国际劳动局提出了《世界就业计划》，世界银行制定了《增长的再分配》方案，并提出了“基本需求战略”，这些都是发展观和政府有效性目标改变的具体体现。基本需求发展观在界定政府的职能时指出：政府应在确保经济增长的同时，有限制地利用资源，地球资源的有限性要求人类节制无限制的消费，并实现资源的循环利用。与唯经济增长观相比，“基本需求论”比“经济增长至上论”有了明显的进步，但没有立足于经济与社会、人与环境的协调发展来重新探讨政府的制度绩效。

（三）可持续发展观

可持续发展这一概念于1980年首次出现在世界自然保护联盟（IUCU）的文件《世界自然保护战略》中，该文件从生物资源保护角度出发，提出：可持续发展，强调人类利用生物圈的管理，使生物圈既能满足当代人的最大持续利益，又能保护其后代人需求与欲望的潜力。可持续发展观反对以追求最大利润为导向，以贫困悬殊和资源掠夺性开发为代价的经济增长。它鼓励的经济增长是适度的和高质量的，以无损于生态环境为前提，以可持续为特征，以改善人民的生活为目的。通过资源替代、技术进步、结构改变、制度创新等手段，从总体的成本收益分析出发，使有限的自然资源得到合理、有效、综合和循环的利用，从而使传统的经济增长方式向可持续发展模式转变。可持续发展观的提出，对经济、社会与生态环境的发展，具有重大的意义。但却没有探讨人类社会发展与政府职能转变之间的相互关系，没有提出在可持续发展观的实践过程中，作为管理公共事务的政府，应当履行怎样的职能，通过何种制度安排，来保证可持续发展目标的实现。

1982年，法国经济学家弗朗索瓦·佩鲁在其专著《新发展观》中阐述了他的发展观点，他认为：人类社会的发展，体现为人的发展。但人的发展不是指少数人或少数国家中的一部分人的发展，而是指所有国家的人民，包括发达国家和发展中国家的人民，都应得到公平的发展；人的发展也不仅仅是当代人的发展，而且包括后代人的发展；同时人的发展不仅仅满足物质生活的需要，还包括满足人们在社会生活、精神生活上的各种价值需要，实现人的全面发展，使人的体力和智力上的各种潜能都得到充分的发展。① 1998年诺贝尔经济学奖得主阿马蒂亚·森认为：确保人的发展，可以通过自由的路径。因为自由是促进人类发展的不可或缺的手段。在他看来，自由的含义是指个人拥有按其价值标准去生活的机会与能力，其中包括法定的自由权利和获取某种法定福利的资格。

根据上述思想，联合国发展计划署（UNDP）在1990年首次提出了“人类发展”（Human－Development）的概念。指出：人类发展是一个不断扩大人们选择的过程，发展的过程应该为人们创造一种有益的环境，使他们能够独立地和集体地去发展他们的全部潜力，并有恰当的机会，去实现与其需要和兴趣相吻合的值得珍视的和富于创造性的生活。这里的“有益环境”，包括自然环境和社会环境；而要符合“有益”的标准，依赖于政府基于自身职能的价值预设，所由此建构的制度安排。正如马克思早在一百多年前就指出的：“通过政府组织的社会化大生产，不仅可能保证一切社会成员有富足的、和一天比一天充裕的物质生活，而且还可能保证他们的体力和智力获得充分自由的发展和运用。”②可见，发展是人类社会世代追求的永恒主题。发展的核心是建立在公平与效率相统一基础之上的人的全面发展，确保这一发展目标的实现，依赖于合理定位政府的制度绩效，有效提供制度秩序。

二、从经济增长走向社会发展——政府制度绩效转变的依据

当代中国地方政府任务绩效的逻辑定位，既要以经济增长为基础，又要以社会发展为旨归。这是因为，人类社会的发展以经济增长为基础的，但是经济

① ［法］佩鲁：《新发展观》，华夏出版社，1987年，第54页。

② 选自《马克思恩格斯选集》（第3卷）［M］，人民出版社，1995年，第633页。

增长并不完全标志社会发展。社会发展包涵着经济增长，然而经济增长只是社会发展的内容之一，而不是全部内容。

（一）经济增长与社会发展的本质区别

具体说来，二者在外延、内涵和本质等三方面有着明显差异。主要表现为：

1. 外延不同。经济增长仅仅是指社会财富的增长，只是对社会再生产过程中的一个环节即生产环节的考察。经济增长致力于研究以最少的资源投入生产出最多的社会产品。它着眼于市场对资源的合理配置。社会发展是对整个社会再生产过程的研究，即包括生产、分配、流通、消费，并把这四个环节联系起来综合考察，致力于推进整个国民经济、社会、文化、政治的发展，其外延远大于经济增长。它着眼于政府对资源，配置的宏观规划。

2. 内涵不同。经济增长的内涵只涉及到生产力的发展，只注重市场生产要素如何增加生产总量的目标，不涉及到生产关系的调整，即不包括经济利益协调关系的目标，不包括经济结构优化的目标，不包括经济、社会、文化、生态协调发展的目标等。社会发展的内涵不仅涉及生产力的发展，而且涉及到生产关系的发展；不但包括经济数量的增长，还包括经济效益的提高；不但包括经济总量的增长，还包括经济结构的优化；不但包括社会财富的增长，还包括社会财富分配的合理化；不但包括经济效益的提高，还包括社会效益、生态效益的提高；是物质文明、精神文明、政治文明和生态文明四位一体的有机统一，是政府职能的综合展现。

3. 本质不同。经济增长的特殊本质是以物为本，见物不见人，重 GDP 的增长，不重社会、文化、生态的发展。它是人类发展的经济性目标。而社会发展的特殊本质是以人为本，统筹社会、经济、政治、文化的发展；注重全体人民生活水平的改善、生活质量的提高和人的全面发展。它是人类发展的政府综合绩效。

（二）单纯经济增长的社会危害

经济增长与社会发展的核心区别，已为联合国在 1996 年发表的《人类发展报告》所证明。在《人类发展报告》中，联合国列举了五种有经济增长，而无社会发展的状况：

1. 无工作的增长。指出了一个令人不安的趋势，经济的增长并没有能创造出足够多的就业机会。

2. 无声的增长。指随着经济的增长，人民的民主与自由权利并没有得到相应的提高，对政治和经济的参与程度还很不广泛。

3. 无情的增长。指经济增长虽然较快，但收入分配不公却加剧了，穷人的生活状况并没有能得到多少改善，有的甚至恶化了。

4. 无根的增长。指片面的经济增长，削弱甚至毁灭了传统文化和文化的多样性，扭曲了人们的价值观，从而使得经济的发展失去了文化的滋养。

5. 无未来的增长。指不顾自然资源的耗竭与人类生存环境的恶化而换取的经济增长，它不仅损害了当代人的生活条件和健康，而且对子孙后代的发展造成了巨大的乃至毁灭性的损害。①

因此，人类社会的发展，必须扬弃单纯经济增长的弊端，实现从经济增长向社会发展这一和谐发展观的全面转变。

三、均衡经济增长与社会发展——政府制度绩效构建的逻辑起点

社会发展的特殊本质是以人为本，即以社会经济主体共同全面自由发展为目的。

（一）社会发展本质上是人的全面发展

依据马克思的唯物史观，社会发展是一个自然的历史过程，既是社会产品的再生产过程，又是人类自身的再生产过程。前者表明社会发展的自然属性，而后者则表明社会发展的社会属性。在生产过程中，劳动者要素起着决定性的作用，只有人的劳动才是能动地改造自然的要素。离开了人的劳动，其它生产要素都无法发挥作用。因而，生产力提高的关键在于劳动者自身能力的再生产和劳动者素质的不断提高。只有不断提高劳动者的体力和智力水平，人们才能摆脱奴隶般地屈从于劳动分工的被动局面，把劳动不仅仅当作谋生的手段，还能从劳动中获取精神上的享受，获得事业上的成就感和各种不同精神方面的满足；不断提高自己的经济地位和社会地位。劳动者素质的全面提高，可以不断地推进科技的创新，改进生产工具，改善生产条件，用技术要素来替代劳动要素，从而，逐步缩小不同职业不同岗位之间的劳动强度的差别；缩小脑力劳动和体力劳动的差别；缩小各种职业劳动者之间的收入差别乃至消费水平的差别。在发展生产力的同时使劳动者能真正解放自己，获得自由的发展。

从哲学意义上讲，解放意味着人的本质力量的弘扬，摆脱束缚和压抑，获得人类生存发展的合理条件和组织结构，从而进入较为自由的从事发展实践和

① 张玉：《社会发展论》，北京燕山出版社，1998年，第97～100页。

创造历史的状态。自由则是人类对客观必然性的认识和利用，在认识和掌握了客观必然性的基础上能自由地选择职业并能获得成功。民主和自由都必须建立在人的素质的提高和全面发展的基础上，社会发展的特殊本质正是人类自身能力的再生产。江泽民曾经指出："推进人的全面发展，同推进经济、文化的发展和改善人民物质文化生活，是互为前提和基础的。人越全面发展，社会的物质文化财富就会创造得越多，人民的生活就越能得到改善，而物质文化越充分，又越能推进人的全面发展。社会生产力和经济文化的发展水平是逐步提高、永无止境的历史过程，人的全面发展程度也是逐步提高、永无止境的历史过程。这两个历史过程应相互结合、相互促进地向前发展。"①

（二）实现经济增长与社会发展的动态均衡

马克思的论断表明：社会发展以经济增长为基础，经济增长以社会发展为旨归。其最终的目标指向是服务于人的全面发展。当代中国的社会发展体现为经济增长与社会发展的双重目标，因此，政府绩效的制度理念必然定位于保持经济增长与社会发展在社会秩序中的动态统一。在历史发展的某一时期，当社会的主要矛盾表现为经济增长率较低时，政府职能应当定位于为加快经济的发展提供良好的经济社会环境；当社会的主要矛盾表现为收入差距较大时，政府职能应当定位于为缩小贫富差距，提供良好的制度保障支持。但每一历史时期，政府职能的制度安排都不是非此即彼的两个极端，而是在经济增长与社会发展之间保持动态均衡，共同服务于人的全面发展这一历史目标。

这是因为：人的全面发展所囊括的内涵既包含着个人的全面发展，又包含着社会成员共同的全面发展。从单个经济主体来看，人的自身能力的再生产，就是为了不断提高自己的身体素质和文化素质，提高生存能力和发展能力，提高个人担当各种社会角色的能力，从而逐步缩小人与人之间在身体和文化素质方面的差别，使越来越多的社会成员能不断增加自由择业的能力。只有越来越多的社会成员实现了个人全面发展的目标，才能逐步实现全体社会成员全面发展的目标。作为一个整体概念，社会发展以人为本，不是指个别和少数人的全面发展，而是指全体社会成员的全面发展，尤其是指广大劳动者的全面发展。不断推进人的全面发展是社会主义现代化建设的重要任务。要推进人的全面发展，均衡经济增长与社会发展的相互关系，保持二者在社会秩序中的动态

① 江泽民：《在庆祝中国共产党成立八十周年大会上的讲话》[M]，人民出版社，2001年，第1页。

统一。

改革开放初期，中国社会的主要矛盾体现为经济增长缓慢，经济发展落后，为此，政府绩效的制度理念体现为：为确保经济增长，建构合理的经济秩序和社会秩序，并服务于经济建设这一中心。但是，经济增长只是实现社会发展的手段，社会发展决不能以牺牲人的生活质量、生态环境、自然资源为代价以换取生产的高增长。党的十六大以来，以胡锦涛同志为总书记的党中央，继承和发展党的三代中央领导集体关于社会发展的重要思想，提出了科学发展观。科学发展观的第一要义是发展，核心是以人为本，基本要求是全面协调可持续发展，根本方法是统筹兼顾。可持续发展，就是要促进人与自然的和谐，实现社会发展和人口、资源、环境相协调，坚持走生产发展、生活富裕、生态良好的文明发展道路，保证一代接一代地永续发展，“要克服片面追求经济增长速度的倾向，加快社会发展方式的转变，提高自主创新的能力，以科技创新推动生产力的发展，实现科学发展，社会和谐”。①

（三）政府制度绩效转换的逻辑起点

通过分析，可以看到实现上述发展目标的基本前提是政府制度绩效的合理转换和有效政府评价标准的科学预设。为此，政府制度绩效的理念，必将随着发展目标的历史转换，而调整到由确保经济增长到为科学发展观的最终实现提供制度支持。这在实践中表现为：

首先，实现人的全面发展，必然要求政府的职能目标，致力于缩小城乡差别和工农差别。

在当代中国，社会发展的主要问题是“三农”问题。广大农民生活水平不高，受教育程度低，这就制约了他们的发展。现在的农民是“盼致富，无思路；想致富，无技术；求致富，无门路”。他们没有能力自由选择职业，进城当农民工，只能干最脏最累收入待遇最低的工作。尽管这几年农民收入增长的速度较快，但仍然低于城镇居民收入的增长速度，所以城乡居民收入增长的相对差距和绝对差距仍在扩大。2004 年和 2005 年城乡居民收入比分别为 3.21∶1与3.22∶1，去年扩大到3.28∶1，绝对额的收入差距达到8172.5 元。所以说，农民持续增收的长效机制还没有完全建立起来，促进农民增收的任务还非常艰巨。需要通过各种形式的教育培训，千方百计提高广大农民受教育的水平和求生存求发展的能力。社会成员只有全面提高受教育的程度和自身的素

① 王伟光编著：《科学发展观干部读本》，中共中央党校出版社，2004 年，第 58 页。

质，才能缩小劳动者之间的职业差别和收入差别，才能自由选择职业和提高担当各种社会经济角色的能力，才能逐步形成人与人之间分工、协作、互利、平等、和谐、友善的良好社会关系，从而使社会发展、社会和谐。

其次，推进人的全面发展，必然要求政府的职能目标，致力于关注民生，进一步加快构建覆盖城乡的社会保障体系。

虽然，经过20多年的改革和探索，我国已基本形成了以养老、医疗、失业、工伤、生育保险和城市居民最低生活保障制度为主要内容的社会保障体系，但覆盖面窄的问题仍然十分突出。建立覆盖城乡的社会保障体系，就是要求政府统筹考虑城乡社会保障制度，逐步将各类人群纳入覆盖范围，为实现城乡统筹和应保尽保的保障目标提供制度支持。在城镇，应当继续完善养老、医疗、失业、工伤、生育保险制度，逐步把各类职工和灵活就业人员都要纳入覆盖范围，同时抓紧建立城镇居民医疗保险和农民工社会保险制度。在农村，应当全面建立农村最低生活保障制度，进一步推进新型农村合作医疗，探索农村社会养老保险制度，建立与家庭保障、土地保障相结合的保障体系。当前，要特别重视解决被征地农民的就业和社会保障问题，做到即征即保，确保他们的生活水平不因征地而降低。同时，要不断提高社会保障的水平，使广大人民群众共享改革发展的成果。这是现阶段深入贯彻落实科学发展观和构建社会主义和谐社会的基础性工程。

总之，社会主义制度的优越性最终应体现在提高人民群众的生活水平上，体现在改善民生上。离开人民群众生活的改善，离开人的全面发展，社会主义的制度本质，就失去真实的意义。因此，政府职能的逻辑转换，只有依据社会发展、以人为本的历史要求，来确定职能内容，并以促进社会经济主体的共同全面发展，作为衡量社会发展的根本标准、作为衡量有效政府的根本尺度。

第二节　地方政府制度绩效的目标建构

政府制度绩效的目标构建是沿着政府制度绩效的逻辑起点，在制度创新的现实层面上，将政府职能和政府规模的制度安排，进行合理论证与设计。建构合理的地方政府制度绩效目标，关键问题是权力配置以及与此相应的授权、设限和明责。以均衡经济增长和促进社会发展为逻辑起点的地方政府制度绩效，其制度目标的建构，体现为：政治效率的合法性、组织效率的合理性和职能效率的有效性。前两个因素，是政府有效性制度建构的内部绩效；后一个因素，是政府有效性制度建构的外部绩效。所谓政治效率的合法性是指落实政府绩效目标的政府组织权力，其来源不仅具备行政授权的合法性，而且具备权力运行的高效性，并以制度保障政策执行的实施，以确保政府绩效目标化为现实。所谓组织效率的合理性是指落实政府绩效目标的政府组织结构，既不是传统官僚制组织结构的照搬，也不是新公共管理组织结构的企业化预设，而是在“弃官僚制”与“立官僚制”之间，为政府绩效目标的现实化路径，提供与社会发展要求相适应的组织保障。所谓职能效率的有限性，是指落实政府绩效目标的政府组织职能，其作用的权限范围是有限的，其作用范围的权限力度受法律所制约，因而职能效率的有限性，体现为在政府权力运行的公共领域范围内，坚持依法行政。

一、政治效率的合法性——地方政府绩效目标的制度基础

合理配置政府的执行权力，首先涉及对权力概念的界定。罗素认为：“权力可以定义为有意努力的产物。”① 他还把权力分为对人的权力和对事物或对非人类生活方式的权力。马克斯·韦伯认为，权力是“一个人或一些人在某一社会活动中，甚至是在不顾其他参与这种行动的人进行抵抗的情况下实现自己意志的可能性。”② 达尔认为权力就是影响力。③ 顿纳斯·H·隆也认为“权力是一些人对另一些人造成他所希望和预定影响的能力”④。伯恩斯认为权力等于“动机+资源”。⑤ 丹尼斯·朗认为“权力是某些人对他人产生预期效果的能力”⑥。

（一）地方政府政治效率的合法性边界

实际上，均衡经济增长与社会发展之间的相互关系这一政府绩效理念的落实，在当代中国，体现为依赖于地方政府制定目标的有效实施。因为各级地方政府，作为管理地方公共事务的行政主体，是保证政府绩效理念现实化的最直接、最具体的权力组织。它在具体的行政实践中，将绩效理念细化为若干个指向具体标的的公共政策，并通过公共政策执行，将理念变为现实。在这一过程

① ［英］罗素：《权力论》王雨等译，商务印书馆，1980年版，第23页。

② ［英］格斯等编：《马克斯·韦伯文选》，牛津大学出版社，1964年，第180页。

③ ［美］达尔：《现代政治分析》王沪宁等译，上海译文出版社，1987年，第89页。

④ ［英］顿纳斯·H·隆：《权力：它的形式、基础和作用》，牛津大学出版社，1979年，第2页。

⑤ ［美］伯恩斯：《领袖论》姜文波译，中国社会科学出版社，1996年，第12页。

⑥ ［美］丹尼斯·朗：《权力论》陆震纶等译，中国社会科学出版社，2001年，第3页。

中，其确保公共政策目标得以实现的执行权力，是国家权力的一部分，它与一切政府的行政执行权力一样，是“从社会中产生，但又自居于社会之上，并且日益同社会相脱离的力量。”① 一方面，各级地方政府经由上级政府和同级人大的双重授权，而拥有了执行政策的权力，另一方面，地方政府的执行权，在其权属的内容上，亦表现为，它与其他政府机关一样，其权力的所有权属于人民，人民通过国家法律等途径，授予其执行政策的占有权、使用权和支配权。“法定的政府权力由各级政府依法占有、使用和支配。”② 这就提出了对地方政府制度绩效获取的权限约束问题。

由于地方政府制度绩效的合理性与合法性，都必须在人们为建立政府而达成的规范性同意——宪法中反映出来，并通过依法行政才有可能得以实现，“宪法与政府共存，如果要有政府，毫无疑问就需要宪法。”③ “一个现代政府是在合法的管理权限内履行其功能，这个权限在法律上被看作是以国家宪法性准则授权为基础。”④ 所以地方政府绩效的权限，必须建构在宪政的框架之内才具有合法权和合理性，它行使职权的范围不能离开宪政的监督和控制，不能离开宪法和法律的约束。它同时亦表明，以均衡经济增长和社会发展为绩效理念的地方政府绩效目标的权力化运作，只有切实严格地在宪政平台上运作时才是有效的，任何违宪的、不合乎法定规范和法定正当程序的政策执行活动都是无效的，因而任何法律主体都有权拒绝承认和接受，并可诉求有关部门进行违宪审查和违法审查。因此，地方政府制度绩效的权限受宪政的制约。

从现实情况来看，当代中国地方政府，为了确保经济增长与社会发展这一总体目标的实现，已通过权责分明的制度组织结构和运行程序，作出了努力。但是具体的执行效果并不明显，也就是说政府组织在确保政府绩效目标得以实现的制度安排，并没有达到预期的效果。这就必然引发我们关于地方政府政治效率合法性边界的理论思考。

如果从其具体的权力获取形式上分析，不难看到，无论从理论上还是从实践上，通过民主授权获取制度安排的合法性，已被世界各国接受为政治发展的核心内容。尽管民主制度的具体形态目前仍然存在着较大的国民差异，但是代

① 《马克思恩格斯选集》第4卷，人民出版社，1972年，第166页。

② 田芝健：《国家权力的当代归属与依法运作》，载《毛泽东邓小平理论研究》，2003年，第3期。

③ ［美］路罗斯·亨金：《宪政·民主·对外事务》邓正来译，三联书店，1996年，第7页。

④ ［德］马克思·韦伯：《经济与社会》（下卷）林荣远译，商务印书馆，1997年，第344页。

议制民主和直接民主作为民主授权的两种最基本的形式，已取得世界各国的广泛认同，它表明，代议民主制与直接民主制都共同属于公民政体之列，从而使得公民在整体上，构成了公共权力合法性的价值渊源。同时，囿于参与成本与技术条件的限制，现代公共组织和公共机构的建构，原则上也按照民主代议机关制定的法律或者明确授权来进行。我们在此将其称为“通过民主代议机关的合法化模式，”简称“民主代议模式”。这类行政组织的合法性是奠基于民主代议机关的立法或者授权过程，而不论依照法律或者授权所形成的具体组织建构方案是否与人们对组织体系的实质合法性要求相适应。这种模式的一个典型表现，就是信奉通过整套全面的、系统的、自治的组织法以及由此而规定的组织原则和规章制度，能够解决行政组织合法性问题的功效，确保实现组织所承担的政策目标。

（二）传统地方政府制度目标构建的内在缺陷

地方政府制度权力获取的合法性，依赖于民主代议模式的合法授权。在具体的民主实践中，当地方政府组织所产生的程序合法性与地方政府自身运行的实践结果所产生的实质合法性相矛盾时，“民主代议模式”在寻找地方政府实质合法性危机产生的根源时，就简单地把之归结为约束地方政府的组织原则和规章制度不健全，以及由此产生的某种行政法典的缺漏。表面上看，这好象确实是找到了地方政府政治效率合法性得以建构的理论依据，但是，经过仔细分析，上述思维定势犯了以下相互关联的三大错误：即单一原因论、理想的形式规范主义和绝对的建构理性主义。

首先，传统地方政府制度绩效的预设是，当前地方政府组织方面存在的诸多方面问题甚至一切问题，都可归结于地方政府自身的规章约束不足。然而，这种单一原因论的倾向，轻易地在行政无序现象与法律体系的弊病之间搭起一条直接的因果链条，而有意地忽略或放弃了对其中多种动因的关注。包括地方政府的自利动机、市场或社会不成熟对政府提出的挑战、政府职能与市场或社会的互动关系处于激烈变迁的状态、中央与地方的关系也在探索调试阶段、民主代议机关在权威机构之中处于相对弱势、行政机关甚至党委机关在组织决策上的主导权、以及维系地方财政的考虑等等，诸如此类的现实因素，都可能导致地方政府组织上的无序。

而且，这些原因并非独立发生作用的，它们之间存在错综复杂的关联。例如，行政机构的不断改革和演变，往往使得其间涉及的职权重新配置、人员编制和内部结构等问题，很难通过简单地诉诸立法过程的努力予以解决。而当代对“法治”的宣传与呼唤，又会促动利益相关的机构把法律作为其地位合法化（更多意义上是一种形式合法性）的工具，尽其所能地“俘虏”立法者，甚至会由此形成不同立法主体制定的规范之间的冲突与矛盾。结果，形成了在表面上，争权夺利者似乎皆有权威机构和依据的支持。

其次，与单一原因论倾向密切相关，传统地方政府的制度绩效建构者认为，惟有通过并且完全能够通过法律的建制与完善，使混乱的地方政府组织领域重获一种秩序。我在此将这种对行政组织法（尤其是专门法典）寄予厚望的方法称为“理想的形式规范主义”。其特征是相信立法的规制功能、相信民主代议的形式合法性功能、相信一个健全的涉及各级组织系统的行政组织法能够解决行政组织的无序问题。① 在相当程度上，它并不明显地关心地方政府组织的实质合法性问题；或者，更为准确地说，它或许认为形式的立法性过程及其产品可以有效地解决实质合法性问题。然而，这种方法对民主代议过程和地方政府组织法典化的功能过于乐观了，而对其局限性缺乏必要的警觉。体现为：

1. 民主代议和立法过程有着内在的痼疾，它既不可能对所有的地方政府组织问题及其多样化的、复杂的原因先知先觉，并提供完美的整体方案，也不可能及时、高效地使规则体系与形势的变迁完成恰当的契合。这一点已是毋庸置疑的知识。

2. 民主代议和立法过程的“民意代表性”有相当的想像和虚假的成分，在民选制发达程度不同的国度，都存在这个问题，只是具体表现形式和缘由不完全一致而已。这个特点注定其对行政组织的建构最多只能完成形式上的合法化，而有可能掩盖其中存在的立法受行政“俘虏”的真相，也有可能无法真正回应民众对地方政府组织实质合法性的关切。

3. 地方政府组织的法律规范或法典体系即便完成了形式上的合法化功能，其现实的有效性仍然会受制于别的制度因素而无法达到预期的状态，甚至会与别的制度因素结合，形成一种异化的功能。

---

① 此处所有“理想的形式规范主义”一词与英国公法传统中的“规范主义”所指并非一致。根据马丁·洛克林的介绍，英国公法传统中的“规范主义”是一种与“功能主义”相对立的思想风格。它强调更少控制的自由、权利先于国家、传统的重要性、有限政府的理念、源于个人主义以及社会的自生秩序等。与之对立的“功能主义”，强调做某事或享受某事的实际能力的自由、权利源于国家、进步论、积极政府的理念、集体主义以及社会工程理论等。参见马丁·洛克林：《公法与政治理论》，郑戈译，商务印书馆2002年。

4. 在立法能够发挥作用的有限范围之内，单纯的专门组织法典不可能取代零星的、散见于规范特定行政管理领域或特定行政职能的立法中的行政组织规则。在传统模式的计划中地方政府组织体系的完善更多地集中于那些专门的组织法典，而单行的、主要规范特定管理领域或职能的法律法规，被认为不能从根本上解决行政组织的无序。但是，实际上，这些特定法律法规有其不可替代的功效，尤其是在解决职权交叉、职能设置不合乎市场规律或社会发展需求问题上。这些问题是不可能通过或单纯依靠“组织法”或“组织条例”给予解决的。

5. 单一原因论和理想的形式规范主义，又可引出地方政府制度建构模式内含的绝对的建构理性主义倾向。这种倾向表现为自觉或潜意识地认可甚至崇尚理性的至尊作用，认为“我们运用自己的理性，通过对我们的任务进行更为理智的思考，甚至更为恰当的设计和理性的协调，就能消灭一切依然存在的不可取的现象。”① 绝对的建构理性主义倾向无疑忽视了理性的盲区和有效界定，对事物在理性思维中的可确定性有着过度的信赖，而中国地方政府组织制度变迁的实例，则证明地方政府的合法性不是完全依赖于事实的预先设计和规划就可以实现的，这是一个融合建构，试验、知识累积、反思和再建构的循环往复过程。一方面，地方政府的合法性在相当程度上依赖于建构理性，以期高效率地实现程序的重新塑造，另一方面，地方政府的运行也必然受到众多社会行动者基于其个体理性的尝试和检验，渐进地得到认同或抵制。建构理性所设想的秩序，在经验的渐进理性和反思理性的严格拷问之中，或者逐步地形成和稳定，或者因为“错置具体性的谬误”而难产，进而引发重新的设计。因此，地方政府合法性的建构必须以不断回应社会需求，并借助于反思理性的过程而厘定动态地方政府实质合法性的边界。

（三）均衡经济增长与社会发展的制度理念，赋予地方政府制度绩效的现实合法性

建立在经济增长与社会发展动态均衡发展基础之上的地方政府绩效理念，作为地方政府制度建构的思想基础，其政治效率合法性的建构，正是基于对社会发展任务目标的动态考察，在关注民生，反映民意中，弥补了直接民主制和代议制民主制二者现实性不足的缺陷，以一种渐进的方式，拓展了地方政府组织建构的政治合法性基础。表现为：

① ［美］哈耶克：《政命的自负》冯克利等译，中国社会科学出版社，2000年，第58页。

1. 这一进路是多向原因论的，即自觉或不自觉地承认地方政府无序问题产生于多样的、复杂互动的法律和经济社会原因，而不是试图建立或同意一种关于线性因果关系的想像来一劳永逸地完成政府的合法性定位；

2. 它是以经验为基础的规范性设计。即对地方政府职能的合法性界定，基本上立足于现实经验，在各种相关动因的刺激或制约之下，在理性比较容易认知和检验的范围内，规范性地设计或改良不同特定政府组织的实质合法性方案，而不是诉诸构造规则体系的一揽子工程；

3. 它是融合建构、试验、知识累积、反思、再建构等循环往复过程的复合理性主义的，即在中国法律现代化的一贯路径和当下行政国家的现实之中，它不是单纯仰仗渐进理性和自主秩序去解决行政组织合法性问题，而是回应一定的社会现实，通过立法或政策的制定提供可试验的合法化方案，并在实施过程中借助制度化和非制度化的机制进行知识积累与反思，进而可能形成合法性方案的再次建构。

其政治绩效的合法性意味着在地方政府所行使的具体活动中，“某种政治秩序被认可的价值。”① 即政策的目标、措施和行为能够得到公众的内心认同和支持。一方面，随着地方公共事务的大量增加，角色群体的不断分化，地方政府只有最大限度地针对具体的社会发展阶段，努力实现公共政策目标，代表公共利益，不断地满足公众现实的利益需求和意愿，才能获得合法性的基础；另一方面，随着公民社会意识的日益发展成熟，公民参与性的不断增强，社会自主治理功能的明显提高，必然要求地方政府向社会保持开放民主的回应性，形成一种以政府为中心，各地方政府部门积极配合，包括社会自治执行权在内的互动执行体系，主动吸引公民和各种社群组织，参与到与自己切身利益相关的公共政策执行中，既有利于维护自己的合法权益，又有利于与政府形成良好的监督制衡与合作关系，从而，使地方政府绩效的获取，拥有政治绩效的合法性。

（四）当代中国地方政府政治效率的合法性构建

结合当代中国地方政府制度运行的具体特点，确保地方政府政治效率的合法性，还应做到：

一是强化对地方政府权力运行的公共监督性

政府是由民选的，权力来自于民众授予。但是由于传统天人合一的文化思

① ［德］哈贝马斯：《交往与社会进化》张博树译，重庆出版社，1989年，第206～207页。

想的影响，我国的民众不太关心政府权力的来源，不太关心民主政府的权力如何行使，却非常关心政府的表现是否符合天道。因此，民众关于政府绩效的评价好坏，主要是看政府为人民办了多少好事。这种对于政府权力运行的自觉性依赖，在很大程度上削弱了民众对于自身权力的行使，也削弱了民众对政府权力的监督，忽视了政府权力来源于自己的授予。其结果是民众反而需要政府替自己做主。而一旦个别地方政府领导出现腐败，以及一些行政机关的工作效率不高，脱离了群众，民众就会怀疑政府是否还是人民的政府。从而导致权力运行效果获取的本末倒置。强化对地方政府权力运行的公共监督性，就是要强化民众对于自身的权力地位的清醒认识，宪政已规定了政府民选的制度合法性，因此，政府行使权力的初始制度选择要靠民众自己去把握，一旦地方政府权力，背离了为民而行使的目的，民众就应追求制约政府权力，通过行使宪政所赋予的权力，主动制约政府，而不是把解决地方政府“合法性”的路径交付政府自身去解决。只有这样才能形成良好的“路径依赖”，克服政府权力非法行使的“路径锁定”。

二是强化政府权力代表的公共合法性

政府是为人民服务的，但是政府也有自身的利益追求，政府的自利将引发政府失灵。政府要为民服务，代表人民的利益，这不能靠自封，而是要求政府的权力运行在程序上做到有代表性，体现公正性。政府领导人员的形成、政府决策的公开透明、涉及相对方利益的行为允许相对方参与，这些都是实现政府权力运行的具有公共代表性的必要路径。

三是强化政府权力运行的权变性

严格的层级制度限制了政府部门对于外部环境的反应也具有层级性，一旦社会有异常事件发生，而政府反应迟钝，就会导致事件处理不及时，引发更为严重的事件，SARS 大范围传播就是政府反应迟钝的最为典型的表现。解决政府只重视内部的规制、忽视对环境的反应的最有为效的方法，就是允许社会与政府的互动，提升行政组织的权变能力。让社会组织参与到公共产品的提供中来，可以有效地克服政府的僵硬化倾向，提升政府权变管理的能力，实现政府与社会组织共同关心社会危机事件，使政府具有适应环境变化的快速反应的能力。

二、组织效率的合理性——地方政府绩效目标的制度核心

“合理性”概念是马克思·韦伯首先赋予其重要意义，并把它作为解释人的行动和人类文明进程的一个重要概念和范畴。他不仅把人类社会的发展看作

是一个逐渐合理化的过程，而且还根据合理性与否把人类的行动划分为四大类型：一是目的合理性行动、二是价值合理性行动、三是由现实的情绪或感情状况所决定的行动、四是出于约定俗成的习惯而采取的行动。① 在这四类行动中，第三、第四类行动显然属于非理性行动，而第二类行动则由于不同价值之间存在着不可通约和不可比较性，因此韦伯认为价值问题不是科学研究的对象。这样马克思·韦伯所讲的合理性就是目的合理性，它成为人们进行科学研究并能够进行衡量和判断的行为领域。也就是说，判断一个人或一个政府组织的行动是不是合理的，最重要的就是要看他的目的选择是否合理和实现目的的手段是否合理。前者属于“形式合理性”，后者属于“实质合理性。”②

(一) 传统组织效率的公共事物悲剧

传统行政组织效率的获取，是建立在威尔逊—韦伯理性官僚制理论基础之上的。这种范式的主要内容包括：

第一、政治与行政分立。政治与行政相分离的思想早在威尔逊的著作中就有过明确的讨论，但集中表现在古德诺的著作《政治与行政》一书中。古德诺认为“政府有两个截然不同的功能”，即政治与行政功能，“政治涉及的是政策和表达国家的意愿”，而行政“涉及的是政策的实施”③。政治与行政的权力分立是这种区别的基础，在公共权力的具体运用中政治不应侵入行政，公共行政本身能够成为一种超越价值的科学。

第二、法理型权威基础上行政权力的等级配置与单向运行。这是韦伯理性官僚制的基本特征之一，即行政部门在合理、合法的权威来源基础上获得和授予公共权力，并根据各部门掌握的权力的大小形成以集权—统一、命令—服从为基本特征的金字塔型的等级化组织结构形态，公共权力在严格规定的等级层次结构体系中自上而下单向性运行，下级服从上级，每一个下级机关均在上级机关的指导和监督之下开展行政管理活动。

第三、职能专业化基础上的分工。每个职能领域只负责专门的行政工作，在专业化原则的指导下明确划分机构与人员的职责权限，并采用明确的法律条例加以严格的规定，任何机构和个人不能享有特权，不得逾越职权。

第四、公域与私域的严格界分。管理行为都依据一套严格、系统而明确的

① ［德］马克思·韦伯：《经济与社会》（上卷）林荣远译，商务印书馆，1997 年，第 56～57 页。

② ［德］哈贝马斯：《交往行动理论》曹卫东译，重庆出版社，1994 年，第 227 页。

③ ［美］古德诺：《政治与行政》［M］，华夏出版社，1987 年。

规则，管理当局的成员的财产与组织的财产要明确分离，公共领域和私人领域不可混同。按照威尔逊—韦伯范式建构的公共行政适应了工业社会时代对确定性公共事务进行管理的客观要求，保证了政治意志和公共政策的快速执行。“能够取得最高效率，在这个意义上，它是已知的对人类进行必要的管理的最合理的方法。它优于其它形式的特点是其准确性、稳定性、严格的纪律性和可靠性。完全可以正式地应用于各种行政管理任务。”①因此，威尔逊—韦伯范式从其产生之日起就表现出极强的适应性和生命力，成为世界各国政府在公共事务管理中纷纷效尤的典范和公共行政的基本形态。

但随着工业社会向后工业社会或信息社会的转变，威尔逊—韦伯范式遇到了前所未有的困境和危机。作为一种将人类工具理性和技术理性张扬到最高境界的公共行政构想和实践，威尔逊—韦伯范式严重压抑了人的主观创造性，阻碍了民主政治理念在公共行政领域的贯彻和落实，导致了国家权力和职能的几乎无限制的扩张，造成了政府的“组织专横”。官僚制内部纵向的等级制与横向的“鸽笼式”分工使人们进入了韦伯所言的“铁的牢笼”，抑制了行政效率的提高，甚至会导致严重的“公共事物的悲剧”。正如文森特·奥斯特洛姆教授所言：“从这一‘充分发达的官僚制’形象来看，我们可以断定官僚机器会束缚住职业官僚，把公民变成依附性的群众，使其政治主张变成软弱无力的外行，充分发达的官僚制占主导地位会使所有类型的宪政规则变得没有意义，官僚制变成了排他性的政治现实。”②在“巨大的官僚制”下，“在缺乏能力修改供给规则和使用条例以作为反应时，公益物品可能变成公害物品，公共事物的悲剧会达到极其严重或者爆炸性的程度”③。因此，面对社会环境快速变化，威尔逊—韦伯范式已经不能适应当代社会快速发展对公共行政的客观要求，“去官僚制”就成为理论和实践领域共同关注的艰巨课题。

（二）治理主义的民主行政：一种补充和替代范式

自20世纪六七十年代开始，以美国学者奥斯特洛姆等人为代表的新公共行政的倡导者们认为，在现代民主社会中，由于行政对政治的积极干预和对社

---

① ［美］弗里蒙特·E·卡斯特，詹姆斯·E·罗森茨韦尔：《组织与管理》［M］，中国社会科学出版社，1985年，第28页。

② ［美］文森特·奥斯特洛姆：《美国公共行政的思想危机》［M］，上海三联书店，1999年，第40页。

③ ［美］文森特·奥斯特洛姆：《美国公共行政的思想危机》［M］，上海三联书店，1999年，第70页。

会危机的积极治理以及社会弱势者对公平的切实需求，公共行政应建立起“民主制行政”的目标范式。根据奥斯特洛姆和历史上著名的民主理论家如汉密尔顿、托克维尔等人对民主行政的观点，治理主义的民主行政范式可以概括为以下几点：

1. 民主宪法界定个人的专有权和不同政府机关的专有权威，这样每一方的权能都为其它各方的权能所制约。

2. 政治权威应该分立，不同的权威组织可以相互制约和控制。

3. 公共事务管理是一种由共同的目标支持的活动，这些管理活动的主体未必是政府，也无须依靠国家的强制力量来实现。

4. 公益物品和服务由各种各样的组织提供。这些组织可以通过多种组织安排得以协调，它们包括互利性的贸易和协议、竞争性的对抗、裁定冲突以及有限等级的命令权力。

5. 公共权力应该多中心化，行政权力的多中心化意味着由等级结构逐渐朝扁平化结构转变。

6. 公共权力的行使与传统自上而下的单向权力运行不同，新范式下的民主行政则是一个上下互动、权力双向运行的过程。公共事务管理的成熟愈来愈依靠政府与公民社会之间相互影响和良性互动。

从上述描述可以看出，治理主义的民主行政范式是在吸收政治民主和社会自治思想的基础上来构建公共行政的基本框架的。当然，治理主义的民主行政并不排除官僚制行政，实际上它意味着对威尔逊—韦伯范式的一种改进和补充。它在基本的方面仍然需要借助于官僚制行政的若干原则，但从本质上来说，治理主义民主行政范式在理论基础上否定了政治与行政的二分法，即治理主义民主行政范式认为，公共行政能够而且也应该将政治的基本诉求内化为自身体系的一部分，比如可以将公共权威扩展到政府以外的其它主体，通过民主的程序和方法实现公共权力的上下互动和双向运行等。这无疑有助于提高政府组织制度的回应性，从而增强行政权力的合法性基础，而且对急剧变化的经济和社会形势往往表现出极强的适应能力和快速反应能力。

（三）在“去官僚制”与“立官僚制”之间寻找组织效率的合理路径

从威尔逊—韦伯组织效率建构，走向治理主义的民主行政，实际上是对政府传统组织形式的扬弃、补充与逐渐替代。奥斯特洛姆指出，“接受民主制行政理论的确意味着拒绝这一观点，即官僚制行政理论对所有类似的政府都是惟一良好行政的理论”，“民主制行政作为一种一般的公共行政，可以作为官僚制行政的替代类型，与官僚制行政相并列”，① 体现为“去官僚制”与“立官僚制”的有机统一。

所谓“立官僚制”是指依据韦伯—威尔逊范式对政府组织机构进行再造。强化政府组织内部的程序制约、层级制衡和行政问责。因而“立官僚制”是一个以政府组织的内部结构为变革对象的、较为简单的技术问题，这一改革的实施主要依靠政府自身。所谓“去官僚制”是指通过引入市场机制、转移政府权力、转变政府职能，来改变传统官僚制政府的行政方式，提升政府绩效。较之于“立官僚制”的范围，“去官僚制”改革将从政府的内部组织结构层面拓展到外部行政方式层面。这种转变意味着“去官僚制”改革，将不单单涉及到政府一方，还包括政府、市场、社会等诸多方面。完善的市场经济与发达的公民社会将是政府“去官僚制”改革成功的基础。因此，我国的政府组织效率的重建，不能将目光仅仅停留于内部组织结构或行政层面，而应扩展到政治、社会、经济领域。只有政府、市场、社会三者的协调配合，才能成功地实现我国行政体制改革的目标。正如彼得·杜拉克在《21 世纪的管理挑战》中，把“科层制已经寿终正寝”的说法看作是“无稽之谈”。在他看来，官僚制并没有因新公共管理运动的“摒弃官僚制”的口号而被革命或取代。新公共管理运动实际上是以市场化的运作方式和私营企业的管理方法，对传统官僚制作出的修正和革新。这个新范式及官僚制范式之间的关系，我们可以视之为“大家庭的一代，尽管一代中的成员不是享有平等的地位，但它们之间也并不是等级关系”。② 由此可见，政府组织绩效的合理性体现为，以西方治理主义的民主行政范式为基础，强化传统科层制政府组织的服务功能和具体执行绩效，赋以政府组织绩效内部合理性（上级评估）与外部合理性（民众评估）的有机统一。

三、职能效率的有限性——地方政府绩效目标的制度保障

政府“职能效率的有限性”是相对于“全能主义”政府而言的，判断一个政府的职能效率是“有限”还是“全能”的尺度在于：“该政府自身的规模、职能、权力和行为方式除了要受到一些自然规律和自然因素的制约之外，

① 俞可平：《治理与善治》，社会科学文献出版社，2002 年，第 116 页。

② ［美］麦克尔·巴泽雷：《突破官僚制：政府管理的新愿景》，中国人民大学出版社，2002 年，第 131 页。

是否还要受到各种社会制度性因素的有效制约，是否公开接受社会的监督”①。全能政府具有职能无限扩张，权力不受社会制约的倾向，而政府职能效率的有限性，其规模、职能、权力和行为方式等要素，则受到了一系列规范化的制度约束。

（一）政府职能效率有限性的基本特征

具体地说，政府职能效率的有限性的基本特征为：

第一、政府职能效率的有限性的理论依据是，建立于公共权力本性为“恶”的自然假设之上

古往今来，凡是主张职能效率的有限性的思想家，无不对公共权力的扩张性持谨慎和防范的态度。如洛克认为行政权力不过是“必要的恶”，霍布斯则主张政府是巨大的怪兽“利维坦”，阿克顿认为“权力导致腐败，绝对的权力导致绝对的腐败”。政府“越是有权力，就越是拼命想取得权力；正是因为他们已经有了许多，所以要占有一切。”②。所以，只有建立在职能效率有限性基础之上的政府组织，才能较好地保证公共权力驯服地为人类的自由与福祉而服务，而又不伤害人类自身。政府职能效率的有限性规定了政府的首要职能是维护和实现公共利益，供给适合公众需要的公共物，主要包括：宏观调控、市场监管、社会管理与公共服务。目前，我国政府尚处于体制转轨的初始阶段，政府全面深度干预的本质并没有根本转变，管了许多不该管也管不好的事，又有许多应该管好却没有管好的事。行政成本居高，行政效率低下。因此，政府职能必须实现由“无限”到“有限”的彻底转变，就必须消除政府垄断，减少政府管制；把不该管、管不了也管不好的领域剥离出去，把社会可以自我管理的职能交还给社会中介或市场，集中人力、财力、物力把该管的事管住管好，实现市场、社会、政府的和谐发展。③

第二、政府职能效率的有限性，规定了政府职权范围的公共领域性

政府职能效率有限性，要求明确公共领域和私人领域的界限，限制政府的职权范围，改变那种公私不分、化公为私的混沌状态。政府行为只发生在公共领域，而不发生在私人领域，政府不必也不能代替个人处理私人事务。不能与公民争夺利益，攫取本属于民间的利益为已有。如果政府干涉、进入这些纯属

① Tony Saich：《对政府绩效的满意度：中国农村和城市的民意调查》，载《公共管理评论》（第5卷），清华大学出版社，2006年版，第1～19页。

② ［法］孟德斯鸠：《罗马盛衰的原因论》［M］，商务印书馆，1962年，第61页。

③ 陈明：《有限政府的内涵探究》［J］，《当代财经》，2003（8），第13～14页。

于个人自由的私人领域，就会造成泛政治化，造成政府权力、职能和规模的扩张，产生管理危机和信任危机。在现代社会中，政府的权力和权威是有限的。随着社会文明的进步，公民的参与意识日渐增强，政治素质不断提高，人们按照自己的意志选出代表组成立宪机构，通过立宪机构和法定程序授权于政府，并规定政府权力的边界是市场和社会无法自我管理的公共领域。

第三、政府职能效率有限性，表明政府权力的有效行使受制于法律的约束，展示法治政府的基本特征

政府权力作用范围的有限性，不同于“联邦制”政体中，以利益集团的势力或寡头权治干预政府职能的权力边界，① 而是通过“法治”规范，实现对政府权力的制约。通过代议机构，使各种社会势力对社会资源的需求得以充分表达，通过所谓的“讨价还价”实现政府与社会的互动，然后达成共识并形成宪法和法律，从而使一切政府权力的合法性都根植于宪法和法律之中。法治政府的基本特征是：社会秩序和经济秩序均被纳入法律的调整范围，法律具有普遍的约束力和最高的权威性。法治不仅意味着社会行为要依据法律，更意味着政府行为也必须依据法律。只有当制定和执行法律的公共权力服从于明晰的、非人格化的法律的控制时，社会才可能建立起普遍的法律秩序。

第四、政府职能效率有限性，在政府权力的运行上，实行透明行政

所谓透明行政，即公民对公共事务享有知情权、监督权以及参与权。封闭的决策不仅会增加政府决策失误的风险，而且为政府的不负责任和寻租腐败提供了机会。在政府决策不受审查、不可争议、不向社会公开的地方，腐败的风险、公共资源被滥用的可能性就会大大的增加。透明行政虽然不是制约政府违法行为和控制政府腐败的充分条件，但却是一个必要条件。公开决策、透明行政，有利于规约政府权力作用的范围，保证社会信息的准确传播，进而提高政府从事公共活动的效率和效益。

第五、政府职能效率有限性，表明政府在组织规模的构建上是有限的

政府职能效率有限性，规定了政府规模是有限的。“衡量政府规模的指标主要有三个：一是财政指标，即政府财政支出占国民生产总值的比重；二是政府机构的数量；三是政府人员的数量。政府规模有限是指这三个指标都应当是合理的、受限的。② 一个有限的政府只能是机构简易、人员精干、办事高效、

---

① ［美］亨廷顿：《变革社会中的政治秩序》［M］，三联书店，1989 年，第 177 ~ 180 页。
② 陈明：《有限政府的内涵探究》［J］，《当代财经》，2003（8），第 13 ~ 14 页。

支出适度的“小政府”。而一个“全能的政府”必定是机构臃肿、人浮于事、不堪重负的“大政府”。就我国而言，机构设置重叠，官民比例达1：30左右，政府财政支出约占GDP的20 %（不包括预算外支出），属于“吃饭财政”，用于公共利益的医疗、教育的支出规模偏小，政府财政一直处于紧张的状态。因此，依据政府职能，精简政府人员，压缩政府规模的结构性改革，是建立职能效率的有限性的治本之计。

总之，政府职能效率的有限性，表明政府不是无所不能、无所作为的全能政府；而是力求在以一个“适度”的政府，作用于适度的边界，来保证将政府的全部精力集中于做自己力所能及、且必须由自己做的事。因此，这就要求职能效率的有限性能够恰当寻求与市场、第三部门的最佳组合，实现政府与市民社会的良性互动、政府与公民的良好合作，实现政府部分职能的合理市场化和社会化，寻求公共物品供给机制的多元化，并为市场和第三部门的运作提供基础设施、法律框架和制度安排。

（二）职能有限前提下的“政府—社会—市场—公民”

正如在1997年世界银行发展报告所指出的：“一个更为精明强干的政府可以是有效性更高的政府，但是有效性与精明强干并不是一回事。精明强干在指国家时，是指有效地实施并推动集体行动的能力，它包括法律与秩序、公共卫生以及基础设施等。有效性是指利用这些能力以满足社会对这些物品需求的结果。一个政府也许精明强干，但是如果这种能力不是用于社会利益上，那么它就不是很有效的。”①这就是说，职能效率的有限性的本质在于实现公共利益的最优化，为此它必须是以社会、企业和公众的合理、合法需求为行为的出发点，以社会主体的现实需求的满足为行为的归宿点，注重与社会、企业和公众的对话，摒弃视社会、企业和公众为单纯的被管理对象的统治观，从而，使政府由一个高高在上的惟一拥有绝对权威的统治机器，转变为一个享有适度权威的公共服务型组织和指导型组织。政府的权威主要不仅来自于国家强制性保障实施的权力威慑，而且亦来自于社会、企业和公众在对话框架和协商模式中产生的心理认同。从而，使得政府与社会、政府与企业、政府与公民的相互关系，呈现出新的内容：

首先，在政府与社会的关系上，政府不再是公共管理的唯一权力中心，非赢利组织、公民自组织等第三部门以及私营部门只要得到公众的认可，就可以

① 《世界经济发展报告白皮书》，中国人民大学出版社，1998年1月版，第154页。

成为不同层面的相对权力中心，它们将在不同程度上分担管理公共事务、提供公共物品和公共服务的职责，这便要求政府要寻求与公民社会建立良好的协商、合作伙伴关系，在政府与市民社会的互动合作的基础上确立共同的公共管理目标，实现对公共事务的管理，政府要由亲自“划桨”转变为主要负责“掌舵”即进行公共决策，而将“划桨”即管理具体公共事物的运作的任务移交给市民社会。

其次，在政府与市场的关系上，政府应有所为有所不为。政府职能的定位逻辑应为“先市场、后社会、再政府”，应当超越在市场和政府之间进行选择的惯性思维，构建政府与市场的共融、共生、互促、互动和互进关系。市场是资源配置的基本形式，政府的职能就是创造条件、促进市场功能的有效发挥。在政府管理与市场竞争的关系当中，市场应当是第一位的，政府不要试图凌驾于市场之上，甚至去改变市场的运作机制和规律。现代市场经济的实践表明：政府与市场共同存在于现代社会之中，二者已经形成不可分离的共生关系。二者虽可借用对方的某些机制和手段，但它们不能以自身的意愿、宗旨和原则，全面地设计和改造另一方。市场经济的建构与相应政府法律制度的构造属于同一个过程的两个方面。“在现代社会中，市场既没有良心，也没有大脑，它必须依托于政府公共政策的调适。没有政府的市场和没有市场的政府都是不可想像的。”① 离开了政府，现代市场最重要的一些制度前提将不复存在，构建高效有序的市场也就成了一句空话；离开了市场，现代政府的诸多职能将难以实现，现代政府的目标定位将失去有效的基础，诸多公共产品的供给和公共利益的最大化也将失去强有力的机制，现代社会将难以持续保持健康、协调运转。政府与市场的选择不是取舍而是程度上的选择。政府与市场各自的不同目标、不同优势与不足决定了两者互相配合、相互协调共生以维持某种程度平衡的必要性和可能性。现代市场制度的建立，需要明确产权保护、契约强制履行、损害救济赔偿等规则，这些规则的落实，仅仅靠市场交易主体双方的合意约定和自我约束是远远不够的。具有强制力的政府是提供相应制度安排的最重要的制度供给者。因而，有效的政府的确是现代市场经济必不可少的必要保障。但是政府在经济与社会发展中的必要地位，不是作为增长的直接提供者，而是作为合作者、催化剂和促进者而体现出来的，政府应该是有效且有限的，市场优先于政府，以市场为基础来界定政府，用足市场，慎求政府，这才是正确处理政

① ［美］萨谬尔森：《经济学》，华夏出版社，1999 年，第 123 页。

府与市场关系的基本原则。

最后，在政府与公民的相互关系上，依据现代宪政精神，坚持执政为民。这是因为，从权力掀起的顺序看，国家权力来源于公民权利，公民权利先于政府权力。一方面公民权利在逻辑顺序上先于政府权力，政府权力来源于公民权利；政府作为公共利益的维护者，其掌握的公共权力来自于公民所自愿让渡的或委托的部分权利；另一方面公民权利在价值序列中先于政府权力，政府权力的唯一合法用途是维护公民权利，政府权力不得损害公民权利。因此它应当平等地服务和从属于公民的权利。国家权力对于公民权利的从属性质，决定了国家权力应当处于公民权利的的约束之下。但是，从政府权力和公民权利的利益基础来看，公民权利和国家权力都是社会整体利益的宪法表现，完全是同质的东西，只不过体现着这一整体利益的不同部分，具有不同的外化形式和角色功能而已。公民权利和国家权力的这种深层次联系是它们统一的基础，也是它们可以相互渗透、相互转化的客观依据。因此，二者的差异和冲突绝不是对于作为它们内在统一本体的社会整体利益的否定，相反倒是这种利益的动态的实现形式。这正是政府与公民良性互动，开展合作的前提和基础之所在。这说明公民权利与国家权力是可以实现良性互动和平衡的，与此相应的社会个体利益与公共利益的良性互动和共生互促关系也是可以建构和维持平衡的，这种平衡的实现意味着创造出了发展和保障社会整体利益的良好社会权利结构条件。政府治理实际上是一个政府权力和公民权利的持续协调全面的互动的过程。政府要通过与公民平等沟通、共同协商、建立伙伴关系、确立共同目标等方式实现对公共事务的管理。善治有赖于公民自愿的合作、公民对公民权利的自觉、实现和维护及对政府权力的自觉认同，没有公民的积极参与和合作，政府治理至多只有善政，而不会有善治。所以，公民社会是善治的现实基础，没有一个健全和发达的公民社会，就不可能有真正的善治。① 二者的关系是：政府管理公共事务，公民依法监督制约。其塑造“职能效率的有限性”的核心是以宪政制度来规约政府权力的作用范围和具体的运作程序，以保证政府与市场、公民和社会的合理、良性互动，从而使得政府权力的运作获得合法性。

---

① 俞可平：《治理和善治引论》，载《马克思主义与现实》，1999 年第 5 期。

第三节　地方政府绩效的制度指标建构

如果说，上一节是从政府制度构建的“质”性上，探讨了将政府绩效目标化为现实的制度构建框架，那么，本节将从政府制度构建的“量”化标准上，来对政府绩效目标化为现实的制度构建框架，作出指标预设和实际检验。从理论溯源上看，政府绩效评估的制度指标构建是现代民主政治的产物，伴随民主政治而来并随着民主化水平的提高而提高。它是在20世纪80年代西方国家政府改革过程中形成和发展起来的，贯穿了公共责任和顾客至上的管理理念。政府绩效评估的价值意义与民主政治的发展水平呈正比例关系。民主化程度越高，人民对政府运行情况的了解越多，政治制度对公民参与的容量越大，对政府绩效评估的愿望越迫切，评价的效果也就越好，社会公众对政府行为的约束越到位。为公民和社会提供优质、高效的服务是政府的宗旨所在。当代中国政府的深化行政体制改革的目标之一，就是建立以任务绩效为导向的现代政府管理机制。因而，绩效评估作为一项有用的制度运行的量化评价工具，理应成为地方政府有效性制度建构的内容之一。

一、地方政府绩效指标的价值标准

价值标准限制乃至决定着评价标准，所以，在确定政绩评估指标体系之前，我们有必要澄清人们对政绩绩评估价值标准的认识。价值标准是地方政府绩效评估体系和绩效评估行为的深层结构，是地方政府绩效评估之灵魂。它对于稳定和变革地方政府绩效评估体系，引导和调整地方政府绩效评估行为具有十分重要的作用。建立地方政府绩效评估指标体系时，应正确把握评估价值取向变化的方向，科学整合评估价值取向，根据新的评估价值取向体系建立、调整和整合评估指标体系。经济与社会协调发展的目标与政府的价值取向是相一致的。

根据本文第二章对政府有效性价值演进的历史考察，现代政府发展的价值取向可以归纳如下：重视成本收益分析的企业型政府、追求公众至上的服务型政府、注重协调与可持续发展的生态型政府。

（一）企业型政府及其价值标准

企业型政府也称之为以企业家精神塑造高绩效政府，其理论基础是新公共管理理论中的“企业家型政府理论”① 核心是指政府部门由一群富有企业家精神的公共管理者组成，他们能够运用各种创新的策略，把经济管理的原理应用于政府管理，使原本僵化的官僚体制恢复活力，并有效运用资源提高行政效率。这种高绩效政府有以下特征：

1. 重视成本效益关系

改变过去只关心投入不关心产出的做法，强调政策、规划、项目的成本效益关系，要求以最小的投入，获取最大的社会效益。政府成本存在的客观基础是政府组织与管理社会的基本职能。但政府本身没有支付成本的能力，政府成本最终由社会公众承担，这一转嫁似乎使政府失去了直接承担成本的义务，从而使政府忽略对成本的控制。部门规模越大 = 预算越大 = 权力越大，政府中很多人把权力大小直接与预算大小划等号，为了保证自己的权力而夸大预算，使原来不大的成本像滚雪球一样越滚越大。懂管理、善经营企业家的交易成本、技术成本可以控制到最低限度，这种成本效应对于政府管理与决策来说是具有同一效应的。要塑造企业型的高绩效政府就必须严格控制政府成本，消除裁减不必要的开支、机构；扩大各部委自行规定与运用经费的权力，运用企业再造工程的方式降低计划成本。

2. 强调顾客至上导向

提供公共服务有强烈的顾客（社会公众）取向，强调对顾客负责，并以顾客的满意程度作为衡量公共服务质量的标准。政府管理和统治总是交织在一起，政府行为当中所具有的压制性和强制性异常突出。但是在新公共管理的背景下这样的政府已经不适应时代的需要了，必须转变观念，建立民主政府。民主政府以创造民众利益、服务民众为目的，从市场的观点来看，就是针对顾客—社会公众的需要来提供服务，以社会公众为导向，改变传统的政府工作方法，建立社会公众回应系统，及时听取顾客意见，以社会公众的需求作为政府工作的目标。

3. 强调市场机制，注重市场导向、任务导向、结果导向

重视企业型政府通过市场机制的发挥，提供公共服务。同时使民间机构与政府共同生产公共产品，为社会提供更多选择机会。现代政府在有限的资源条件下，高绩效政府应该树立资源有效运用理念，开放公共服务的市场，使民间

① [美] 戴维. 奥斯本等：《改革政府——企业精神如何改革看公共部门》，上海译文出版社，1996 年。

组织共同分担运营风险，协助政府处理公共事务，促进政府机关工作效率的提高。政府固然要依法行政，但更要使群众得利，在合法的范围内，发挥创造性，以弹性、高效、便捷的方法来完成任务。过去政府的通病是官僚主义作风严重，官僚主义的通病之一就是事前小心谨慎评估计划，事后则草草了结。这种本末倒置的做法，常使政府机关的工作绩效大大降低。企业型政府应强调工作的实际结果，预算和绩效并重，通过明确的绩效标准奖励成功。

4. 重视授予权能、追求结果

高绩效政府要树立分权的管理观念，给予公共管理者以行政自由裁量权来完成计划，使公共管理者充分了解自己的工作目标，合理合法的使用裁量权，提高组织的生产力和工作效率。在授予权能的同时必须承担工作的责任，政府应像企业一样每一项任务和目标都设立明确的可以衡量的成果目标，并定期提出成果报告。通过分权，激活官员的思维，主张“公共企业家”运用各种创新策略达到管理的目标。

（二）服务型政府及其价值取向

按照新公共服务理论,① 服务型政府是指在民主政治的框架下，通过法定程序，按照公民意志组建起来，以为公民服务为宗旨，实现服务职能，承担着服务责任的政府。服务型政府的理念创新包括以人为本，执政为民，从官本位到民本位，从政府本位到社会本位，从权力本位到权利本位转变。这些理念正契合了政府价值理念革命性转移的历史发展趋势。

1. 强调以人为本、执政为民

“向人民学习，为人民服务，请人民评判，让人民满意”，是服务型政府建设的基本要求。政府实施对国家事务和公共事务管理的目的是维护最广大人民的根本利益，全心全意为人民服务。这就要求政府牢固树立“公民权利本位，政府义务本位”的思想，完全从人民需要出发，以为人民谋幸福为宗旨，以人民满意为评判工作的唯一标准。

2. 由全能政府向有限政府转变

随着市场经济的建立和完善，政府的功能不再是无所不为的全能型管理，而是有所为、有所不为的有限型政府，其职能定位是管理与服务相结合。

3. 公众导向

政府服务必然体现“以民为本”的原则，以人民诉求为导向，真正做到

---

① ［美］登哈特：《新公共服务：服务而非掌舵》，中国人民大学出版社，2004 年。

“想为人民所想，急为人民所急”，也就是说要以公众的期望决定策略设计的蓝图；以公众的需求决定服务的内涵与方式；以公众的满意度衡量政策执行的成效；以公众的评价决定政策变迁的方向。

4. 依法行政

服务型政府强调政府由法律产生、受法律控制、依法律办事、对法律负责。要求政府的服务程序化、规范化，不仅追求行政行为的效率，而且遵循公平、公正、公开的原则。

（三）生态型政府及其价值标准

1. 注重协调与可持续发展的生态型政府

生态型政府，是政府适应随着自然生态环境问题的日趋严重，为确保生态安全、建设生态文明的这一社会发展目标的实现，而在政府职能转换上实现的理性自觉。其基本特征主要表现为：生态优先是其根本价值观；可持续发展能力是其核心能力；综合协调性为政府生态管理体制的显著特征。

生态型政府发展的本质就是可持续发展，从政府能力角度区分生态型政府与非生态型政府以及是什么样的生态型政府，其标志内容就是看政府是否具有以及具有多大程度的可持续发展的能力。可持续发展是一个综合的、动态的概念。可持续发展不是单一的经济问题，而是与社会和生态问题三者互相影响的综合体。可持续发展是着眼于未来的发展，不仅考虑社会范围内的问题，而且还有经济的可持续能力和环境的承载能力与资源的永续利用问题，强调人类社会与生态环境及人与自然界的和谐共存前提下的延续，体现“生态—经济”型的发展模式。

由此可见，可持续发展实质上就是生态型发展，可持续发展的能力本质上就是生态型发展的能力。可持续发展是现代政府能力的一个重要构成部分，它要求现代政府治理要更具前瞻性和战略性，更能兼顾和平衡现在与未来的需要。这种能力处于中心或基础地位，是能够规定和制约其它能力的一种能力。

2. 生态型政府的综合协调性与政府绩效

综合协调性为政府生态管理体制的显著特征。资源、环境、社会、文化与经济系统协调发展是实现生态型政府的基础，生态型政府要可持续发展，就必须实现系统的协调发展。生态管理要追求生态系统的平衡、稳定与健康，追求人与自然的和谐，其管理体制就必然具有统一性、综合性、整体性、协调性等重要特征。政府生态管理体制的综合协调性主要表现在：对自然生态系统各种因素的统一综合管理；对自然生态系统管理与对其它经济社会系统管理的不同类型政府部门之间的整体协调。

二、当代中国地方政府绩效指标的价值确证

三种类型的政府价值模式，其实际绩效的取得，则取决于特定时代的评估价值。评估价值取向，不仅影响和制约着政府评估指标体系的建立及其规模，影响和制约评估指标体系的结构、功能和性质，而且从根本上影响和制约着政府评估指标体系的变迁及其改革和发展的方向。

（一）评估价值取向是评估指标体系建立的基础

没有科学的评估价值取向，或者在建立评估指标体系的过程中偏离、背离了相应的科学的评估价值取向的要求，评估指标体系就不可能有科学、合理的结构、功能，就不可能有旺盛的生命力。因此，评估指标体系的建立必须以评估价值取向为基础。在评估价值取向影响和制约评估指标体系的同时，评估指标体系也制约着评估价值取向能否实现及其实现的方式和效果。评估指标体系是评估价值取向的外化和具体表现形式，离开评估指标体系，评估价值取向的实现，就可能流于形式，就落不到实处，就得不到保证。

在这一矛盾体中，评估价值取向随着社会政治经济文化的发展而变化，处于经常的发展变化之中。这种变化既表现为评估价值取向本身的变化，又表现为评估价值取向之间相互激荡在其结构中的主次地位的变化。而作为评估价值的取向载体的评估指标体系一经建立，则会在一定时期内保持自己在结构、功能等方面的相对稳定性。于是，随着评估价值取向的不断发展变化，评估价值取向与评估指标体系逐渐发生矛盾，从开始时的相互基本适合发展到基本不适合乃至完全不适合，导致二者矛盾的日益尖锐。至此，就必然要求改革和调整评估指标体系，以适应评估价值取向的新的要求，实现新的适合。

（二）评估价值取向与评估指标体系的辩证关系

评估价值取向与评估指标体系的辩证关系，客观要求在建立健全评估指标体系的过程中，务必注意下列三个问题：

1. 正确把握评估价值取向变化的方向

目前，我们正处于社会转型时期，经济全球化、信息网络化的浪潮，世界文化、价值观念相互激荡、相互冲突和相互融合日益加剧，政府的发展战略、职能定位、管理方式、方法等正在发生着重大的变化，地方政府绩效评估的价值取向也相应地发生着重大变化，其基本方向就是：从单纯注重经济增长转向

政治、经济社会和环境全面、协调、可持续发展；从政府本位转向民众本位；从发展政府转向生态政府；从无限政府转向有限政府；从要素评估转向系统评估；从效率标准转向效益和效率标准兼顾等。这六个方面，是我国社会转型时期地方政府绩效评估价值取向系统的核心部分、特征所在和变化方向。

2. 科学整合评估价值取向

根据上述变迁，作为支配评估指标体系建立和调整的评估价值取向，不适时转变不行，转变不配套、不彻底不行，转变之后不进行科学整合同样不行。如果评估价值取向分散、整合度低，评估指标体系就不可能整合、精干、高效。只有把评估价值取向进行科学整合，才能防止和克服各评估价值取向之间的相互冲突和矛盾，才能形成最为有效的合力，发挥评估价值取向最大的整体功能。具体来讲，整合地方政府绩效的评估价值取向，是以社会全面、协调和可持续发展取向为轴心，以民众本位取向为根本，以有限政府取向为基础，以效益和效率标准取向与系统评估取向为保证。

3. 根据新的评估价值取向体系建立、调整和整合评估指标体系

由于作为灵魂直接支配评估指标体系建立和调整的评估价值取向，是发生综合变化和高度整合了的评估价值取向，因此，评估指标体系也应该而且必须与之相适应，调整和改革指标体系，由“以单纯注重经济增长、政府本位、无限政府、效率本位、要素评估等价值取向”为指导的指标体系，转变为“以经济社会全面、协调、可持续发展、民众本位、有限政府、效益标准、效率标准和系统评估等为价值取向”的评估指标体系。以评估价值取向的变化和整合来引导、支配评估指标体系的调整、改革和整合，以评估价值取向的正确来推进评估指标体系的优化。

（三）当代中国地方政府绩效指标的价值标准

在加强评估价值取向整合的基础上实现评估指标的整合，是实现评估指标体系调整、改革目标和巩固评估指标体系调整、改革成果的有效途径。当然，评估指标整合又会反过来维护和促进评估价值取向的整合，巩固和发展评估价值取向的整合。当前，我国在这方面存在着价值天平的失衡：重效率轻公平，重效率轻民主，重经济增长轻社会发展。我们主张，中国政府绩效评估制度必须根据以下价值取向标准的动态调适，进行彻底重建：

1. 效率与公平并重

“效率优先，兼顾公平”是人们耳熟能详的口号和分配原则，但是，它仅仅是个人收入分配方面的原则，并不是指导政府一切行为的惟一准则，也不应

该成为我们评估政绩的排他性价值标准。在实际生活中，它往往造成了人们对效率的过度重视而忽略了公平原则。

历史上平均主义的惨痛教训使国人认识到效率的重要性。社会主义市场经济体制目标的确立更让效率原则变得目空一切。在市场经济条件下，追求经济效益的最大化是经济理性的核心，按效率分配成为市场经济条件下“经济人”参与市场竞争的原动力。在有效益的经济增长的基础上，必须依法按投入和贡献的多少决定分配份额，而趋于平均主义的计划经济式的集中分配是不可接受的。然而，注重效率并不意味着效率优先原则在任何情况下都是不受限制的。单纯的效率原则是不完整的正义观，它必将导致等级分明、贫富悬殊、两极分化。市场体制的一个基本要求即是设定每一个竞争者处于同一起跑线上，使每个人获得平等和自由的权利，即所谓“机会均等”。在此基础上，人们根据自己在市场中的努力来获取相应的利益。然而，在实际活动中人们之间总是存在这样或那样的差别，如家庭状况、身体、智力，受教育程度等方面的差别。市场优胜劣汰所带来的结果必然是两极分化，并由此而造成下一轮竞争中起点的更大不平等，进而导致“马太效应”：富人越富，穷人越穷。这种结局，当然是不符合社会正义要求的。因此，效率原则必须受到公平原则的约束与限定。

经济学意义上的公平原则有以下两层含义：

（1）通过劳动而获得的收入被认为是合理的和正当的。自原始社会以来，人类就形成了一种简单而又朴素的公平观念——劳动光荣。人们总是把劳动与报酬联系起来，因为劳动是创造社会财富的唯一途径。现代经济理论把劳动作为衡量价值的基本尺度，本身就暗含着劳动作为分配之正义要求。

（2）在自然平等的意义上，每一个社会成员之间都应当是无差别的。但由于人们在客观的社会结构以及经济活动过程中事实上不平等的存在，人们之间的利益关系始终存在着不平等现象。对此，社会应当做出某种补偿或纠正，以保障获利最少者取得必要的生存和发展资料。此即所谓的“低度人权”。

公平原则是对效率原则的规约、限定和矫正。没有公平的效率是不可能的，至少是不能有持续而稳定的经济增长。“分配不公意味着社会交易成本的增大，社会风险大，边际效益必受损害”。① 坚持公平原则，除了经济效率方面的考虑外，政治功利与生命原则所要求的稳定，道德良知上对弱势人群的仁爱之心，以及互惠的社会观念都支持公平原则的实现。在经济生活中，特别是

① 贾中海：《法与社会分配正义》，载《当代法学》，2002 年第 3 期。

在个人收入分配方面，我们提倡“效率优先，兼顾公平”，把效率放在第一位，公平放在第二位，目的是为了刺激社会公众参与经济活动的积极性，争取“把蛋糕做大”。但是，政府是价值的权威分配者，“把蛋糕分好”是政府的主要职责。“效率优先，兼顾公平”容易导致政府官员对效率的过度重视，而对公平原则不屑一顾。这样的结果是显而易见的，那就是造成中国社会贫富差距的扩大和社会不稳定因素的增加。所以，在政绩评估方面，我们应该明确倡导“效率与公平并重”，目的是为了引起政府官员对效率原则与公平原则的同等重视，而不是“一手硬，一手软。”只有这样，单纯注重效率所带来的弊端才可能得到矫治。

2. 效率与民主兼顾

追求效率是政府绩效管理的核心，高效是社会各界对政府的共同期望。高效的政府意味着运作更好，成本更少。知识经济的时代，社会瞬息万变，用层层设卡、不紧不慢、低速运转、不计成本、不管结果好坏的行政习惯去开展工作，失去的不仅是时间、金钱，更是机遇、发展。由英美掀起的新公共管理运动提倡建立企业家政府，就是希望政府能够像企业那样采用新的方式促进生产力和效益的提高，创建一个花钱少、办事好的政府。在我国，政府效率普遍较低，往往重投入轻产出，重过程轻结果，最为突出的表现是宏观经济领域内的高投入、高消耗、低效益，同时政府提供的公共服务还远达不到令人满意的程度，政府的形象也因此大打折扣。因此政府绩效评估要充分体现效率原则及其价值，政府要根据经济、效率、效益的标准有效地获取资源和使用资源、清除不必要的重复、降低消耗、增加效益、提高公共服务的质量，以实现政府的目标。

但是，追求效率并不意味着要在政府绩效评估中采取唯效率主义，忽视政府的公共性。西方传统的公共行政学把政治与行政相分离，强调效率至上，追求科学化的工具理性。忽视了价值理性，结果反而导致了效率低下和政府失灵。因此，公共行政本质上应以民主为基础。如果只强调效率，就会使政府远离社会民主价值。政府绩效评估要将效率与民主相结合。在评估过程中要让民众参与，建立信息反馈机制，推行政府上网工程，重大决策采取听证制度，及时听取民众的意见，接受民众的监督，加强政府的透明度；缩短政府与公众之间的距离，使公众意志和利益能够及时体现在政府的公共行政中，体现以民为重、以民为先的“民本思想”。

将效率与民主相结合可以改进政府绩效，公民参与意味着公民可以以社会的主人和服务对象的角色对政府绩效提出要求，协助和监督政府机构对他们的开支负责、对他们的行动负责、对他们的承诺负责；帮助政府机构界定重要问题议程，提出解决方案，判断目的是否达成。这样可以帮助政府降低成本、提高公共服务的满意程度。总之，评估政府绩效必须以最广大人民的根本利益为根本出发点和落脚点。

3. 经济增长与社会发展同步

自瓦特改良蒸汽机以来，资本主义的生产方式席卷全球，全世界都成了资本主义的原料产地和商品市场。资本主义世界创造的高度发达的物质文明征服了贫穷落后的亚非拉各国。在内力和外力的共同作用下，它们纷纷采取了"先增长，后分配"的发展战略。这种发展战略实质上只是经济增长战略的另一种表现形式，其价值取向和政策目标就是效率优先，表现在经济生活中就是对 GDP 的努力追求，对高速度的强烈攀比，而不顾它将导致的严重后果。这种思路在我国改革初期被演绎成这样："在经济发展初期，收入分配不公平有利于资本形成和经济增长，腐败也有利于消解旧的体制，CDP 的高速增长就是一切，为此甚至可以付出社会、政治、文化方面的代价。"① 反映到政府绩效评估上来，就是以经济增长率、工农业总产值等经济指标评估政府主要领导的功绩，而将教育发展、环境保护、社会保障、政治清廉度等其他方面放在相对次要的地位，甚至不予考虑。这样做的结果便是东西差距明显，城乡二元对立，环境破坏严重，自然灾害日益频繁等等。

单纯的经济增长模式所造成的恶果已经引起了世界各国政府的普遍重视，并且在经济增长与社会的和谐发展上达成了共识。1995 年 3 月份在哥本哈根召开的首脑会议通过了《宣言》和《行动纲领》，这两个文件阐发了不少重要观点：如社会发展与其所发生的文化、生态、经济、政治和精神环境不可分割，社会发展是世界各国人民的中心需要和愿望，是各国政府和民主社会各部门的中心责任；社会发展应该列入当前和跨入 21 世纪的最优先事项。作为世界人口第一大国的政府，中国政府更加强烈地意识到了经济增长与社会同步发展的重要性，并提出了可持续发展战略。中共中央十六届三中全会更是明确提出了科学发展观，要求坚持以人为本，树立全面、协调、可持续的发展观，促进经济社会和人的全面发展。要按照统筹城乡发展、统筹区域发展、统筹经济社会发展、统筹人与自然和谐发展、统筹国内发展和对外开放的要求，来推进

① 何清涟：《现代化的陷阱——当代中国的经济社会问题》，今日中国出版社，1998 年版，第 352 页。

我国的改革发展。

为了促进社会的全面发展，我们必须启动经济增长，并保持经济稳定增长的势头。但是，如果政府决策失误，或者机制上存在缺陷，则完全有可能不能实现持续、稳定、健康发展的理想目标。各级政府决不能认为：只要有经济增长，只要有大规模投资，产业结构就会自然而然地趋于合理，广大人民的福利就会自然而然地逐步提高，分配状况就会自然而然地走向公平，文化教育和卫生状况就会自然而然地日益改进，自然环境就会自然而然地得到保护。政府必须制定一系列的公共政策，采取一系列的有效措施加以调控，保证“可持续发展”目标的实现。所以，我们再也不能仅仅以经济增长指标来评价政府和它的官员的绩效，而应该把经济增长和社会发展摆在同等的地位，用全面发展的综合指标来评价政府官员的政绩。“只有各种社会评价标准结成一定的体系、系统，才能互相补充、克服单一社会评价标准的局限。”①

三、地方政府绩效指标的评估体系

由于社会发展在可持续性上体现为：物质文明、政治文明、精神文明和生态文明四位一体的有机统一，所以，地方政府绩效指标评估体系的构建也相应地包括经济绩效、社会绩效、政治绩效、文化绩效四个方面的的内容。其具体要素包括：

（一）经济绩效要素

从经济角度判断政府绩效好坏，主要应从以下三个方面进行度量：1. 政府为自身干预经济活动所设立的各项宏观经济指标的完成程度。2. 政府各部门投入的人力、物力、财力与产出的比率，注重节约成本，追求低投入、高产出。3. 公众生活水平的提高程度。4. 人民生活环境质量。

表 3－1　经济绩效要素

经济绩效要素	1. 国民经济增长的速度 2. 国民经济增长的质量 3. 国有资产保值增值水平 4. 人均国民收入增长速度及水平 5. 全年空气“优、良”天数比 6. 森林覆盖率
	经济绩效总权重：测算比例

① 张理海：《社会评价论》，武汉大学出版社，1999 年版，第 178 页。

（二）社会绩效指标

从质量角度衡量政府绩效，主要强调政府要提升服务的质量，保证产品的质量，提高公众满意度。公共产品和服务的质量与公民满意度是密切相关的，公民的满意度是对公共产品和服务质量的评价，包括对政府所出台的各项法规、制度的反馈，政府部门向民众提供服务时的态度好坏、程序简繁、收费合理与否等等方面。

表 3－2　社会绩效要素

社会绩效要素	1. 城乡生活水平综合指数 2. 社会公平度 3. 社会保障发展水平及普及率 4. 犯罪率降低指数 5. 公共卫生事业发展程度
	社会绩效总权重：测算比例

（三）政治绩效指标

政府的政治绩效，主要强调政府在运用公共权力进行公共管理，提供公共产品和服务时要做到公平与维护稳定。政府的经济政策要使收入差距控制在一定范围内，而不是扩大收入差距。斯蒂格利茨曾强调，“更通俗地说，公平乃是评估政府计划可行性的核心准则。”事实上，既然政府的计划可行性需要以是否公平为准则，那么政府职能实施绩效优劣的判断就更要用公平与否来度量。对此，美国决策学家詹姆斯·E·安德森作了经典的阐释，他曾经按照一项政策的利益范围与代价承受者范围的宽窄，将政策的利益配置形式划分为四种类型：宽范围的利益和宽范围的代价，即该政策的受益者与受损者都面向广大的民众；利益范围广而代价范围窄，即该政策的代价承受者是一个或几个特定的利益集团，而受益者却是范围广大的民众；利益范围窄和代价范围宽，即该政策的代价承受者为广大民众，受益者却为某一特定集团；利益范围窄和代价范围窄，即该政策的代价承受者是一个特定集团，而受益者却是另一个特定集团。可以看出，公平性标准对于某一具体政策的实施绩效评估不可或缺，实质上，它对于政府职能实施总体绩效的评估确更为重要，公平是确保稳定和公众满意的前提。

表 3-3 政治绩效要素

政治绩效要素	1. 政治民主程度及公民对政治的参与度 2. 政府政策法规制定准确度与可行度 3. 政府政策法规执行的效度 4. 政府管理体系运行的适应度 5. 公共安全稳定系数
	政治绩效总权重：测算比例

（四）文化绩效指标

文化绩效指标主要指政府在教育、广播、科技、体育等方面的公共投入比及其实际效果。

表 3-4 文化绩效要素

文化绩效要素	1. 教育发展速度及普及率 2. 科技发展速度及水平 3. 广播影视文化事业发展速度和水平 4. 体育发展速度和水平
	文化绩效总权重：测算比例

四、地方政府绩效指标的评估标准

价值标准及其构建内容明确后，应该根据效率与公平并重、效率与民主兼顾、经济增长与社会发展同步的价值标准为指导，构建一套科学、合理、符合中国国情的政绩评估指标体系。它既体现政府管理的结果指标，又体现政府管理的过程指标，它分为：

（一）以结果为导向的政府外部绩效管理指标①

表 3-5 以结果为导向的政府外部绩效管理指标

一级指标	二级指标	三级指标
影响指标	经济	人均 GDP、劳动生产率、外来投资占 GDP 比重
	社会	人均预期寿命、恩格尔系数、平均受教育程度
	人口与环境	环境与生态非农业人口比重、人口自然增长率

①《中国地方政府绩效评估体系浮出水面》，载中国网：http：//www.china.com.cn/chinese/2004/Jul/618587.htm.

续表

一级指标	二级指标	三级指标
职能指标	经济调节	GDP 增长率、城镇登记失业率、财政收支状况
	市场监管	法规的完善程度、执法状况、企业满意度
	社会管理	贫困人口占总人口比重、刑事案件发案率、生产和交通事故死亡率
	公共服务	基础设施建设、信息公开程度、公民满意度
	国有资产管理	国有企业资产保值增值率、其他国有资产占 GDP 的比重、国有企业实现利润增长率
潜力指标	人力资源状况	行政人员中本科以上学历者所占比例、领导班子团队建设人力资源开发战略规划
	廉洁状况	腐败案件涉案人数占行政人员比率、机关工作作风公民评议状况
	行政效率	行政经费占财政支出的比重、信息管理水平行政人员占总人口的比重

（二）以过程为导向的政府内部绩效管理指标

表 3－6　以过程为导向的政府内部绩效管理指标①

部门分类	服务对象	部门名称
经济管理	面向企业	发展与改革委员会、商务局、工业局、乡镇企业局、建委、农委、招商局、市场经营管理中心、种植业服务中心、畜牧服务中心、水产服务中心、经管站、农机服务中心
综合管理	政府内部和对外	审计局、财政局、统计局、人事局、劳动保障局、司法局、规划分局、林业局、国土房管局、水资源局
执法部门	社会企业和公众	质量技术监督局、药监分局、国税局、地方税务局、城管监察大队、交通局、公安分局、工商分局、环保局、烟草专卖局
公用事业	服务公众日常生活	供电局、电信局、邮政局、广播电视中心、环卫服务中心、园林服务中心、公路分局、市政管委
社会服务	社会公众	教委、社区教育中心、文化委、人口和计划生育管理委员会、体育局、民政局、卫生局、外事旅游局、科委、档案局

① 资料来源：盛明科博士论文《服务型政府绩效评估体系构建与制度安排研究》，第 91 页。中国知网：中国博士论文全文数据库。

续表

部门分类	服务对象	部门名称
党政机关	服务政府自身	区委办公室、区委组织部、区委宣传部、监察局、区委政法委、区委统战部、区委研究室、直属机关工委、精神文明办、工会、妇联、团委、工商联、残联、区委党校、地震办、政府办、政府体改办、人防办、老干部局、信访办
各镇/街道	服务基层百姓	H 街道办、L 街道办、M 镇、N 镇等
开发区	服务企业	X 开发区管委会、Y 开发区管委会、Z 开发区管委会

由于不同类别的政府部门针对不同的服务对象的工作都有所侧重，因此，在分类之后，就需要全面综合考虑到各个部门的服务对象，进一步对服务对象进行分类，既保证各类部门主要的服务对象，也兼顾了其他服务对象的意见，这样，一个系统府绩效评估体系才能够建立起来。根据政府的外部绩效与内部绩效的不同，可以将不同的部门参与评估的评估主体分为外部主体和内部主体两类，外部主体是指企业、居民和特殊服务对象，内部主体是指政府内部的各级部门、人大代表、政协委员等。具体的评估主体可以搭配相应的评估对象：

表 3－7　过程导向型政府内部绩效的具体评估主体及其评估对象

1. 企业组织——主要评估那些服务于企业的政府部门；
2. 社会公众——评估和居民直接打交道以及和人们生活密切相关的政府部门；
3. 特殊群体——如民政局服务的低保群体评估民政部门、养殖业服务中心的养殖工作者评估养殖业服务中心、开发区管委会服务的开发区内企业评估开发区管委会等；
4. 各级政府——主要评估政府部门自身；
5. 人大代表——主要从事负责质询、察访、监督政府部门内部人员；
6. 政协委员——主要从事负责监督政府部门工作的内部人员。

根据政府的各个部门的职责，其主要服务的对象和其他的服务对象都可以列举出来，并和上述评估主体相对应，这样就可以在分类的时候保证涵盖每个部门的所有类型的服务对象，对评价结果的客观性。

五、地方政府绩效指标的制度保障

价值标准和指标体系构筑起了政府绩效评估制度的基础。为了使政绩评估的具体工作可以协调有序地开展，我们还需要在评估机构、具体方法等方面提供制度保障。

（一）组建独立的评估机构，确保评估地位的独立性

评估主体地位的独立性是保证政府绩效评估客观性和公正性的首要条件。独立性是指评估主体在绩效评估活动中不受外来因素的干扰，独立、客观地做出判断，这种评估主体不是政府的附属组织，也不是政府与社会、市场、企业之间的管理层次，不是政府的派出机构，而是介于政府与社会、政府与市场、政府与企业之间的桥梁和纽带①。这里的独立性包含两层含义：一是身份的独立，即评估主体不是政府机关或者私人组织的附属组织或者派出机构，具有独立的评估决策权。二是财政的独立。当前不科学的政绩评估机制是导致政府官员只对上负责不对下负责和形式主义泛滥的主要原因。对政府官员政绩进行评估的机构——党委组织部门和政府人事部门的工作经常受到上级领导长官意志的影响，所以，在评估地方政府绩效时，通过组建一个独立政绩评估机构来解决这个问题。独立于政府，可以使政绩评估工作免受长官意志的干扰；专事评估之职，可以使政绩评估职能与人事任免职能相分离，免受其他方面的干扰。这个评估机构必须通过立法来设置，人员组成可以由各级人民代表大会或其常务委员会通过选举或任命等方式来指定，用法律规定它的权力和责任，并保障其经费来源独立和运作独立。该机构的组成人员必须具有胜任政绩评估这项工作的能力，应该从专家学者或技术官僚中产生。在中国的市民社会发育比较成熟之后，政绩评估的工作也可以交由民间机构办理，但其活动细节必须由法律做详尽的规定。在更彻底的意义上，我国需要制订《政府绩效评估法》，通过法律的形式规范政绩评估活动，避免主观性和随意性，确保政绩评估结果具有权威性和实用性。

（二）提升评估主体的专业性，杜绝数字腐败

评估主体的专业性是保证政府绩效评估科学性的前提条件。专业性是指评估主体具有特定领域的知识，能对各领域的信息进行理论和现实的分析、综合，并提出针对性的意见和建议。作为评估主体应具备的涉及政府绩效评估的专业知识有统计学、社会学、心理学以及与评估对象相关的知识等，要求能够科学地确定绩效评估指标体系、确定合理的绩效评估指标权重、进行评估数据的采集和计算、开展绩效评估问卷调查、进行相关信度效度检验等，并在评估

① 吴建南：《谁是“最佳”的价值判断者：区县政府绩效评价机制的利益相关主体分析》，载《管理评论》，2006 年第 4 期，第 46 ~ 55 页。

活动中选取科学的评估工具与方法。同时，还要能够有效地获取并使用关于评估对象的相关资料信息，能够剔除不科学的、虚假信息的干扰，透过现象抓住本质，并提出具有针对性、科学性的绩效提升方案和对策。目前中国地方政府主要职能不能过多地聚集于经济总量的增长，应更多体现建设和谐社会的政府职能要求，将社会和谐度纳入地方政府绩效评估过程。否则，即使指标设计得再科学，如果用于评估的统计数据都是假的、这样的政绩评估便失去了任何意义。因此，必须严厉惩处统计违法行为，杜绝各种虚假政绩。

（三）将定量评估与定性评估相结合

定量指标作为评估政绩的基本尺度，必不可少，但它并不是惟一的标准。因为有些政绩可以有明确的量化结果，而有些政绩则很难用数字加以反映。况且，由于评估时间的制约性，很难保证统计数据的真实性，据此，定性评估更显示出它的重要性。所以，在确定政绩评估指标体系的同时，还必须重视对定量指标之外内容的了解和考察。注意定量与定性评估的结合，避免在政绩评估中出现唯指标、简单化的倾向，保证评估结果更客观、更全面。

（四）优化地方政府绩效评估流程

地方政府绩效评估是一项系统性、复杂性很强的工作，评估的环节众多、内容广泛、信息量大，需要大量的资源投入。我国的行政文化中没有程序至上的传统，政府绩效评估中存在轻过程、轻程序的问题。优化地方政府绩效评估流程，首先要确立政府绩效评估的目的，在此基础上，需要确定评估的范围，制定评估方案，确定评估的内容及其评估体系中指标权重，规定评估要求的标准并制定评估计划。选择评估工具，包括选择评估方式、经济与效率评论、成本、效益分析、绩效测量、标杆管理、使用平衡记分卡等。合适的评估工具能够将政府部门与社会公众之间、绩效评估者与政府公共部门、社会公众之间的信息收集、传递与反馈功能体现出来，消除地方政府绩效评估的信息失真、通道堵塞的障碍。优化地方政府绩效评估流程，提供能预测、可期待的工作环境，使得评估主体在工作过程中，减少需要传输、获取、加工、处理的信息量，引导评估组织的目标实现。对现有的政府绩效评估流程重新进行考量，最终实现流程程序功能的最大化。在当代中国地方政府建设和谐社会的视域下，要从投放→管理→产出流程上进行考量，采取切实办法，推动政府绩效评估的进程。

（五）推进地方政府绩效评估主体的多元化，以确保利益诉求的成熟性

评估主体多元化是保证政府绩效评估信度的重要条件，因为任何一个确定

的评估主体都有着其本身特有的优势和视角。企业管理领域中的360度全方位评估技术，是指由顾客、主管领导、员工和外部专业机构从不同视角对组织绩效进行评估的技术和方法。在地方政府绩效评估过程中引入这一技术，能够推动建立多元化评估主体体系，即顾客（公众或行政相对人）、组织领导（行政首长）、员工（下级）、外部机构（非政府组织、第三方评估组织）的评估主体体系。多元评估主体能够弥补单一评估主体的不足与缺陷，特别是当地方政府绩效评估本身存在难以避免的自利性时，健全的评估主体系统才能成为政府与公众沟通的桥梁，保障绩效评估的公平公正。在评估主体的结构设定中，必须增加社会公众和社会组织的评估权重，提高其与地方政府对话的地位和能力。这不仅仅因为社会公众或社会组织是地方政府的主要服务对象，是地方政府施政行为的直接客体，而且社会公众和社会组织的广泛参与，对于凝聚共同的社会主流价值，提高社会的参政能力、评政能力具有重要意义。

（六）区分客观条件和主观努力的关系

客观条件对政府官员的政绩取得具有很大的制约性，在政绩评估中，必须区分客观条件和主观努力的关系，不要把“上天”的功劳当作官员的攻绩。例如，有的地方风调雨顺，土壤条件好，不用政府官员操心农业就可以连年丰收；而有的地方自然灾害频繁，无论政府官员怎么努力，也干不出多大业绩。所以，在具体的政绩评估中，要善于进行纵横比较。纵向比较强调着力于考察在过去的基础上进步与发展的幅度；横向比较强调着力于考察在同等条件下与其他地区、部门相比，本地区和部门位次的变化。

总之，中国政府绩效评估制度改革是一项浩大的系统工程，它不仅涉及到价值观念的调整，也涉及到指标体系的优化，而且需要对评估主体和评估方法等进行改革。这些内容又与中国政治体制改革的其他方面，如领导制度改革、党政分开、权力下放、机构改革、政府职能转变、加强对权力的制约和监督等关系密切。其中任何一项改革不到位、不成功，都可能导致政绩评估制度的失败。所以，我们不可能把政绩评估制度单独剥离出来，随心所欲地进行制度设计，妄谈所谓的制度创新，而只能将其融入政治体制改革的全局，与政府制度有效性的构建工作密切配合，通力协作，形成合力，共同推动中国政治的民主化和现代化进程。

第四章

地方政府有效性缺失的制度分析

政府绩效价值是随着均衡经济增长与社会发展的历史变迁，而在公平与效率权重不同的价值建构中，做出的制度选择。当前，地方政府的制度绩效应当服务于经济与社会发展的现实需求，在经济调节、市场监管、社会管理和公共服务中提升权力的运作效果。但是，在具体的行政实践中，地方政府绩效的择重点都不约而同地选择了任务绩效中单一的GDP经济效率绩效，而将社会绩效、政治绩效和文化绩效等体现社会效益与公平的政府绩效因素加以忽略，从而使落实任务绩效的制度绩效也仅仅服务于经济建设这一中心任务。本章择重于从影响地方政府制度创新和制度供给的因子变量出发，来探讨地方政府绩效选择的真实原因，以为最终从制度上形成确保有效政府任务绩效实现的制度绩效构建提供理论支持。

新制度经济学认为：制度是解释理性的社会主体，进行制度创新的关键变量。制度包括正式制度与非正式制度两大类："所谓正式制度是指人们有意识地制定的并有相应的机构负责强制执行的规则，而非正式制度是人们在长期的社会生活实践中无意识形成的诉诸于人的自律的行为规范，如价值观念、道德意识、文化习俗、意识形态等等"。① 道格拉斯．诺思提出"制度是一系列被制定出来的规则、守法程序和行为的道德伦理规范"②，"制度是一个社会的游

① 按照林毅夫的界定，正式制度安排是指这样一种制度："在这种制度安排中规则的变动或修改，需要得到其行为受这一制度安排管束的一群个人的准许"，其变迁"需要创新者花时间、花精力去组织、谈判并得到这群人的一致意见。"非正式制度安排则是指这样一种制度：在这种制度安排中规则的变动和修改纯粹由个人完成，它用不着也不可能由群体行动完成。参见林毅夫《关于制度变迁的经济学理论诱致性变迁与强制性变迁》，载科斯等：《财产权利与制度变迁》，上海三联书店，上海人民出版社，1994 年。

② ［美］道格拉斯．诺思：《经济史中的结构与变迁》，上海三联书店、上海人民出版社，1996 年，第 1 页。

戏规则，更规范地说，它们是决定人们的相互关系而人为设定的一些制约”。[①]这一关于制度的定义，构成了本章分析政府绩效与制度选择的理论前提。

第一节　GDP政绩观与地方政府的经济有效性

影响政府绩效实现的制度建构过程，是一个由众多相互交织在一起的制度安排共同构成的制度体系。如前所述，制度经济学把正式制度区分为两个层次：一是“制度安排”，它是在宪法秩序下界定交换条件的一系列具体的操作规则，“是支配经济单位之间可能合作与竞争的方式的一种安排”[②]。二是“宪法秩序”，指的是国家政治、社会和法律的基本结构，它规定确立集体选择条件的基本规则，这些规则是制定规则的规则。[③]

制度经济学中通常把宪法秩序以及由此而规约着政治、社会规则等制度环境当作恒定的外生变量，而只将某项具体的制度安排作为经济发展及经济绩效的内生变量。但就当代中国的地方政府而言，制度环境并非恒定不变的外生变量。一方面，在市场化的改革进程中，地方政府的制度环境一直在发生着深刻的变迁，地方政府自主性的扩张本身在很大意义上就是制度环境演变的产物。另一方面，地方政府自主性的扩张反过来又构成了制度环境变迁重要的内在动因，政府间权力结构以及财政分权制度的变革，甚至意识形态的演变，往往都是在政府间错综复杂的博弈过程中完成的，地方政府往往会千方百计地以发展绩效来游说上级政府和中央政府下放管理权限，扩大地方政府的自主权，并对意识形态进行渐进式的修正。制度环境对地方政府制度绩效的影响，体现为：

首先，制度环境直接规定着地方政府的权限与职责。

在中国特殊的语境下，宪法、官方意识形态、中央制定的诸如调动地方政府积极性的重大政策、财政制度等，都直接影响着地方政府的职能定位，以及实际拥有的权限。没有市场化改革以来宏观制度环境的一系列重大变迁，地方政府实际拥有的自主权必然是相当有限的，其制度绩效选择的自主性空间也很小。

其次，制度环境构建了政府绩效选择的制度激励结构。

---

① ［美］道格拉斯．诺思：《制度变迁与经济绩效》，上海三联书店，1994年，第225～226页。

② ［美］戴维斯．诺思：《制度变迁的理论概念与原因》，载《财产权利与制度变迁——产权学派与新制度学派译文集》，上海三联书店，上海人民出版社，1991年，第271页。

③ ［美］戴维斯．诺思：《经济史中的结构与变迁》，上海三联书店，1991年，第227页。

制度借助其奖惩机制可以对政府官员的行为产生直接的影响，它提供了一整套什么行为受鼓励，什么行为受惩罚的信息。理性的“经济人”会根据这种信息来调整自己的行为，因为在制度功能发挥正常的情况下，这种行为调整符合其利益最大化的目标，有效率的制度可以促使行为主体谋求自身利益最大化的行为增进公共利益，形成正和博弈。相反，无效率的制度会“激励”行为主体以损人利己、损公肥私的方式来实现自身的利益，导致零和博弈，甚至陷入损人不利己的负和博弈困境。道格拉斯·诺思在分析西方世界兴起的原因时指出：有效率的经济组织是增长的关键因素。西方世界兴起的原因就在于发展一种有效率的经济组织。有效率的组织需要建立制度化的设施，并确立财产所有权，将个人的经济努力不断引向一种社会性的活动，使个人的收益不断接近社会收益。制度的作用归根结底就是解决激励机制问题，假定地方政府是理性的行为主体，它们就会根据制度环境的特点，按照趋利避害原则，选择特定制度环境下最优利益策略。

再次，制度环境建构了地方政府制度选择的约束条件，确定了地方政府制度创新的边界和空间。

任何制度为调节社会主体的制度选择，都会对特定制度选择作出明确的限制，各种限制性规定最终为行为主体划定了一个被允许的选择范围。制度的功能是激励与约束的统一。制度环境允许特定的主体追求潜在收益，但同时也限制了其活动空间。一方面制度环境只允许行为主体根据制度环境所允许的制度安排来追求利益，这不仅限制了行为主体的制度选择空间，而且意味着新制度必须借助于旧制度的外壳，才能得到承认。另一方面，制度环境要求变迁主体的制度选择不能超前，也不能滞后，必须符合制度环境内部各重要制度安排变迁的进程。

最后，制度环境制约影响着地方政府的制度选择方式和策略，并塑造出特定环境下的地方政府绩效模式。

绩效构建主体的博弈策略集是制度的函数。制度决定了不同绩效主体的不同策略集。地方政府作为理性的绩效构建主体，在任何制度环境下都会根据制度环境建构的激励结构和约束条件，选择有利于实现政府自身及地方利益最大化的博弈策略集，当制度环境发生重大演变时，地方政府将根据自己的目标集合和所面临的特定局势，在现行制度环境所决定的可行空间中选择最有利于自己的行为策略。

据此，本节首先分析影响地方政府有效性制度构建的两大核心变量——意识形态和地方政府的自主权限，来分析基于社会发展观价值选择的自然历史性，而导致政府有效的制度创新的历史差异性，从而得出，在特定的历史条件下，无论是基于经济增长的制度变迁，还是基于社会发展的制度变迁，都应回归历史发展的客观环境，使政府有效性的制度选择，以历史发展的客观规律为基础，具备历史的正当性。

一、地方政府有效性建构的核心政治变量——意识形态

（一）意识形态对地方政府有效性建构的功能约束

新制度经济学由于侧重于研究制度安排的变迁，因而一般把建立生产、分配、交换与消费基础的政治社会规则，即制度环境视为制度变迁模型的外生变量。这样，制度环境就成为可供人们选择的制度安排的范围，从而使人们通过选择特定的制度，来追求自身利益的增进受到限制。在法治国家，制度环境最重要的构成要件就是宪法或者说宪法秩序。正是宪法与相互关联的道德伦理的结合，构成了制度稳定的基础并使其变迁减慢。但在当代中国特定的政治条件下，相比于宪法，意识形态对地方政府制度选择更具有根本性的意义。一方面，在单一制体制的背景下，中国基础性的制度变革，都是由党的重要会议来作出决定的，党中央的会议精神是最高的政治约束。党纲所体现的正统意识形态构成制度环境的核心。另一方面，中国宪法是相对柔性的宪法，一旦正统意识形态发生重大调整，宪法就必须作出相应的修订，宪法的修订在一定意义可以理解为是对意识形态变革的一种法律确认。

与此同时，中国宪法修订程序相对比较简单，与西方的联邦制度要求的必须经过“州”级政府批准，才能修订的美国宪法不同，中国宪法仅需要全国人大代表的同意就可以进行修订，而目前绝大多数立法的通过都完全能够达到这一要求。就此而言，中国的宪政并不比普通的法律更具限制政府的自由裁量权。在当代中国，影响政府绩效的第一个核心变量是意识形态的制度安排。

这是因为，从理论上看，意识形态是一整套逻辑上相联系的价值观和信念，它提供了一幅简单化的关于世界的图画，并起到指导人们行动的作用。传统的意识形态概念是一个政治社会学范畴。政治学家李普塞特曾将意识形态视为一种“世俗宗教”，而社会学家帕森斯则将意识形态定义为“社会群体用来使世界更易于理解的解释框架，一套认知系统”。①

---

① ［德］帕森斯：《现代社会的结构与过程》，光明日报出版社，1988 年，第 87 页。

随着制度经济学将非正式制度安排纳入制度概念，意识形态作为最重要的非正式制度安排，开始受到制度经济学家的广泛重视，其内涵也发生了相应的变化。将意识形态引入制度分析，影响最大的首推道格拉斯·诺思。诺思认为，“人类行为比经济学家模型中的个人效用函数所包含的内容更为复杂，必须把利他主义、意识形态等其他非利益最大化因素引入个人预期效用函数。诺思的意识形态概念，泛指影响人们行为的思想道德观念、文化传统等等。它通过提供给人们一种世界观、价值观，并内化为人的行为准则、行为习惯而对人们的行为产生深刻的制约作用”。① 在诺思看来，“意识形态是一种节约机制，通过它，人们认识了他们所处环境，并被一种世界观引导，从而使决策过程简单明了。”② 意识形态减少了社会互动过程中的价值判断与行为判断，以及达成“一致同意”的信息费用与谈判费用。意识形态可以有效地激励和约束团体成员的行为，减少搭便车现象的出现；并通过论证集体行动的合理性，激发所有成员对集体行动的信心与热情，鼓励他们为实现集体目标而在个人短期利益上作出牺牲，以此增强团体内部成员间的团结协作，减少各种机会主义。

在社会实践中，意识形态是制度变迁的一个重要决定因素。当国家权力主体面对众多公共选择时，“意识形态便成为决定性因素”。而当个人深信一个制度是非正义的时候，为试图改变这种制度结构，他们有可能忽视这种对个人利益的斤斤计较。当个人深信习俗、规则和法律是正当的时候，他们也会服从它们。一个国家的意识形态，或者说公众的意识形态资本存量，直接取决于统治者在意识形态灌输，教育方面的主观努力和投资水平。如果统治者能够通过意识形态投资，有效地提高公众的意识形态资本存量，就会极大地降低国家统治的成本。

“政治学一行政学”意义上的意识形态概念，通常与国家或政府的合法性相关，其涵义要比制度经济学确切得多。马克斯韦伯在论述统治合法性时提出，每一种真正的统治形式中都包含着最起码的自愿服从成份，也就是说必须唤起民众对统治合法性的信仰，信仰体系可以将物质控制转变为合法统治。韦伯所谓信仰体系，指的便是意识形态培养公众对政治体系的认同心理，唤起他们的合法性信仰最重要的手段就是政治意识形态的运作，其最终的目标指向就是形成制约人们社会行为的思想规则。

① 杨雪冬：《论意识形态与经济增长》，《经济社会体制比较》，1996 年，第 2 期。

② ［美］诺思：《经济史中的结构与变迁》，上海三联书店，1994 年，第 53 页。

（二）中国地方政府绩效的制度构建发端于意识形态的制度安排

西方社会现代政府绩效的最终确立，发端于以产权制度为核心的所有制结构的变迁。新兴的第三等级率先通过对产权制度变迁的经济占有，从而使所有制结构的调整，在经济领域内赢得了基础性的合法地位，进而向意识形态和政权组织形式的制度变迁提出了强烈的“诱致性需求”。然后，再通过对意识形态的调整，从思想理论上确认这种所有制结构的合法性，最后通过政权组织形式的“激进式变革”，而最终在宪政秩序和具体行动法规的制度层面上，赢得了整个“需求诱致型制度变迁”的合法性。因而，制度变迁的手段，体现为以自我设计为主导的创设式制度的构建。制度变迁的具体路径，体现为：“制度环境变迁（产权制度变迁）——→制度创新过程（意识形态调整和政权组织形式变迁）——→制度绩效”的演进过程。在此后的发展中，由于产权关系体现为“以私人占有的所有制结构”为主导，因而，使得制度环境变迁基本处于相对稳定的既定状态，制度创新过程主要体现为：以意识形态的制度创新为先导，使组织形式（主要是政府的内在职能规模和外在数量规模）的变迁，服务于既定的产权关系下，动态性社会资源的有效配置。因此，在既定产权关系下，如何通过合理定位政府角色，实现社会资源的有效配置，构成了“政府绩效制度变迁”的主要特征。

与西方现代政府绩效确定的线性路径相比，中国政府绩效的演进，则体现为一个由多元变量因素相互博弈的变动过程。考察20世纪中叶的中国国情，可以发现制度环境的构成，受多维变量因素的制约，优势与不足并存：首先，就发展的条件来看，西方发达国家制度变迁的现代化模式，已经在世界范围内产生了强烈的示范效应。而中国自身的现代化历程，则是在单纯“效仿苏联模式”和东欧国家走“市场社会主义”道路，效果皆不明显的前提下，而做出的创新性实践。其次，就发展的任务来看，中国面临着由传统农业文明向现代工业文明、由现代工业文明向后工业文明的“双重超越”。再次，就发展的道路来看，中国面临着如何改变自给或半自给的自然经济状态，从理论和实践上突破单一的“苏联模式”，探索适合本国国情的发展道路。最后，就发展的结构来看，中国社会仍然是整体划一的阶层结构。人民对政府拥有较高的政治信任度，马克思主义理论、社会主义道路，仍然是中国社会的主流意识形态。上述因素，决定了中国当时的政府所主导的经济与社会发展历程 ，是一种既要面向世界，又要立足于本国国情的“摸着石头过河”的风险性制度变迁。为了使制度创新的交易成本尽量最小化，制度创新主体必然要立足于政府政权巩固的政治优势，首先要在理论上通过意识形态的制度预设和逻辑证明，来论证制度变迁实践的逻辑后果，以增进人们对预期制度绩效收益的广泛性认同，并进行局部性试点推进。这同时也就决定了中国政府制度绩效的逻辑线路，将以意识形态的制度预设作为起点。

二、增长型意识形态政府绩效观的演进历程

历史地看，在中国历史上占主导意识形态的社会发展观，及其所体现的制度绩效和制度预设，都是特定历史条件下，社会发展的历史任务和共和国领导人基于对国家命运的焦虑与忧思，而对有效政府绩效模式做出的制度选择，虽然也有一定偏颇和失误，但是，以历史的视角来分析考察，具有历史的正当性。

（一）“赶超型”政府绩效观

这是1949年共和国建立经历3年恢复经济后，整个20世纪50年代始终占主导地位的发展观。由于对旧中国经济社会落后面貌的过度焦虑，中国政府选择了“赶超型”政绩发展观作为意识形态价值取舍的核心内容。15年赶超英美是该时期国人的基本主题。具体路径是：速度上的大跃进；制度上的超阶段；方式上的阶级斗争和群众运动。这可从历史发展的重大事件中得到见证：1957年11月，毛泽东率领中共代表团赴苏联出席各国共产党、工人党代表会议时，向苏联提出15年赶上和超过美国的发展目标。①。1958年6月17日国家经委在向中央政治局提交《两年超过英国》报告时，主要领导人批示：“超过英国，不是15年，也不是7年，只需要两到三年，两年是可能的”②。赶超英美的发展目标，在理论上形成主流意识形态，实际上也导致了中国政府有效性的制度构建上体现为，制度绩效跨越任务绩效的战略选择。

这一期间，制度绩效选择经历了三步跨越：一是跨越了15年新民主主义社会的过渡；二是跨越了15年社会主义改造期的过渡；三是跨越了社会主义向共产主义长期的过渡。本来，根据《共同纲领》的要求，向社会主义过渡至少是10至15年之后的事，这时的过渡期实质上是5种经济成分并存的新民主主义社会阶段，对此，决策层曾高度认同。1950年6月，毛泽东同志提出：“有人认为可以提早消灭资本主义实行社会主义，是不适合我们国家的情况

① 胡希宁主编：《二十世纪中国经济思想简史》，中央党校出版社，1999年版，第249页。
② 张树军主编：《红色决策》，湖南人民出版社，第428页。

的”①。随后，1951 年 2 月，他再次明确提出“3 年准备，10 年建设”②。刘少奇也强调：“现在就有人讲社会主义，我说这讲早了，至少是早讲了 10 年”③。周恩来则认为：“大家都还是说，搞社会主义要 15 年左右。那么在这期间，总还要跟资产阶级搞团结合作吧！因此不是搞跨它的问题”④

然而，随着 3 年国民经济恢复的结束。到 1952 年底，国营经济占 19.1%，合作经济占 1.5%，农民和手工业个体经济占 71.8%，国家资本主义经济占 0.7%，私人资本主义占 6.9%⑤，尤其是受赶超战略的驱使，上述思想也相继结束。1952 年 9 月由跨越式制度绩效规约着的政府决策明显改变：“我们现在就要开始用 10 年到 15 年的时间基本上完成到社会主义的过渡，而不是 10 年或 15 年以后才开始过渡”。“什么叫过渡时期？过渡时期的步骤是走向社会主义。类似过桥，走一步算是过渡一年，两步两年，三步三年，10 年到 15 年走完。在 10 到 15 年或更多一点时间内，基本上完成国家工业化及对农业、手工业、资本主义工商业的社会主义改造”⑥。显然，过渡期的根本改变表明了制度绩效第一次对原定任务绩效目标的否定和跨越。后来的实践证明，“走向社会主义的过渡期”仅经历了 3 年。其中的主要原因是主流意识形态的强有力推动。第三次跨越则是希望通过人民公社的制度安排直接进入共产主义。1958 年召开的北戴河会议通过关于在农村建立人民公社的决议，认为“共产主义在我国的实现，已经不是什么遥远将来的事情了”⑦。“人民公社三四年（明年、后年）内能不能由集体所有制过渡到全民所有制？把农业工厂化，实行工资制，土地国有行不行？有个文件写第三个五年计划向共产主义过渡，我加了第四、五个计划。讲第三个五年计划开始过渡还可以”⑧。可见，建立人民公社，当时不仅被认为是进行生产关系变革的设想，而且也被当作向共产主义过渡的制度路径。

（二）“姓社姓资型”政府绩效观

严格意义上说，赶超政绩发展观在 20 世纪 50 年代末随着大跃进运动的挫

① 顾龙生主编：《中国共产党经济思想发展史》，山西经济出版社，1996 年版，第 345 页。
② 顾龙生主编：《中国共产党经济思想发展史》，山西经济出版社，1996 年版，第 345 页。
③ 《刘少奇论新中经济建设》，中央文献出版社，1993 年版，第 182 ~ 206 页。
④ 《周恩来统一战线文选》，人民出版社，1984 年版，第 166 页。
⑤ 胡希宁主编：《二十世纪中国经济思想简史》，中央党校出版社，1999 年版，第 181 页。
⑥ 顾龙生主编：《中国共产党经济思想发展史》，山西经济出版社，1996 年版，第 368、369 页。
⑦ 张树军主编：《红色决策》，湖南人民出版社，第 425 页。
⑧ 张树军主编：《红色决策》，湖南人民出版社，第 437 页。

折而终止。对此，在1962年的七千人大会所形成的重要结论给予了有力的佐证。毛泽东同志将此阐述为："至于建设强大的社会主义经济，在中国，50年不行，会要100年，或者更多的时间。中国的人口多、底子薄，经济落后，要使生产力很大的发展起来，要赶上和超过世界上最先进的资本主义国家，没有100多年的时间，我看是不行的。"① 然而，处于极"左"时期的阶级斗争为纲的时代，发展观的演变不可能进入科学的轨道。从60年代起直到改革开放前"姓社姓资"发展观贯穿始终，并在改革过程中产生强大的惯性影响。在"姓社姓资"发展观统领时期，又可分为两个典型阶段，即60年代初到"文革"前和"文革"10年。

1961~1962年，在全国一些农村，群众创造并实行了包产到户这种比较符合农村生产力水平的农业生产责任制的制度建构。它是对"一大二公"的人民公社经营方式的自发否定，也是为克服农村遇到的严重困难应运而生的制度创新行为。包产到户一问世就很受农民欢迎，全国很多地方都不同程度实行起来。据统计当时实行包产到户约占20%。然而，1962年下半年的北戴河会议，决策层断言整个社会主义历史阶段中资产阶级都将存在，并时刻存在资本主义复辟的危险性，强调阶级斗争年年讲、月月讲、天天讲。八届十中全会将包产到户作为"单干风"、"翻案风"和"修正主义"而严厉批判。此时，判断确保任务绩效得以实现的制度绩效标准主要不在于看是否适合于生产力发展和有利于人民生活水平的提高，而在于"姓社姓资"。主要领导人的以下判断给予了十分明确的答案："是到社会主义，还是到资本主义，农村合作化还要不要？还是搞分田到户、包产到户，还是集体化，主要就是这样一个问题"②。此后，国内的政治形势发生逆转，由刚刚进行不久的，对扭转困难局面的纠"左"又变成了反右。到了文革时期，"姓社姓资"绩效发展观进入极端状态。先是批所谓的"唯生产力论"，后来出现了根本偏离唯物史观的"姓社姓资"的"草苗论"，即"宁要社会主义的草，也不要资本主义的苗"。

其实，从制度安排的根本原则上讲，核心的问题不在于是否要从总体上坚持社会主义方向，这对于执政党而言是毋庸置疑的，经历30年的改革开放，中国共产党人始终坚持走中国特色的社会主义道路就是历史的强大证明，问题在于如何理解社会主义特别是现阶段发展特征。从"姓社姓资"发展观的负面

① 张树军主编：《红色决策》，湖南人民出版社，第539页。
② 张树军主编：《红色决策》，湖南人民出版社，第608页。

影响看，在共和国历史上持续时间之长、给经济社会发展带来的损失之大，以及对公务员队伍造成的伤害之严重均是难以估量的。由于“姓社姓资”涉及信仰问题、意识形态的政治方向问题，加上以阶级斗争为纲的推动，在整个社会就会产生巨大的威慑力和不可抗拒力。这也是“文革”产生的思想和社会基础。“文革”中发生的由于长期内乱对经济发展带来停滞性影响，对文化传承带来毁灭性打击等等，这些非理性甚至被歪曲的信仰意识和行为，在当事人看来根本上无可非议，至少认为出发点是好的，主流是好的。这种意识和行为惯性作用在改革开放的过程中依然长期存在。直到1992年，邓小平南巡讲话，还重新提及并再次澄清。“改革开放迈不开步子，不敢闯，说来说去就是怕资本主义的东西多了，走了资本主义道路。要害是姓‘资’还是姓‘社’的问题。”① 这是邓小平对“姓资姓社”发展观的明确否定，紧接着就提出了“三个有利于”的判断标准和社会主义本质论。首次以意识形态的制度安排，对政府制度绩效的现实选择，起到了决定性的作用。

（三）“硬道理型”政府绩效观

“发展是硬道理”阶段强调经济发展是基础，是命脉。邓小平在南巡讲话中的著名论断：“抓住时机，发展自己，关键是发展经济”是这一发展理念的经典概括。可以设想，在发展经济依然面临“姓社姓资”风险时，此刻由意识形态创新的发展理念具有鲜明的针对性和战斗性，犹如一幅气势恢宏、惊天动地的画面，凡经历者们均有刻骨铭心的精神解放感。30年历程中的辉煌离不开这一奠基理论的支撑。从某种意义上讲，离开了这一根本性、奠基性的发展理论，就不可能有今日科学发展观的历史生成和丰富内涵。

需要说明的是，“硬道理”绩效发展观是在一个特定历史时期突出发展重点的战略选择，即侧重于强调政府绩效以经济发展为中心，要求在改革开放过程中全面推进经济建设。然而，这并不意味着在政府绩效的科学内涵中，可以置其他社会建设而完全不顾。邓小平同志1983年4月29日在会见印度共产党中央代表团曾这样作出阐述：“在社会主义国家，一个真正的马克思主义政党执政以后，一定要致力于发展生产力，并在这个基础上逐步提高人民的生活水平。这就是物质文明建设。过去很长一段时间，我们忽视了发展生产力，所以现在要特别注意建设物质文明。与此同时，还要建设社会主义精神文明，最根本的是要使广大人民有共产主义理想，有道德，有文化，守纪律。国际主义、

① 《邓小平文选》第3卷，人民出版社，1993年版，第372页。

爱国主义都属于精神文明的范畴。”①但必须客观地承认，在实践过程中，随着重点战略的推进，要能完全做到经济与社会均衡发展、效率与公平兼顾，其实是很困难的，因为社会的发展必须由经济发展支撑，社会发展的滞后往往是在经济有明显发展之后才能得以显现，也只有在这时才有条件去克服社会发展不足的问题。当经济发展与社会事业同时处于落后局面，根本不存在均衡发展现象，因为这是无发展的社会落后状态，效率是公平的基础，经济发展是社会发展的前提，这是不能改变的历史命题。

（四）“第一要务型”政府绩效观

“发展是执政兴国第一要务”中的发展理念将发展从单纯的经济领域拓展到经济社会整体。对此，十六大报告阐述得明确而又深刻。“贯彻‘三个代表’重要思想，必须把发展作为党执政兴国的第一要务，不断开创现代化建设新局面”，“党的先进性是具体的、历史的，必须放到推动当代中国先进生产力和先进文化的发展中去考察……”② 这里所讲的“现代化建设新局面”以及“先进生产力和先进文化的发展”已经使发展对象从物质延伸到精神，从经济延伸到全社会。然而，毋庸讳言，至此经济发展的基础地位并未动摇，报告中依然作了如下阐述：“马克思主义执政党必须高度重视解放和发展生产力。离开发展，坚持党的先进性、发挥社会主义制度的优越性和实现民富国强都无从谈起”③。即使到了十六届四中全会，《中共中央关于加强党的执政能力建设的决定》中的“发展是执政兴国第一要务”的理论阐述部分，依然将党执政能力的核心放在提高驾驭社会主义市场经济能力的体系之中。

从这里可以看出，“第一要务”绩效发展观具有过渡性。这种过渡性着重体现在：发展的领域明显拓宽，但发展的主要目标和任务依然是经济；对于社会发展开始引起高度重视，但强有力的社会政策实施还未到位。这一过渡是历史的、必然的过渡。经历了20余年的改革开放，经济实力明显增强。到十六大前夕，我国经济总量已经进入前6名。与此同时，政府的财政收入也呈大幅上升之势，超过了2万亿元。此刻，经济社会全面发展已经具有一定的财力基础，因此，走向经济社会全面发展的战略选择必然在下一阶段呈明朗之势。可

① 《邓小平文选》第3卷，人民出版社，1993年版，第28页。

② 《全面建设小康社会开创中国特色社会主义事业新局面》，人民出版社，2002年11月，第13页。

③ 《全面建设小康社会开创中国特色社会主义事业新局面》，人民出版社，2002年11月，第13页。

见，从一定意义上看，科学发展观实际上也是“硬道理”发展观、“第一要务”发展观历史演进的必然产物，顺应了一脉相承、与时俱进的制度变迁进程。

三、经济增长政绩观与地方政府有效性的价值缺陷

从以上分析可看到，中国自共和国成立到改革开放以来，迫于对民族生存发展危机的焦虑，共和国的领导人都采取了以经济增长为主要任务绩效的意识形态制度安排，推行经济增长为主体的社会发展之路。共同的关注点在于——经济的增长和财富的积累。也就是说，在特定的历史背景下，政府主动采取了用以启动现代化的非均衡发展的经济增长战略，而与之并行的有效政府路径也深深地打上了经济发展主义的烙印。

在新中国成立之初，出于国际竞争的考虑，加上国际政治、经济环境以及工业化积累方式的约束，以毛泽东为代表的中国第一代领导人凭借共产党新政权形成的强大社会动员能力和整合能力，得以集中有限的社会资源，大力推行“赶超战略”，而其完成社会主义改造和实施计划经济制度的政治基础，则是依靠毛泽东的崇高威望而建立起的全能政府。① 全能政府支撑下的“赶超战略”一方面巩固了国防，维护了国家主权的独立与领土完整；另一方面也造成了扭曲的产业结构和低下的微观经济效率，② 维持并加剧了城乡、地区与所有制结构之间的严重失衡，加上“大跃进”、“文革”等运动影响，最终导致中国社会付出了数十年发展停滞不前的惨重代价。

改革开放以来，中国共产党确定了“一个中心，两个基本点”的基本路线，从而重新启动了中国现代化的步伐。特定的经济与社会形势要求党和政府必须以经济增长至上为特征的公共行政管理作为其政绩合法性构建的制度基础，“发展才是硬道理”则准确地反映出了当时中国领导人的决心和中国人民的迫切愿望。“低速度就等于停步，甚至等于后退”。③ 在“效率优先，兼顾公平”原则的指导下，一些地方政府不惜以城乡失衡、地区失衡、产业失衡与贫富失衡等社会发展失衡为代价维护经济增长的任务绩效，压倒了促进社会发展的任务绩效，其制度绩效的创新结果是过分看重 GDP 的增长，把“以经

① 吴敬琏：《当代中国经济改革》，上海远东出版社，2004 年，第 38 页。

② 林毅夫等：《中国的奇迹：发展战略与经济改革》，上海：上海三联书店上海人民出版社，1999 年，第 2 版，第 67 页。

③ 《邓小平文选》：第 3 卷，人民出版社，1993 年，第 375 页。

济建设为中心”变成了以GDP为中心，甚至把经济发展等同于GDP的增长，将经济增长又简单地等同于GDP或人均收入的提高。① 这些做法导致某些失衡，从而影响可持续发展和社会稳定。

其所导致的地方政府有效性的价值缺失体现为：

（一）绩效评价中，体现政府公共服务的价值缺失

在由传统的阶级斗争为纲到以经济建设为中心的转变过程中，政府以促进经济发展作为政府公共服务的唯一职能，以GDP增长幅度作为衡量地方政府及其官员政绩的主要标准，人与自然、自然与社会和谐发展、人的全面发展等被GDP增长所消融和淹没。由于政府没有将公共服务置于应有的位置，本应有政府主导并提供的服务项目严重缺位，公共服务不足和不到位情况十分严重，特别是在公共教育、公共医疗、公共住宅等领域的投入严重不足，制约了政府的公共服务能力和水平的提高。近两年来，政府对公共事业的投入逐步加大，但是结构不尽合理，地方政府对于体现显性绩效的基础设施、道路、广场、草坪等公用项目的投入较多，而对于体现隐性绩效的义务教育、环境整治、社会保障、医疗卫生、就业等公共项目的投入较少，阻碍着政府公共服务质量的提高。

（二）绩效评价中，体现政府公共责任的价值缺失

在权力高度集中的计划经济体制下，政府要向社会提供经济、社会发展的所有要素和资源，非政府组织和公民没有任何可供参与的空间，政府是万能或全能的。政府拥有无限的权力，直接配置着包括市场资源在内的一切资源，与此同时，政府还承担着经济发展、社会发展的风险与责任。这样就会导致政府职能的错位，即政府作为唯一的资源配置主体，承担着作为市场主体的职能，政府缺乏应有的公共责任。由于“全能政府”理念和行为的惯性，政府对于市场和私人领域、社会领域过多的干预，地方利益、部门利益、个人利益被放大和固化，虚化或模糊了政府的绩效价值对于绩效评估的导向功能和正解定位。“以效率至上为取向，公平就难有空间，至多做到兼顾公平，而在绩效的框架里，公平具有非常重要的位置，公平是政府、特别是政府基本功能的设计，是弥补市场机制不足的优势特征，社会保障、社会秩序等都是公平功能的具体载体。”② 缺少体现公平的具体载体，政府公共责任价值也失去了其存在

① 李少君等：《南山纪要：我们为什么要谈环境－生态》，《天涯》，2000（1），第16～24页。

② 张宇：《效率优先、兼顾公平的提法需要调整》[J]，载《经济学动态》，2005（12）。

的容器。

（三）绩效评价中，体现政府公正公平的价值缺失

如本文第二章所述，公平包括着均等、均衡、公正的语义要素在内。我国正处于社会转型期，政府服务不仅数量不足，而且还存在公正公平缺失的问题。政府过于强调效率，忽略了区域之间、社会群体之间、社会成员之间的利益公平性和均衡性。“在地方服务供应中，公平的实现是一个复杂的问题。如果只是简单地认为通过缩小可能的收入悬殊就可实现公平，那么任何旨在增加这种悬殊的组织模式都会在其总体的分数卡上得到负面的公平分数。然而，事情并不是如此简单。”① 政府公共服务的区域空间分布不均衡。不同区域之间、城乡之间公共服务存在着较大差距，农村居民转移性收入的比重低于城镇居民转移性收入比重，公共教育、公共卫生、公共财政、社会保障、生态环境等公共资源存在非公平分配的问题。在相近或相同的区域空间，在不同社会阶层和利益群体，公共服务也显示或暴露出非均衡、非公平走向。在高收入阶层或管理者群体中，其获得或享有政府公共产品、公共服务的机会和概率肯定要高于一般民众。

四、从经济增长走向社会发展的当代启示

以经济增长为核心的制度绩效安排，并非中国传统文化的自然衍生物，而是源起于西方社会特定的制度环境。具体说，经济增长是“二战”以后的一种特定的意识形态理念，是继战后马歇尔计划之后西方阵营的第三世界发展战略，也是包括现代化理论、依附理论以及种种关于高科技、工业化、国家干预或市场机制等不同版本的发展学说的总称。② 然而，从现实以及执政理念上看，经济增长不折不扣地影响着中国政府管理的路径，并在给中国带来繁荣景象的同时，也导致了诸多不均衡。

（一）增长性政绩观的历史过渡性

1. 从历史传承上看，经济增长是将经济 GDP 本身作为一种推动社会变革的意识形态，③ 是一种以经济增长为中心的社会进步理论，④ 事实上也是前几代中国领导人基于历史发展特定阶段所规约着的主要任务，由此而产生的与历

① 何伟：《我们还没有搞清公平与分配的关系》[N]，载《北京日报》，2005. 2. 12。
② 周穗明：《挑战发展主义》[J]，《读书》，2001（12），第 92 ~ 98 页。
③ 杨龙：《作为意识形态的发展主义》[J]，《理论与现代化》，1994（9），第 18 ~ 28 页。
④ 周穗明：《挑战发展主义》[J]，《读书》，2001（12），第 92 ~ 98 页。

史发展相适应的制度安排。与前三代领导人不同的是，中国新一代领导人是在经济增长达到了一定的水平，社会发展成为推动和谐社会历史生成的主要目标的基础上，寻求政府绩效构建的合法性。一方面他们必然需要继承和发展传统文化中的治国之道，整合前几代领导人的制度管理模式，另一方面他们又注意不断汲取西方政府治理的成功经验，在法治、民主、亲民的规则基础上不断创新，从而寻求一种崭新的以人为本的公共管理路径。

2. 从现实发展上看，经济增长的政府绩效制度安排在中国的实践，主要是源于对国家与民族生存境况的焦虑，而在其演变过程中，经济增长的中国政府管理模式越来越脱离了手段、途径而成为目的本身，在经济高速发展的同时，出现了经济发展和社会发展的严重失衡，已经不再适应当代中国现代化和社会均衡发展的现实需要。

3. 从执政理念上看，经济增长的政府制度绩效以“GDP 增长”为最大的任务绩效，将经济增长的速度与政府任务绩效的评价体系直接挂钩，容易将社会引向粗放型、非均衡的状态。从深层次看，中国政府管理的经济增长执政理念，显然将人与自然以及人与社会的复杂关系简化为一个明确的动机：增长至上，社会自然和谐。在这种话语下，中国政府管理的路径逐渐被演绎成一种“赶超”逻辑。经济增长支配下的中国政府管理尽管已经取得了非凡的成就，但也造成了政治、经济与社会发展的严重失衡。基于此，作为重大的理论创新与升华，以人为本的中国政府制度绩效的理论创新，开始走向历史前台。中国新一代领导人以“立党为公，执政为民”为执政核心理念，以促进人的全面发展为执政的根本目的，贯穿经济增长和社会公正两条主线，进一步规范和完善政绩内涵和评估标准，不断寻找公平与效率的均衡点，尊重人、关心人、依靠人，以应对执政合法性和国家竞争力面临的新挑战。同时，在破与立的进程中，在传统文化的继承、实际经验的积累和有针对性的国际比较基础上，通过整合前三代领导人的治理经验和借鉴国外公共管理的经验，加上自身的知识素养，已经开始对我国政府绩效管理的路径问题进行了大胆的探索和选择。由此形成了一些政府管理本土化的新思路、新观念和新思想，成为中国地方政府制度创新的思想基础。

（二）科学发展观对社会发展与政府绩效的重新定位

科学发展观的提出是对传统政绩发展观的价值理性缺失这一不足的积极回应。科学发展观突出强调社会发展的人文向度，以价值理性抗衡了工具理性的过度膨胀，从而实现了科学发展观的价值跃迁，即从传统的“物本主义”的发展价值到现代的“人本主义”的发展价值的跃迁。这一跃迁成为政府绩效评估价值构造的依据和渊源，以人为本是科学发展观的核心，政府绩效评估过程中还必须要有一个发展价值的整合和协调的问题，那就是经济价值、人文价值、生态价值的总体整合。

从经济增长的政府管理转变为以人为本的政府管理，意味着一个“为人的发展而发展”的现代化取向正在取代一个“为增长而发展”的现代化取向。人是发展的目的而不是手段，而有了手段和目的的匡正，说明中国以中央政府为核心的政府制度绩效的构建路径已经开始走出因时代与认识的局限所设置的误区，从而告别沿袭已久的“GDP 崇拜”和发展失衡，逐渐引导中国走向城乡协调、区域协调、产业协调、政治协调、文化协调、经济与社会的协调和人与自然的协调。总的来看，从“经济增长”到“以人为本”的政府绩效构建路径的转变，包含着继承发展、低调务实、平衡协调以及意识形态的制度创新等显著特点。其基本启示是：

第一，社会发展必须把经济发展始终放在首位

“赶超”绩效发展观由于脱离国情固然显得幼稚，但它看到中国社会与发达国家最主要的差距就是经济生产力，因而将主要精力放在促进经济发展上并不为过。“姓资姓社”政绩发展观带来的灾难性后果直接原因就在于否定发展生产力是社会主义国家的首要和根本任务。“硬道理”发展观的突出贡献就在于恢复了生产力决定作用的这一历史唯物主义基本原理。在构建和谐社会的过程中，依然强调发展经济的首要地位主要基于以下 3 点理由：

1. 发展定位。我国依然是发展中国家，当前处于普遍认同的“初级阶段”。虽然 30 年的改革开放使我国的国际地位发生了显著的变化，如综合国力明显增强，国民生产总值 2008 年已达 20 万亿，居世界第 4 位，但人均国民收入依然排位严重滞后，约在第 110 位。尤其是从生产力水准或层次看，GDP 主要是通过“制造工厂”的经济增长方式获得的。这种增长的落后性至少体现在：价值链的低端；污染的集聚；资源过度消耗；出口依存他人等等。总之，这是一种不可持续的发展模式，如何通过国人的不懈努力取得突破性转变是摆在中国政府面前的最为紧迫的重大课题。

2. 和谐根基。和谐社会建设离开了强大的物质基础支撑是不可思议的。“蛋糕”分割不合理固然引起纷争，但无“蛋糕”分享产生的所谓“幸福指数”的提高实质上也是社会的愚昧。提高和谐社会的“幸福指数”必须使“蛋糕”增大。正如一些专家所言，民主法制，公平正义，诚信友爱，充满活

力，安定有序，人与自然和谐相处。这个要求涵盖了很多方面，要在比较坚实的经济基础上，经过长期的努力，才能全面实现。从当前来说，解决人民群众最关心、最直接、最现实的各种利益问题，无论是扩大就业，还是建立社会保障体系，缓解地区之间和部分社会成员收入分配差距扩大的趋势，还是发展教育，解决教育不公问题，完善公共卫生和医疗服务体系、建立新型农村合作医疗制度，等等，这些促进社会和谐问题的解决，都需要有经济增长作基础，和谐社会的建构，有赖于经济的持续稳定发展。

3. 机遇使然。社会与人相通，机遇是发展中的关键要素。战后日本、韩国、新加坡等国之所以能起飞并有今日的发展水平，得益于当年的国际产业转移。同样，我国30年持续高速增长也源于自20世纪80年代以来与高科技创新过程相伴而生的新的国际产业转移。时至今日，这种国际产业转移如同经济全球化浪潮正值高峰，对于任何发展中国家均是机不可失的国际资源，抓住它并能充分合理地利用，就可在较短时间产生倍加和自乘的乘数效应，并能尽快跻入中等发达国家之列。相反，失去它则意味着久远的等待，和国际社会进一步拉开距离。

第二，社会发展必须坚持发展数量与发展质量相统一

发展关键在于质量，这是无可争议的结论，问题在于在政府的任务绩效构建中，怎样判断经济发展的质量。以往的研究局限于经济运行自身的质量，如要求经济增长适度，减少周期性波动，结构优化和提高科技含量等，在我国则更多地强调速度、质量、效益相统一。即使是可持续发展范畴诞生后，经济学家关注点也只是延伸到人口、资源、环境关系的处理上，并没有从发展的终极追求，即为什么发展的角度去思考质量问题。从这个意义上看，科学发展观的提出，第一次将经济发展提升到价值层面上去研究，回到人类发展本源诉求上，即将“以人为本”、服务于人视为发展的根基。“以人为本，全面协调可持续发展”这一论断的突出贡献就在于在明确发展的方式、途径之前强调发展的价值，强调“人本”的坐标、方位。这实际上是第一次从发展价值的角度去看待、要求发展质量，因而是从根本上去衡量发展质量，进而评价政府绩效。

从发展的价值要求去提高发展质量就必须在发展过程中关注直接参与者福利增进和全社会公民生活水平的提升。发展的直接参与者包括出资人和劳动者两部分。所谓和谐的劳动关系，实质在于形成和谐的劳资关系。其中，劳资互利、共盈是基础。另一方面，就劳动者而言，其福利又涉及充分就业和收入水平提高两方面。高增长不能带来高就业似乎可以理解（由于资本有机构成不

断提高)，但高增长、低就业甚至零就业就根本违背了发展价值理念（上世纪90 年代，我国经济增长速度高达 10.1%，而同期就业增长率却只有 1.1%），这至少暴露出产业结构与社会发展要求的适应性问题。

体现为：一是脱离国情，脱离发展阶段，过早、过多地告别了必需的劳动密集型产业。二是第三产业发展严重滞后。一般而言，第三产业就业弹性很高，大约为 0.75，即产值每增长一个百分点可增加约 700 万个左右就业岗位。同样投资 1 万元，在第三产业可以解决 7～8 人就业，而在第二产业则解决 1.7 人就业，第一产业只能解决 1 人就业。① 据有关部门测算，如果我国第三产业就业比重能够达到 60% 左右的世界平均水平，则可增加 1.64 亿个就业机会；如能达到 45% 左右的发展中国家平均水平，也可增加 9500 万个就业机会。而 2005 年我国的第三产业占 GDP 的比重刚刚达到 40.3%②。可见第三产业发展对就业增长的贡献空间仍然很大，这既是我国优化经济结构的战略要求，也是创造更多就业机会、提升发展价值和政府绩效的现实选择。

第三，和谐发展既是社会发展的奋斗目标又是制约条件

发展为和谐服务，这是社会形态或者是社会状态提出的要求，从这个意义上看，改革、发展、稳定均必须服从于和谐。因此，《中共中央关于构建社会主义和谐社会若干重大问题的决定》明确强调“改革促进和谐，发展巩固和谐，稳定保障和谐”。然而，以此同样可以引发启迪：和谐依赖于改革发展，不坚持改革发展，无法达到真正的和谐状态。那么，应如何体现和谐对改革、发展目标的制约呢？这就要求妥善处理好改革发展与稳定的关系，即和谐对改革与发展目标的制约主要通过稳定的状态去实现。将改革放在第一位，用改革促发展，同时考虑到社会承受能力制约，这是 30 年来我国成功处理三者关系的总战略。然而，必须承认，当不稳定因素成为改革、发展推进的最大障碍时（如出现较为严重的社会动荡局面），稳定压倒一切就成为必然选择。但这毕竟是短暂的战术成本，一旦恢复如常，就应迅速进入长远的战略状态。

第四，四位一体的体制改革是落实新发展观的基础条件

过去的 30 年改革，在初始以及较长历史阶段侧重于经济体制改革，近年来，政治、文化、社会体制改革也相继展开。然而，从总体上看，目前并未形成完整的有利于四大建设顺利推进的体制。从一定意义上判断，这是科学发展

① 麻伟亮：《促进就业的产业结构调整思路》，《商业时代》，2006 年，第 17 期。
② 《中华人民共和国 2005 年国民经济和社会发展统计公报》，www.china.com.cn，2006－2－1。

观实现的根本障碍。不在体制改革上有进一步实质性进展，科学发展观的实现只能停留在文件或理念上。应当看到，四大体制每一领域都有亟待解决的重大课题，然而，单兵突进效果甚微，它的稳步推进，需要总体设计、配套推进。实际上，从全局着眼，突破口理应是政治体制改革，当前中国主要体现为政府行政管理体制改革。说到底，政府必须果断、分层次地理性规约自身的经济职能和社会职能，并且以经济领域为起点。

总之，科学发展观的提出是对传统政府经济绩效发展观的价值理性缺失这一不足的积极回应。科学发展观和构建和谐社会中的发展理念，更加注重发展的全面性、发展的质量和发展的终极价值导向。这对纠正片面追求经济增长过程中出现的种种偏差具有重大的效果。正是在这一发展理念的引领下，地方政府开始对 GDP 从盲目攀比转向理性取舍；对发展过程中出现的严重不平衡状态进行冷静反思并积极寻求对策；对唯经济指标而忽略社会发展的局面进行调整，尤其是将和谐社会的目标引入到发展理论框架之中，从而使发展理论更加丰富，发展质量和发展价值理论得到了凸现和升华。由此，地方政府的制度绩效选择也展示出全新的内容。

第二节　经济有效性与社会有效性的政府绩效选择

由于任务绩效规定着制度绩效的逻辑构建，而特定的制度绩效又与制度创新主体，地方政府的制度目标选择密切相关。根据委托代理理论模型，当作为中央政府的委托人在委托地方政府实现任务绩效时，其制度绩效的设计为以下模式：

1. 在单纯经济增长观占主导地位的时期，委托人中央政府与代理人地方政府，在增加经济总量，确保国家与民族富强的绩效目标一致时，地方政府的制度绩效选择与中央政府的任务绩效规定性内在一致。其基本的关系如图所示：

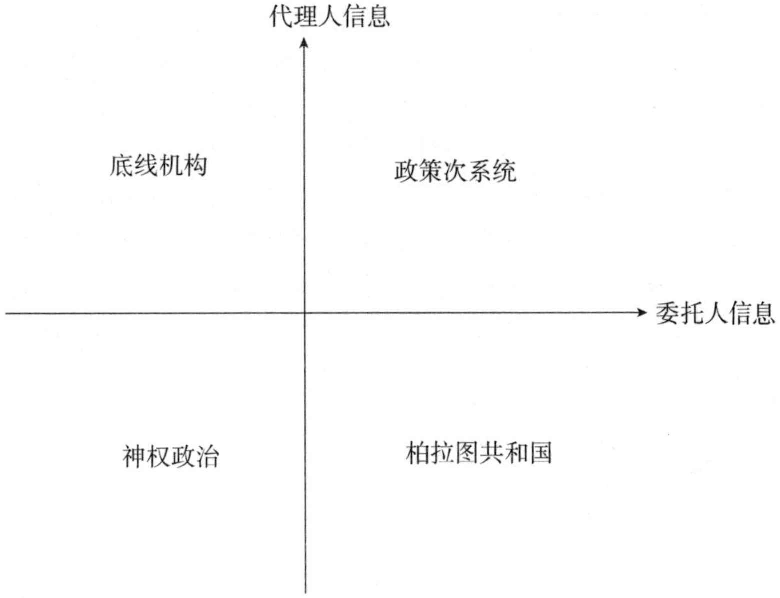

图 4－1　委托－代理目标一致时的动态模型

Ⅰ在政策次系统中，由于中央政府与地方政府都拥有充分信息，委托人对代理人高度信任，地方政府被中央政府赋予较大的自由裁量权，形成以地方政府官僚机构为核心的决策次系统地位。中央政府的任务绩效与地方政府的任务绩效保持一致性，而不能分离。

Ⅱ在底线机构，地方政府拥有治理国家的充分信息，技术官僚就是治国专家，而中央政府则相对拥有较少的信息，出现中央政府的任务绩效与地方政府的任务绩效发生分立，为了实现中央政府的任务绩效，地方政府被赋予明确的指标责任，但在发展地方经济的过程中，拥有较大自由裁量权。由于政治承包制的逻辑使然，中央政府采取按承包制指标进行考核的制度绩效构建，即只要地方政府完成了既定的承包任务，其具体的行政活动，中央政府一般不会直接干预。

Ⅲ在神权政治下，由于委托人与代理人都缺乏关于制定政策的充分信息（如毒品控制），地方政府倾向于消极被动地执行中央政府的决策。

Ⅳ在柏拉图共和国的条件下，政治委托人中央政府拥有充分信息，而作为代理人的地方政府则缺乏充分信息，其组织构建的关系结果是：地方政府就会象“奴仆”服从“哲学王”一样，将行政权力依附在中央政府的政治权力之中（如建国初期的集权体制）。

2. 在社会和谐发展观占主导地位的时期，委托人中央政府与代理人地方政府，在增加经济总量，增进社会和谐的绩效目标会发生一定程度的矛盾。一方面，地方政府要追求自身行政升迁的政治目标，促使辖区内 GDP 增长最大化，而牺牲辖区内的社会供给；另一方面，地方政府基于分税制分利的地区利益选择，容易和作为利益集团的企业结成“利益联盟”，使其制度绩效的选择，脱离中央任务绩效的总体目标，从而，以地方政府的局部任务绩效，替代中央政府的全局任务绩效。其基本的关系如图所示：

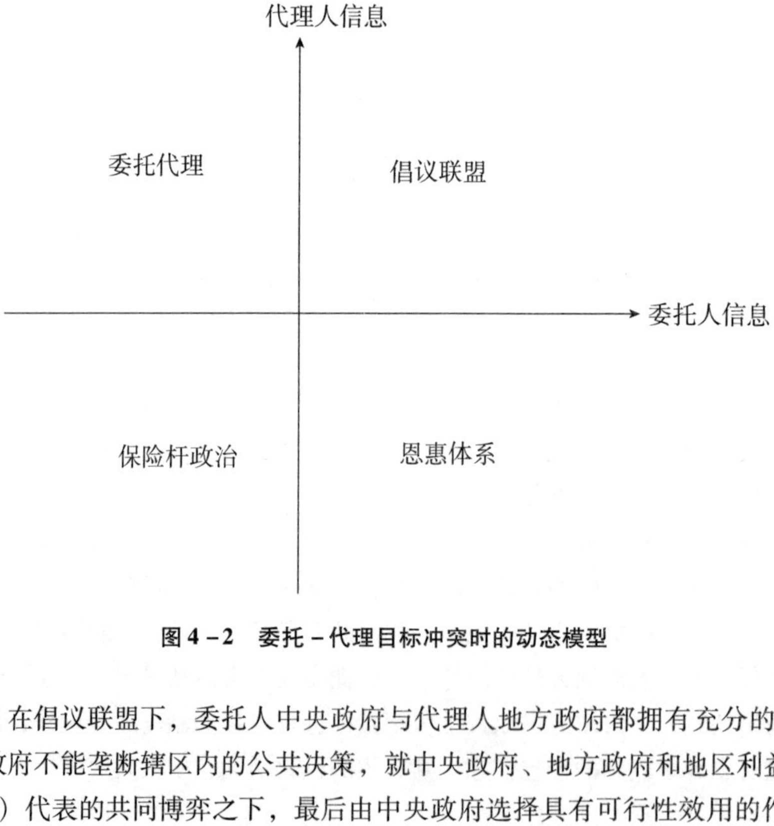

图 4－2　委托－代理目标冲突时的动态模型

Ⅰ在倡议联盟下，委托人中央政府与代理人地方政府都拥有充分的信息，地方政府不能垄断辖区内的公共决策，就中央政府、地方政府和地区利益集团（企业）代表的共同博弈之下，最后由中央政府选择具有可行性效用的作用最优方案，来实现政府任务绩效。

Ⅱ委托代理下，建立委托人中央政府与代理人地方政府的实施完善监督体系，并通过中央政府与地方政府“共同任务绩效目标一致性”监督体系的制度安排，来降低监督成本。

Ⅲ在保险杆政治下，由于委托人中央政府与代理人地方政府都缺乏解决问题的足够信息，所以，通常以意识形态的制度安排来构建二者之间的行动一致性。

Ⅳ在恩惠体系下，由于委托人中央政府拥有充分信息，居于支配地位，因而，地方政府依赖于中央政府，容易形成地方政府对中央政府的完全依附性，从而使地方政府缺乏制度创新的主动性和积极性。

该模型构成本节破解地方政府政绩效用目标制度构建的基础性原理。

据此，我们认为：中国地方政府制度选择的制度环境的另一重要变量，是中央政府与地方政府的权限、职责关系的制度变迁状况。在计划经济时代，地方政府作为单纯的中央政府在地方的代表机构，几乎没有多大的自主权可言，执行上级政府特别是中央政府的指令是地方政府的基本规则。在市场化改革时代，特别是1994年的财政分权改革使地方政府拥有自己的地区利益，成为一个拥有相对独立的利益结构的行政主体，甚至是地区性企业家和地方利益代言人；而地方政府财政实力的壮大，反过来又进一步加剧了政府间的博弈关系，增强了地方政府行为扩张的自主性，以及同上级政府讨价还价的实力。政府间权力结构的变动，会不可避免地对地方政府的制度创新，以及行为自主性的扩张，产生重要的影响。一方面地方政府赖以扩张行为自主性的重要依据，即地方自主权都是中央政府或上级政府赋予的，自主权的大小在很大程度决定着地方政府利益扩张自主性的权限；另一方面由于中央与地方政府的相互关系没有纳入法律化的制度框架，其政策性调整的关系结构，给地方政府自主性的扩张提供了相当大的弹性的空间，使地方政府的绩效选择，产生制度缺失。本节拟对此问题作出理论分析。

一、政府行为的公共性与自利性

政府行为应以社会公正为旨归，坚持公共性取向的观念，是政府有史以来人类社会一种根深蒂固的政治价值理念，无论中国还是西方，莫不如是。孔子“政者，正也”的界定，可以说是对政府行为公共性和公正性价值取向最精炼的概括。在古希腊，亚里士多德提出“城邦以正义为原则”。① 而城邦正义的本质规定，就是“以公共利益为依归”②。近代以来，随着人民主权的政治理念，以及政府合法性来自公众基于实现公共利益目的的授权的观念得到广泛确立，政府行为的公共属性更是被抬到了压倒一切的高度。洛克在《政府论》

① ［古希腊］亚里士多德：《政治学》，商务印书馆，1997年，第9页。
② ［古希腊］亚里士多德：《政治学》，商务印书馆，1997年，第148页。

中明确指出：所有政治权利的设立“都只是为了公众福利。”① 政府产生及其存在的合法性基础从根本上决定了公共性乃是政府行为的根本属性。康德在《永久和平论》中提出，“从公共权利的全部质料之中进行抽象，那么我就只剩下公共性这一形式”。②

（一）政府的公共性

从政治理论的源头考查，可以看到，政府的公共性起源于政府权力产生的社会契约性。洛克从自然状态出发，论证了人在自然状态的诸多不便，如有人不断地受到别人的侵犯而受到侵犯后又缺少公正的裁判，如此便容易进入战争状态，于是人们订立契约，把自己做自己裁判的权力交给公共机构即政府去完成，政府成立后的首要任务就是保护财产，“政治权力就是为了规定和保护财产而制定法律的权利，判处死刑和一切较轻处分的权利，以及使用共同体的力量来执行这些法律和保卫国家不受外来侵害的权利；而这一切都只是为了公众福利”③，由此政府的公共性体现为公共裁判和对缔约者财产权的保护。

卢梭继承了洛克的自然状态理论，从达成社会契约的角度分析了如何由个人的天然自由达到个人的社会自由，在达成契约的过程中，政府得以产生，“政府是臣民和主权者所建立的一个中间体，以便两者得以相互适应，它负责执行法律并维持社会以及政治的自由”，因此“执行法律、维持社会以及政治的自由”便成为政府的公共目标”。④ 如果说，洛克、卢梭从自然状态为起点思辩政府的公共性，那么边沁则从功利主义的角度分析了成立政府的原因。边沁认为，人们加入政治社会是因为个人的福利比加入之前有显著增加，因而加入政治社会、成立政府是人们的理性选择。政府的公共性体现在它与自然状态相比更能提供公共福利，使社会总体的福利达到最大化。密尔在其《代议制政府》一书中也明确提出政府的目的就是造就更好的人民，而手段就是教育人民和利用他们所达到的最高品质。

马克思认为：政府在全社会范围内有其公共性，因为国家的产生决不是从外部加于社会的一种力量，“国家是社会在一定发展阶段上的产物；国家是承认：这个社会陷入了不可解决的自我矛盾，分裂为不可调和的对立面而无力摆脱这些对立面。而为了使这些对立面，这些经济利益相互冲突的阶级，不致在

---

① ［英］洛克：《政府论》，商务印书馆，1996年，第4页。

② ［德］康德：《历史理性批判》，商务印书馆，1990年，第139页。

③ ［英］洛克：《政府论》［M］，商务印书馆，1996年，第4页。

④ ［法］卢梭：《社会契约论》［M］，商务印书馆，1996年，第76页。

无谓的斗争中把自己和社会消灭，就需要有一种表面上凌驾于社会之上的力量。这种力量应当缓和冲突，把冲突保持在“秩序”的范围以内；这种从社会中产生但又自居于社会之上并且又日益同社会相异化的力量，就是国家”①。由此可以看出国家具有维护全社会“秩序”和举办公共工程的功能，而这种功能正是国家（或政府）公共性的体现。

由以上的分析可以看出，政府的公共性是政府的第一属性，政府因为其公共目标而成立，这也正是政府公共性的起源，虽然不同时代、不同背景对政府公共性的外部特征有不同的要求，但实现正义、提供公共物品却是所有政府公共性中的共同内容。

从理论上讲，政府作为公众利益的代理人，不应有自身的效用目标，或者说公共效用的最大化就是政府的效用目标。但是，在现实生活中，政府行为最终都是由一个个具体的，活生生的，有着自己七情六欲的政府官员来完成的，政府官员的自利性行为必然会给政府行为带来深刻影响。在政治思想史上，人们总是一方面在理想层面上不断赋予政府公共性的规定，另一方面又不得不理性地反思和治理政府的自利性问题。如果要对政府官员行为的价值取向或效用目标进行排序的话，那么，排在第一位的往往不是公共利益而是他个人的利益，然后是作为一个利益群体的政府官员的利益，最后才可能是公共利益。②

（二）政府的自利性

公共选择理论坚持用政府经济学的理论来诠释政府的自利性。该理论认为政府在政治市场的主体选择同商品市场的主体一样，都以个人效用最大化为制度选择的根本原则。在这一理论看来，没有理由认为政治家和官员因为有了一种特殊身份就变成了奉行利他主义原则的天使。布坎南指出，在行政领域或“政治市场”上，“个人是严格按经济人的方式行动的……当人们改变角色时，并没有变为圣人。”③ 基于“理性经济人”的自利自谋行为逻辑，布坎南甚至明确否认公共利益的存在，提出“对公共利益这种说法我是不赞同的。既然独

① 《马克思恩格斯选集》第4卷［M］，人民出版社，第2版，176。

② ［法］卢梭在《社会契约论》中提出：“在行政官个人身上，我们可以区分三种本质上不同的意志：首先是个人固有的意志，它仅只倾向于个人的特殊利益；其次是全体行政官的意志，这一团体的意志就其对政府的关系而亩则是公共的，就其对国家——政府构成国家的一部分的关系而言则是个别的；第三是人民的意志或主权者的意志。”见卢梭：《社会契约论》，商务印书馆，1996年，第83页。

③ 布坎南：《自由、市场与国家》，上海三联书店，1989年，第347页。

立的个人有其自己的利益，那么；公共利益之说在我看来就是无稽之谈了。”①

毫无疑问，公共选择理论的“经济人”范式和政府自利性假说存在相当大的偏颇：在现实生活中，人的行为动机是一个多元复杂的结构，意识形态、家庭和党派利益、种族、宗教、国家等方面的考虑，都可能会压倒个人的物质利益计算。就此而言，我们可以说，“公共选择理论作为一种对政治行为动机的描述是不真实的”。② 但是我们同样必须清醒地认识到，虽然利益并非政府行为的各种微观主体的唯一效用目标。但在地方政府运行的现实过程中，政府雇员在构建绩效时的制度选择依然是个人效用函数中最重要的变量，因而我们必须充分考虑到自利动机对官员从事的各种行为的影响。马克思主义经典作品中从来不讳言利益。马克思曾说过：“人们奋斗所争取的一切，都同他们的利益有关”。③ 恩格斯也指出：“每一个社会的经济关系首先是作为利益表现出来”。④ 马克思甚至提出，“‘思想’一旦离开‘利益’，就一定会使自己出丑”。⑤ 这些对于我们理解政府的自利性问题是非常有启示的。

从规范研究的角度来说，我们当然可以拒绝政府的自利性，明确政府行为的唯一原则就是公共性。但从实证分析的角度来看，只要我们正视现实，政府自利性的存在就是一个无法否认的事实。⑥ 实证性的学术研究恰恰正是要揭示

① 《经济学消息报》编：《追踪诺贝尔》，中国计划出版社，1998 年，第 153 页。

② 休·史卓顿、莱昂内尔·奥查德：《公共物品、公有企业和公共选择》，经济科学出版社，2000 年，第 156 页。

③ 《马克思恩格斯全集》第 1 卷，人民出版社，1972 年版，第 82 页。

④ 《马克思恩格斯全集》第 2 卷，人民出版社，1972 年版，第 537 页。

⑤ 《马克思恩格斯全集》第 2 卷，人民出版社，1972 年版，第 103 页。

⑥ 国内学术界一些研究者明确肯定政府有自利性倾向．并认为这种自利不仅体现在政府组织成员层面，而且体现在地方各级政府和政府职能部门层面（金太军：《政府的自利性及其控制》，《江海学刊》2002 年第 2 期。）；一些学者还认为政府的自利性，除了有其负面影响以外，在一定范围内还有其合理性的一面（涂晓芳：《政府利益对政府行为的影响》，《中国行政管理》2002 年第 10 期。）；更多的学者则倾向于认为政府的自利性与阶级性、公共性并存，且通常只能在事实领域处于隐蔽状态，属于次要地位（高庆年：《政府的自利性及其法律调控》，《探索》2000 年第 1 期。）；或者说政府本身不应有自己的私利，但操纵并组成政府的人却有着自身的利益，而且他们会借助政府的强制力来实现自身的利益（蔡立辉：《政府部门的自我扩张行为分析》，《人文杂志》1999 年第 6 期）。与此同时，也有一些学者明确不赞同政府自利性假说。一些学者认为自利性概念只适用于私人领域，不能把政府工作人员的自利性理解成政府的自利性（张康之：《公共行政中时哲学与伦理》，中国人民大学出版社 2004 年，第 43 页。）；一些学者认为自利性的存在是政府发展不成熟的标志之一，表明政府在制度、道德和伦理精神方面存在问题。其中重要的一点就是没有从制度上严格界定私人领域与公共领域的界限。没有有效限制私人行为从而使之不断侵扰公共行为（任晓林、谢斌：《政府自利性的逻辑悖论》，《国家行政学院学报》2003 年第 6 期）。

政府行为的真实过程，无论这种过程是否违背人们对政府行为的正当期待。人的行为动机是社会现实关系、社会制度安排的产物。我们可以说政府应当是“社会公共人”，但社会公共人的行为逻辑需要有相适应的制度环境，在缺乏这种制度环境的条件下，政府的自利性属性就很难被根除。正如休斯所指出的：一个理性的人必然受到对其行动有影响的刺激的机制支配。无论他自己的个人欲望是什么，如果某种活动将带来惩罚，他必然会取消这种活动；如果会带来较大利益，将会吸收他趋于这种活动。胡萝卜和棍棒对政治家的支配作用与对驴子的支配作用是一样的。① 当然，确认政府自利性的现实性，丝毫不意味着肯定政府自利性在道德上的正当性。政府的自利性在特定的范围内可能具有一定的合理性，控制得好甚至可以起到激励政府及政府官员努力追求公共效用目标的作用。如在市场化改革的初期，基层政府之所以能够甘冒一定的政治风险，对民间许多冲破旧体制的创新实践保持开明的默认态度，甚至暗中加以保护和支持，为他们提供政治辩护，缓解自上而下的政治压力，是同这种改革创新给地方政府带来的实际利益密不可分的。但是，政府的自利性如果超过了一定限度，缺乏应有的制约，以致政府把自身利益作为高于公共利益的效用目标，其行为就会发生变异，政府利益或政府官员利益的最大化就可能成为政府制度选择的基本准则。

概括地讲，政府的自利性，来自于政府作为个体的私人意志与全社会公共意志之间的差距。所谓政府的自利性指的是政府偏离公共效用最大化的目标追求自身效用最大化的行为属性。在理论预设上，本文并不把政府简单地抽象为追求自身利益最大化的“理性经济人”，而是把自身效用最大化视为政府效用函数的关键变量。这里的效用（utility），泛指能够给政府行为的微观主体带来满足的各种价值。就地方政府的行政长官而言，经济利益只是其效用目标的一个要件，其它诸如职务升迁的机会、政治声望、行政成就感、在地方公共事务上的影响力等等，同样也是十分重要的。

二、地方政府作为地方利益代言人角色的强化

在计划经济时代，中国政府间的利益结构具有高度的一体性，中央政府几乎控制了所有资源的配置。在这种制度约束条件下，地方政府作为相对独立的利益主体的角色并不明显，其利益意识也相对淡漠。改革开放以后，财政体

① ［澳］欧文·休斯：《公共管理导论》，中国人民大学出版社，2001年，第22页。

制、行政体制、干部人事制度等方面的一系列改革，打破了中央政府与地方政府，以及不同层级的地方政府之间原先那种简单的“命令—服从”的关系结构，各级地方政府作为一个相对独立的利益主体的角色逐步凸显出来，地方利益，以及地方政府自身的利益越来越突出地成为制约地方政府制度绩效选择的关键性变量。

（一）地方型“政府企业家”的制度生成

地方政府的利益同地方经济发展有着天然的内在联系。一方面，地方经济的发展是地方政府扩大财政收入和各种预算外收入的源头活水，地方经济越发达，地方政府可汲取的地方资源就越丰富，地方政府最终实际可自主支配的地方财政收入就越大，其按照自身的意志实现特殊行政目标的自主性能力就越强，对上级政府特别是中央政府的依赖性就越低，同上级政府和中央政府讨价还价，甚至自行其事的自主性空间就越大。

另一方面，地方政府的官员同地方经济总是存在着各种千丝万缕的利益关联，而且地方政府的层级越低，政府官员同地方经济利益的联系就越密切。县市特别是乡镇一级的政府官员，大多是土生土长的本地人，他们同地方的市场主体往往都有各种盘根错节的亲缘、地缘、学缘关系，天然地倾向于想方设法保护地方的经济利益。利益上的紧密联系，从根本上改变了计划经济时代地方政府单纯地对上级政府负责的责任约束机制和动力机制，在中央政府—地方政府和地方公众—地方政府的双重委托代理关系，后者重要性日益突出，地方利益权衡对地方政府的制度选择发挥着越来越大的制约作用。

更重要的是，在市场化和法治化的进程中，地方政府的合法性基础发生了重大变更。在传统的国家控制机制逐渐失灵的情况下，改革开放以来基于单纯经济增长观的引导，地方政府将任务绩效的中心集中在“经济绩效合法性之上”①，即通过发展经济，改善人民的生活水平，满足人民的基本需求而获得大多数公众对政治体系认同，而且这种政治合法性基础转型的压力是双重性的。一方面，国家把发展经济，改善人民生活水平的责任，已通过放权给了地方政府，地方政府如果不能有效地推动地方经济的发展，维护地方社会秩序的稳定，就意味着没有很好地履行自己的代理职责；另一方面，在整个国家政权体系的任务绩效发生转换的形势下，各级地方政府相应地也必须以经济发展绩效来树立自身的政治权威。这样，地方政府无论是作为中央政府在地方的代理

① ［美］亨廷顿：《第三波——20世纪后期民主化浪潮》，上海三联书店，1998年版，第58页。

人，还是作为地方公众的代理人，都必须有效地发展地方经济，维护和代表地方利益，满足地方公众，首先是地方官僚集团、社会精英、城市居民的生活福利，才能在一个地方获得强有力的支持和较高的权威，否则就会受到地方舆论的普遍谴责。①

（二）地方政府“经济绩效合法性”的制度安排

当各级政府任务绩效越来越多地建立在“经济绩效合法性”的基础上时，地方政府就不得不将追求地方经济利益的最大化，作为自身制度选择的重要依据。相反，如果地方政府的角色行为更多地表现出无条件地执行中央政府的决定的倾向时，将可能遭遇相当大的地方舆论压力。例如，在实施财税包干体制的过程中，沿海省市几乎都可以听到同样一种民间牢骚，即当地普通官员和民众抱怨本省或本市领导“太老实”，不敢与中央争利，上交给中央的税收太多等等。反过来，一个地方政府领导如果在追求地方利益最大化的过程中敢于顶住上级政府的压力，即使他受到政纪处分或者因腐败问题被查处，在地方都依然能够保持相当好的声誉。②

地方政府所面临的地方民意压力，在地方民主选举制度逐步得到健全的过程具有了制度化制约的意味。在中国现行的干部体制中，尽管地方政府主要官员的任用权掌握在上级党委手里，中央可以直接给省级行政区委派书记，也可以直接指定唯一的省长候选人（或代理省长），但政府序列的主要官员，还需要经过一个法定的选举程序，只有顺利地通过地方人大选举程序的官员，才能最终成为合法的地方政府领导。虽然地方人大代表的选择范围是有限的，但这一新的体制毕竟建构了一种地方民众通过其代表选择其代理人的机制。换言之，地方政府领导必须以促进地方经济更快发展，为辖区公众提供更好的社会福利，来换取地方精英和地方公众对其权威的认同，以及对地方政策的支持。社区民众特别是其精英分子会从纵向和横向的比较中衡量地方政府的政绩，并反映在对政府领导人的投票上。在1992年的政府换届选举，浙江省在实行等额选举的情况下，中央指定的唯一省长候选人依然在选举中落选，一位刚从上海调入浙江工作，同浙江没有多大利益瓜葛的副省长，经人大代表联名推荐，成为新的候选人并最终成功当选。这一事件在全省引起了极大的震动，其影响

---

① 赵成根：《转型期的中央和地方》，《战略与管理》，2000年第3期。

② 何显明：《市场化进程中的地方政府角色行为模式及其变迁》，载《浙江社会科学》［J］，2007（4）。

面甚至波及到了全国。它所传递的信息是非常明确的，地方政府的领导如果不能有效地推动地方经济发展，积极地维护地方利益，就可能无法获得地方精英和公众的认可，其政治前途就可能会因此而受到制约。缺乏必要的地方声望的官员，即使能够过“选举关”，也可能因为选举过程中出现的“麻烦”或不理想的局面而使自己的威信得到很大的损害。事实上，即使是不必经历“选举关”的地方党委官员，如果其角色行为表明他只是一个单纯的上级意志忠实执行者，他在任用前的考核程序中也可能遭遇类似的麻烦。①

地方政府合法性基础的变迁，以及地方政府自利性及其作为地方利益代表的角色的凸现，决定了地方政府必然内在地倾向于同地方精英和公众合作，最大限度保护地方利益，并通过扩张行为自主性的方式，突破中央政府的政策性限制，推动地方经济快速发展，地方政府的角色由此也就由中央集权体制下的单纯的中央政府的派出和代理机构，转而变成了相对独立的行为主体，这就“极大地改变了垂直控制模式下那种被动执行政策，消极地服从命令，不要独立思考，不要独立行事，出了问题负不起责任的行为模式。”②

三、政府自利及其制度绩效的具体表征

地方政府基于经济绩效的考核，职位连任和升迁的双重压力，而将任务绩效的四重内涵锁定在“经济 GDP 的合法性”之上，从而使制度绩效的构建，产生以下缺失性表征：

（一）产生地方公共预算最大化

关于地方政府公共预算最大化的解释，尼斯坎南从政府经济的角度出发，假设官僚系统的价值与行为既不是所谓的公共利益，也不是政治家确定的政治目标，而是官僚和官僚机构的自身利益。他将官僚机构与其外部环境的关系作为研究重点，从官僚机构“供给”的角度出发，用成本收益的方法构筑起官僚效用最大化模型来说明官僚行为的模式，建立了公共选择理论关于官僚经济学的重要理论。在这一模型中，单个的官僚及其机构被假定面临一系列可能性选择，并以个人偏好为出发点在可供选择的范围内选择最偏好的行动。

尼斯坎南认为“工资、办公室津贴、公众声誉、权力、奖金、官僚机构

---

① 何显明：《市场化进程中的地方政府角色行为模式及其变迁》，载《浙江社会科学》，2007 年第 4 期，第 43 ~ 43 页。

② 赵成根：《转型期的中央和地方》，《战略与管理》，2000 年，第 3 期。

的输出、变革的难易度、管理官僚机构的难易度”① 都是官僚的目标所在。除最后两个变量外，其他所有变量都和官僚预算成正相关关系。工资、办公室津贴、公众声誉、权力、奖金、官僚机构的输出等目标促使其追求预算的规模，预算规模的扩大又会促使官僚继续追求预算的进一步扩大，直至寻找到与这些目标平衡的预算为止。按照传统的理论，立法机构是唯一能够决定预算通过与否的组织，官僚机构通过争取和接受预算来实际完成公共服务的提供。资助机构通常依靠特定的官僚机构供给特定的公共服务，而官僚机构获取资金的唯一来源只有资助机构。这样，官僚机构和其资助者之间就形成一种“双边垄断”关系。“官僚机构为了预算资金而承诺一系列活动以及这些活动造成的预期结果”。资助者由于“缺乏对其他官僚机构的有价值选择”而“不想放弃由该官僚机构所供给的服务”②。官僚作为自利经济人，在申请预算的过程中，会将自身利益考虑在内，以实现自己追求的目标。同时，官僚对于将要提供的公共产品与服务的状况了如指掌，“比起资助组织的官员，一个官僚对官僚机构服务的要素成本和生产过程要了解得多”。③

官僚可以有很多的时间了解资助者的大量信息，资助组织则没有官僚那种获取信息的动机与时间。名义上的双边垄断在实质上由于信息的严重不对称而使官僚机构拥有压倒性的垄断权力。如此，资助机构就只有“依赖官僚机构寻求和提出新计划，或者只能在旧项目的基础上形成更大的支出”④，直到预算水平扩大到与其追求的目标构成最佳结合点为止。

（二）导致公共政策的执行机制失效

在政治社会价值的权威性分配的过程中，地方政府承担着执行者的角色。其主要通过制定和实施公共政策对经济社会生活和社会资源的配置进行干预，以实现政治系统的良性运行。然而现实中，由于种种困难和障碍而使政府难以制定和执行合理的公共政策，从而导致公共政策的失效。公共政策何以失效，资源分配何以失衡？按照公共选择理论的观点，导致公共政策的执行机制失效的原因大致有以下几点：

1. 现实的公共政策并未寻求公共利益的目标

① 马骏：《尼斯坎南模型：理论争论与经验研究》，载《武汉大学学报》，2005（9）。

② ［美］威廉姆·尼斯坎南：《官僚制与公共经济学》，中国青年出版社，2004年，第25、195～202页。

③ 马骏：《尼斯坎南模型：理论争论与经验研究》，载《武汉大学学报》，2005（9）。

④ 马骏：《尼斯坎南模型：理论争论与经验研究》，载《武汉大学学报》，2005（9）。

诺贝尔经济学奖得主肯尼斯·阿罗在《社会选择：个性与多准则》一书中指出，作为特殊的状态，只有三种选择，要从个人偏好推导出社会偏好，需要满足一些条件；能够同时满足这些合理化条件的社会选择机制在现实中根本不存在；试图通过找出一套规则或程序，从一定的社会状态下的个人选择推导出符合某些理性条件的社会选择一般是做不到的。因此布坎南指出，在公共政策或集体决策中，实际上并不存在根据公共利益进行选择的过程，而只存在各种特殊利益之间的“缔约”过程。

2. 即使现实中存在一些利益比较一致的状况，现有的决策机制及投票方式也因自身存在缺陷而难以实现理想的结果

阿罗曾经指出，迄今为止，“没有一种投票制度能以令人满意的方式沟通个人与集体”。丹尼斯·缪勒在《公共选择理论》一书中具体探讨了各种选择规则及其缺陷。他从最理想的一致通过原则说起，进而指出包括一致通过原则在内的各种投票规则都存在不可避免的缺陷。集体选择的过程实质上是通过协商讨论综合偏好各异的多样选民目标函数的过程。为达成一致就需要时间、货币等成本的大量投入，选民越多，需要的投入就越多，议案越复杂，必要的解释也就越多。经常的结果就是议案最佳执行期的错过或是投入的大量浪费。同时，选民会运用策略行为进行选票交换甚至投票威胁，用对自己无关紧要而对交换方意义重大的一票换取对自己意义重大的选票。这种投票交易对于第三方而言是一种极大的伤害，同时也有悖一致通过原则所主张的政治平等。

由此可见“一致性规则所得到的结果，取决于个人讨价还价的能力和对风险的偏好”①，其在现实中的可操作性是极低的。既然一致通过原则会招致极大的外部成本，那么就只有在通过一项有人反对的议案时所承担的外在成本和决策过程中的时间成本之间作出选择，在两者之间进行“同意的计算”。经过这一过程，也能确定很多投票规则，主要包括简单多数和复杂多数。这些规则虽然兼顾了决策成本和外在成本，但也存在弊端：何谓多数，多数的比例是多少，这些都需要根据决策的性质具体加以确定；多数原则不能体现偏好的强度，少数人对议案的偏好程度可能远远胜过多数人，一人一票将不平等的强度平等化了；亚里士多德关于多数人的智慧并非任何时候都一定超越少数人的智慧这一“多数暴政”的论述在投票过程中被暴露无遗。

3. 决策函数中的信息、成本、议程、投票人、先例变量会对决策产生很

---

① ［美］丹尼斯·缪勒：《公共选择理论》，中国社会科学出版社，1999 年版，第 65 ~ 66 页。

大的制约。

有效信息的搜集是合理政策达成的先决条件。信息的搜集需要耗费时间、货币等成本，即使搜集的信息是有效的，也只是有限的，加之这一过程已经渗入官员个人利益的因素，可能已经使政策制定的初衷发生了极大的位移；选民会由于对议案缺乏了解而出现“投票短视”行为，官员出于赢得选举的目的会自动迎合这一趋势；现代传媒的发达导致其出于自身营利而对信息进行不实甚至夸张的报道，这会对大众选民产生从思想到行为的误导；在政策系统当中，即使一项议案已被前期实践证明不是相当有效，或者有更好的议案能对其进行有效的替代，但是，由于考虑到先期的投入，此项议案也许还能受到决策者们的青睐，其理由就是，如果中止议案，巨大的先期投入就会被完全浪费。

4. 团体利益和个人利益会严重影响政策执行的预期效果

从公共政策实施的那一刻起，实际上已经进入了一个不可逆转的程序。私人决策由于涉及面小，缩减规模或者中止执行相对较易，但是，要想中止一项公共政策的执行却不是易事。执行机构由于利益差异会形成不同的利益团体，各个团体在执行政策的过程中会由于利益冲突而使政策畸形发展，作为个人的官员也会顾及自身利益而对政策加以变通，另外，主要负责人的工作方法和技巧、工作能力和信心等因素都会导致政策执行过程严重偏离政策目标。现代社会日益复杂，一项公共政策的执行其实需要牵涉到诸多部门，协调部门之间的不同利益也会出现很多困难。这一系列因素都对公共政策的执行造成了很大困难。

（三）公共物品供应低效

公共物品是指具有效用的不可分割性、非排他性和非竞争性的商品。其特点决定了由地方政府提供满足本辖区内公共物品的供给是一种现实的经济成本选择。然而，政府作为自利的“经济人”，在公共物品提供方面会寻求自身的利益，这一行为导致政府在公共物品提供方面的过剩或者不足。由于不能很好地通过市场机制对公共物品进行有效提供，所以，对公共物品的测度不可能像私人物品一样容易。政府作为非市场性机构，其提供公共物品的行为属于非市场活动，其提供的公共物品属于非市场产品，而非市场产品不能根据成本—收益进行有效测度。公共物品的目标在于社会收益而非经济收益，社会收益衡量缺乏相应的标准和测度方法，提供公共物品的政府规模与这些机构的绩效评估，政府需要提供的公共产品的数量，都存在测度困难。这会导致能够产生可测量成果的工作排挤那些产生不可测成果的工作。最终带来的是那些急需但却无形的、难以测算的产出或服务经常出现短缺，或者出现一些多余的行政产出。

大多数情况下，公共物品都是由政府这一单一主体提供的，缺乏竞争和替代性，这会导致政府提供公共物品的低效。公共物品的提供并未面临市场竞争的压力，“由于公共部门存在高度集中的结构，从而难以确保生产的高效性，即公共部门难以用最小成本提供单位产品”①。对于不能增加官僚政治资本或者经济利益的公共产品，其普遍采取少提供甚至不提供的策略；相反，对于能够增加政治经济利益的公共产品，其会不计成本，大量甚至过量提供，严重背离了公共物品提供的初衷。同时，政府作为公共物品的唯一合法提供主体，消费者无论愿意与否都必须消费这一产出，在不想使用的情况下也不能像市场环境一样自由地选择“退出权”，“而只能行使‘呼吁权’或‘发言权’，即通过行政程序表达自己对行政部门产出的偏好与意见。而‘发言权’对行政部门的约束力是极其微弱的”②。

（四）政府规模扩张

1. 政府扩张可以简单定义为：在政府职能与权力扩张基础上的政府机构及其人员的膨胀。其衡量指标主要有两个：一是政府支出占国民生产总值的比重，二是政府机构工作人员占全国人口的比重。在过去的一个世纪中，世界各国政府的规模都大幅度地扩张，发达国家的政府支出几乎占到国内总收入的一半，发展中国家也占到近1/4③。尤其是在第二次世界大战之后，凯恩斯的国家干预主义大行其道，不仅在理论界呼声颇高，而且在西方的国家治理过程中应用广泛。“然而，20 世纪 70 年代中期，全球范围的通货膨胀达到前所未闻的水平，也开始日益显露出其失灵的迹象，这都使宏观经济思想出现了翻江倒海的变化。”④“经济滞胀”的现实无疑是对凯恩斯主义的致命一击。包括公共选择学派在内的西方自由主义经济学对凯恩斯的国家干预主义进行了全面的批判，认为过度的国家干预造成了包括公共部门的过度膨胀、公共财政的严重赤字等后果。

---

① ［英］诺尔曼·吉麦尔：《公共部门增长理论与国际经验比较》，经济管理出版社，2004 年版，第 89 页。

② 马骏：《行政部门的“X”效率》，《政治学研究》，1997 年第 2 期。

③ 马骏清：《政府规模扩张的经济分析》，《经济纵横》，1998 年第 8 期。

④ ［英］诺尔曼·吉麦尔：《公共部门增长理论与国际经验比较》，经济管理出版社，2004 年版，第 3 页。

2. 造成政府规模增长的原因主要有以下几点：

从政府职能角度来看，“政府作为公共物品的提供者和外在效应的消除者”导致扩张。政府存在的目的就在于通过高效服务有效地提供公共产品，通过公共行为消除市场的外部性。随着社会的发展，人们对公共物品的需求会呈现多样化的特征。为了满足选民的需求，政府所采取的办法是扩大公共产品的预算额度，这会导致政府支出的增长。另外，政府在提供公共物品的过程中，只能通过传统甚至已经落后的技术进行公共物品的生产与供给，这耗费了很多本可以通过市场有效降低的成本。

从官员的角度来看，不论是组织还是个人，都是效用最大化的追求者。由于官僚机构的垄断性，政府官员掌握了很多信息，他们为了追求自身利益会故意隐瞒真实的成本，而现有的预算体制会进一步助长这一趋势。官员从经济人假设出发寻求自身利益和团体利益的最大化，于是就出现在预算过程中千方百计地与议员讨价还价的情形；官员的服务对象是各个利益集团，利益集团迫切希望官员扩大预算以更多地使自身获益；站在背后的立法机构及其议员是靠利益集团的支持才当选的，议员必须按照利益集团的要求行事才能在竞选中获取利益集团的进一步支持。由此，在官员与议员关于预算的讨价还价过程中，议员也倾向于官僚扩大预算，只有这样才能使官员更多地为利益集团服务，从而使利益集团给予自己进一步的支持。于是，政府官员就不断通过扩大预算来达到自身目的，政府由此不断地膨胀起来。

由于选民对整个财政状况没有很好的了解，因此，立法机构可以通过制造财政幻觉来影响选民的心理。只要选民没有意识到他们正在交纳更多的赋税，选民就会继续支持缴纳赋税的计划。在课税的过程中，政府会通过故意隐瞒真实成本的方法使选民看不清公共物品和服务的实际成本，在公众对某一社会问题抱有较为一致的态度时，政府可以利用这种感情加以课税，使得公民产生一种与其他情况相比赋税较轻的错觉，政府也会通过不纳税所带来的严重后果来威胁纳税人，实现纳税的目的，另外，通过将巨大的税额分割成较小的份额也能使选民产生财政的幻觉。所有方法中最常用的一种是通过故意隐瞒真实成本使纳税人看不到预算计划的规模和真实情况，任何预算制度，预算内容和预算程序的复杂性都有可能导致选民不去仔细检查预算。纳税人只能粗略地了解一些表面的情况，在这种无知的状况下，政府发现，可以容易地操纵预算项目，使看起来较多的款项用于最受欢迎的项目上。①

第三节　地方政府的政绩效用目标及其制度逻辑

地方政府行为自主性的突出表现，是地方政府基于其特殊的利益结构形成了特殊的行政效用目标。同任何社会行为主体一样，地方政府同样具有一组反映其偏好的目标函数。

一、地方政府绩效效用的目标函数

事实上，地方政府的制度绩效，要全面实现任务绩效所规定的经济、政治、社会、文化四位一体的全部内容，取决于中央政府—地方政府—地方利益集团（包括普通官僚、市场主体和地方民众）三者之间的相互博弈。其中，由于地方政府拥有辖区内的充分信息，在分税制改革和GDP单纯绩效考核制度的激励下，成为制度创新的“第一行动集团”。由此决定了其任务绩效的选择，也是以辖区内的经济绩效最大化，作为均衡经济增长与社会发展结构的第一取舍目标函数。

（一）地方行政长官—普通官僚—市场主体—地方民众的利益博弈

一般来说，地方行政长官由于处在地方权力的中心位置，权力最大化或者说职务晋升机会的最大化，是其核心的效用目标。在官员选拔任用日益注重实际政绩的情况下，其行为逻辑基本上可以概括为通过推动地方经济发展，塑造醒目的治理政绩，以实现政治晋升机会的最大化。

普通官僚是政府行为的具体实施者，行政长官制订的各种旨在加快地方经济发展，维护地方稳定等地方政策，最终都要通过他们的工作得以实施。在整个官僚队伍中，一般来说，只有少数政治精英才有可能进入地方政府领导的行列，因而绝大多数官僚追求的效用目标是实惠型的，即更好的福利待遇，普通官僚相比于政府领导，尽管是较为消极的政府行为主体，但也是行政长官制度选择的重要制约力量。政府领导不仅需要通过他们的行为实现自己的行政意图，而且他们既是各级人大代表的主要来源，更是政府领导选拔任用过程中进行任前考察的主要对象。他们对政府领导的评价对于后者的政治晋升具有重要的意义。

---

① ［美］丹尼斯·缪勒：《公共选择理论》，中国社会科学出版社，1999年版，第412~413页。

市场主体是地方经济发展重要推动力量，其效用目标可以简单地概括为利益最大化，或者说市场机会的最大化。对于地方政府领导来说，市场主体是GDP和地方财政收入的创造者，在区域经济发展竞争日益激烈的情况下，市场主体可以通过“用脚投票”的方式，对地方政府的行为构成重要制约。从一些地区的个案来看，地方政府与市场主体的相互依赖极易形成一种自我强化趋势。地方政府以各种常规、非常规的方式大力促进地方民营经济的发展，使民营经济得到超常规的迅速发展；而当民营经济发展到一定程度，地方政府无论是追求政绩，还是扩大地方财政收入，也就越来越难以摆脱对民营经济的依赖。为此，地方政府往往又会进一步加大对民营经济特别是地方支柱性企业的扶持，在土地供给上优先给予照顾，在政治上安排民营企业大户的经营者进入人大和政协等等。而当民营企业成长壮大，成为举足轻重的明星企业时，其所掌握的“用脚投票”的退出机制，以及他们在地方人大影响力的日益扩大，又进一步强化了其对地方政府的制约作用。

地方公众是地方政府提供的地方公共产品和公共服务的消费者，从理论上来说，他们是地方政府的政治委托人，他们的意志应当成为地方政府制定行政目标的重要依据。但客观地讲，在现行政治体制下，地方公众缺乏制约地方政府行为的有效的制度性机制，往往只能通过上访，甚至群体性事件来表达自己的利益要求。普通民众的利益要求，既体现在利益损失最小化（税收及各种摊派的降低，包括土地收益在内的各种合法权益的维护等等），也体现在可以享受的公共服务的最大化上。就现实性而言，前者更具有实质性意义。

毫无疑问，地方利益并不是铁板一块的，内部存在着错杂的利益分歧甚至冲突。但在行政区经济的条件下，地方多元利益主体在推进区域经济发展，维护地方经济利益上却存在着高度的一致性。这种一致性通过地方政府领导的整合，及其制定的各种地方政策，汇聚形成了实现地方利益最大化的自主性趋向。

（二）经济增长绩效与“政绩绩效”的内在一致性

对于地方政府来说，以地方经济增长绩效最大化为核心的效用目标，首先是地方行政长官追求政绩最大化的必然要求。在经济建设成为压倒一切的中心工作的大背景下，干部的政绩考核不能不围绕经济增长指标进行。特别是由于其它一些工作的考核难以量化，GDP增长、财政收入增长指标更是具有了“一俊遮百丑”的意义。因而，地方行政长官从自身利益考虑，必然会把有效地推动地方经济的快速发展作为地方行政的主要目标，为此不惜作出牺牲社会发展，牺牲国家统一市场秩序建设等高昂代价。

地方经济增长绩效的最大化，不仅可以直接显示地方行政长官的政绩，而且也是扩大地方财政收入，满足其它地方利益群体利益要求的根本途径。如果说西方行政管理体制存在着一个部门预算最大化的问题的话，那么，中国的行政管理体制产生的更突出的问题则是地方财政收入最大化。只要能够保持经济的快速发展，地方政府就可以利用不断扩大的财力，从事大规模的基础设施建设，加快地方的城市化进程，解决制约地方经济发展的瓶颈问题，从而推动地方经济更快发展，创造出更大的政绩，并使地方各个利益群体的利益得到不同程度的满足。一是建立在雄厚的财力基础上的地方投资环境的改善，以及地方政府对本地企业的政策扶持，可以帮助地方市场主体获得更好的发展机会，形成地方政府领导与地方资本力量的双赢合谋。二是地方经济的发展和地方财政收入的扩大，有利于减轻地方公众的财税负担，并在经济达到一定水平之后让公众分享到一定地方公共服务。相反，如果地方政府无法有效地推动地方经济的发展，它要扩大财政收入，维持政府的正常运作，以及保证官僚群体的基本福利，就只能将目光转向从地方公众中汲取更多的资源，这势必加剧地方公众的财政负担，发展到一定程度，将可能引发公众强烈的抵制，给地方政府领导带来很大的政治风险。三是地方经济的发展以及地方财力的增长，使地方政府有可能利用地方财政收入改善政府工作人员的办公条件，提高他们的工资奖金和福利待遇，调动政府工作人员的积极性。地方政府的整个公务员队伍由此将逐渐演变成为一个既得利益群体，他们将会从各方面支持政府领导旨在实现地方利益最大化的政策和策略。

由此可见，地方行政长官追求地方经济增长绩效最大化的行政效用目标，同地方市场主体、普通官僚，以及地方公众达成了利益的一致性。地方行政长官旨在实现这一行政目标的种种自主性行为，包括违背中央政府意图，损害宏观公共利益的机会主义策略，通常都能得到地方其它利益主体的认可和支持。在这一过程中，地方政府作为地方利益保护者和代言人的角色逐步强化，而作为中央政府在地方的代理人和国家利益在地方的代言人的身份则随之逐步淡化。

二、压力型体制的由来及其功能

正如第三章所分析的作为一个经历过曲折的发展历程的后发国家，中国在改革开放以后重新启动社会现代化进程时，既面临着内部强大的加快现代化建设步伐，尽快改善公众的物质文化水平的压力，又面临着巨大的外部竞争压力。在内外压力的共同驱动下，中国很自然地走上了赶超型的现代化道路。

（一）压力型体制的定义

正如第三章所分析的，超型发展战略的一个实质问题就在于，现代化的社会变迁过程不是一个现代性因素自发性地积累和演变的历程。换言之，这种现代化建设是在经济、政治、社会、文化的变迁条件并不完全具备或成熟的条件下，借助于各级政府的行政力量强行启动和推进的。由于推进现代化变迁的其它社会力量并未发育成熟，客观只能由政府来充当现代化的推动者和组织者的角色。这样，如何激发、调动各级政府致力于改革与发展的积极性、主动性和创造性，就成为实现赶超型发展战略的关键所在。而在自下而上的民主政治体制还处于艰难的探索过程之中，各级政府对下负责的政治责任机制和压力机制尚未建立起来的政治条件下，调动地方政府的积极性的根本途径，只能是依托于行政上的隶属关系，建立起一种自上而下的压力机制，由上级政府给下级政府下达经济社会发展硬性任务，并根据指标任务的完成情况给予不同奖惩待遇。这也就是人们常说的“压力型体制”①。

（二）压力型体制的构成

按照杨雪冬的解释②，压力型体制是一套把行政命令与物质利益刺激结合起来的机制组合，它主要由三个要件构成：一是数量化的任务分解机制。在制定了社会经济发展目标和接到上级任务后，党委政府把这些发展目标和上级任务进行量化分解，通过签订责任状的形式层层下派到下级组织和个人，并限时完成。二是各部门共同参与的问题解决机制。要求各部门的工作围绕党委、政府的工作计划和工作重点进行安排，并随时从各部门抽调人员或者整个部门一起行动，完成来自上级的临时性任务或工作。三是物质化的多层次评价体系。对于完成指标任务的组织和个人，除了采用授予称号等传统的精神奖励之外，还增加了包括提级、提资、提拔、奖金等物质奖励。在惩罚上，一些重要任务实行“一票否决”制，即一旦某项任务没有达标，就视其全年工作成绩为零，不能获得任何先进称号和奖励。

（三）压力型体制的行政职能与社会职能

压力型体制是权力中心在权力下放过程中为解决获得越来越大的自主权的

---

① 荣敬本等：《从压力型体制向民主合作体制的转变》，中央编译出版社，1998 年，第 7 页。

② 杨雪冬：《市场发育、社会成长和公共权力构建一以县为微观分析单位》，河南人民出版社，2002 年，第 107 页。

地方政府可能出现的行为失控现象而逐步形成的一种控制机制。客观地讲，在中央政府与地方政府之间的链式委托代理关系中，中央政府由于无法充分掌握地方政府的行为信息，不可能建立起一种对各级政府行为进行全方面监控的有效机制，只能将其简化为一种刚性的任务分解机制。就此而言，压力型体制是转型期权力和责任下移之后中央政府控制各级代理机构的一种必然选择。它在有效地解决了中央政府制订的经济社会发展战略任务的分解落实问题的同时，通过层层制订岗位目标责任，建立起了对各级地方政府的行为约束机制。尽管在压力体制下地方政府仍然拥有相当大的自主性，但由于其基本的行政目标事先被上级政府所预设，因而其制度选择的自主空间依然得到了最低限度的控制。

更进一步讲，压力型体制是国家应对市场化改革进程中传统的社会控制机制逐渐失灵局面而不得不采用的一种权宜性的社会控制机制。在计划经济时代，在国家垄断社会全部资源的基础上，中国逐步建立起了一个集垄断性的经济资源控制、绝对一元化的意识形态控制、高度集权的组织控制为一体的全方位的社会控制体系。这种控制体系在保证国家对社会的绝对控制的同时，也窒息了社会发展的内在活力。改革开放以来，国家为了调动地方及各级组织的积极性，将许多原先由国家控制的权力逐步下放给了地方。与此同时，市场化的经济体制改革，使市场发挥了越来越大的社会资源配置的功能。这些都使国家控制的资源大大减少。这在极大地提高了经济社会发展活力的同时，不能不在相当大的程度上削弱了国家对社会生活的控制能力。在计划经济条件下，经济资源主要通过国家中央集权的计划来进行配置，国家和社会基本上是重合的，社会的管理普遍采用了“单位制”的组织形式。“‘单位’具有有双重的职能，既行使国家职能，也行使社会职能。党组织（支部或党委）建在‘单位’上，实行高度的一元化领导。”① 因而“一份‘红头文件’，就可以从上到下全部动员起来。”②

随着国家与社会的分离，人们的社会关系实现了“从身份向契约”③ 的转变。国家已不可能再像“单位制”的条件下那样对社会进行控制。市场化的改革，使得社会各个阶层的成员从过去那种完全依附于国家的状态下解放出

① 曹沛霖：《新世纪中国政治学的“三个走向”》，《天津社会科学》，2002 年第 4 期。

② 曹沛霖：《新世纪中国政治学的“三个走向”》，《天津社会科学》2002 年第 4 期。

③ 朱光磊：《当代中国社会各阶层分析》，天津人民出版社，1999 年版，第 59 页。

来，成为追求自身利益最大化的理性的行为主体，他们获取资源和实现利益的方式也日趋多元化。各种社会组织机构，甚至包括各级政府及其所属的机构，也从以往单纯的国家指令的执行者，演变为具有自身独立的利益结构的理性的行为主体。这样国家所面对的，不再是完全依附于自身的计划指令的执行者，而是形形色色的追求着自身效用目标而同国家展开理性博弈的行为主体。这一切，都使国家传统的社会控制机制出现了日益严重的失灵现象。

（四）传统制度绩效构建机制的政府失灵

在计划经济时代，党和国家制定的路线、方针、政策，借助于国家对社会资源的全面垄断可以做到畅通无阻，令行禁止。在市场化的改革进程中，随着多元社会利益格局的形成，以及体制内各种组织同国家及上级组织博弈关系的产生，“上有政策，下有对策”已经成为下级组织和个人实现自身利益最大化的理性选择，政策执行难已经成为一个突出的公共管理问题，传统的政策治国式的社会控制机制开始失灵。意识形态控制机制曾经在原先的国家控制体系中发挥过相当重要的作用，政治领袖的一句话，作为神圣化的“最高指示”，贯彻传达“不过夜”，可以对组织和个体的行为产生甚至比国家法令更有效果的影响力。但在社会生活和价值观念多元化的社会环境下，传统的国家意识形态由于其自身的问题，特别是其强制性后盾（如国家资源分配与社会组织和人的政治忠诚相挂钩）的弱化，已越来越呈现出一种仪式化或表面化的倾向。与此同时，由于法治国家还处于艰难的生成过程之中，虽然法制建设逐步改变了无法可依的局面，但权力践踏法律，金钱腐蚀法律，以及有法不依，执法不严，违法不究的现象在现实生活中还司空见惯，表明以法律为主要手段的社会生活调控机制还远未真正建立起来。

改革的目标是要通过制度创新，建立一种新的社会生活的运行机制和社会秩序控制机制，既能充分激发、调动社会生活的内在活力，又能保持一种相对稳定的社会秩序，以及国家对社会生活的某种调控能力。这就需要从根本上改革传统的国家控制社会生活的模式，即主要不再依靠垄断社会资源，靠社会组织的行政依附来控制社会，而是通过法律和宏观调控手段来实现这一目标。这无疑需要一个相当长的探索过程。在现阶段出现的一个突出问题，是传统型的控制机制逐渐失灵的情况下，新的社会调控机制并没有建立起来。在这种情况下，控制人（干部）或者说控制权力资源的配置就成为所剩无几的有效手段之一。一旦某一地区或部门行政不力，或者其行为表现出了过多的本位主义倾向，并损害到了上级组织的权威，使上级组织的政策、指令的贯彻遇到阻力，并由此产生了严重危害整体利益的现象，如出现走私贩私、制假售假、偷税漏税行为的严重泛滥时，上级组织通行的做法就是更换该地区的主要领导，换上能够较好地贯彻执行上级组织指令，较少有独立意志的领导干部，以此保证政令的畅通，以及对该地区经济、政治和社会生活的有效控制。

客观地讲，在现行的社会制度条件下，通过垄断权力资源配置来控制各级组织及其官员的行为，的确是目前国家控制社会生活秩序所剩不多但仍然比较有效的一种手段。如果完全失去了对权力资源的控制，下级官员不再是由体现国家意志的上级组织任命产生，其权力不是由上一级的党组织授予，其对上负责的约束机制被严重弱化。当各级官员不必听令于上级党委政府时，上级党委政府对社会生活各个领域的干预和控制能力就可能被大大削弱。这就是为什么尽管现行干部体制的弊端已暴露无遗，但干部制度却一直没有进行实质改革的重要根源。

三、高度集权的干部管理体制对压力型体制的支撑作用

从计划经济时代延续到今的干部体制，为压力体制的推行提供了重要的保障机制。建国后形成的干部选拔任用及管理制度，在很大程度上是借鉴模仿苏联干部制度的产物。尽管 20 多年来干部体制有了一些边际性的创新，但其基本模式依然是集权委任制。集权委任制的核心，是决定干部选拔任用的决策权高度集中于上级组织，上级党组织根据干部管理的权限，负责下一级干部的选拔任用的全部工作，包括提名、考察、讨论和任命等各项工作。这种干部制度既是高度集权的政治体制的重要组成部分，同时又为贯彻落实高度集权的政治体制和高度集中的计划经济体制提供了有力的保障。从党和国家的角度讲，这一套制度安排的最大优越性，是将全国各级干部的选拔任用完全置于党的控制之下，使得党能够根据形势的需要，不受其他任何社会因素的制约，对权力资源进行统一的调配，以保证党所制定的各项政治任务和经济社会发展战略得到有效的贯彻执行。同时，这种制度也最大限度地减少了执行干部政策过程中可能发生的各地各部门自行其事的混乱现象和本位主义倾向。它使得任何一级组织和干部个人都必须无条件地服从上级党组织在干部任用上的意志。显然，这种自上而下的垂直型的干部选拔任用制度，对于推行高度集中的计划经济体制是必不可少的，其意义在于：

（一）保证国家经济计划的实施

在计划体制中，国家垄断了全部的社会资源，垄断了各种经济社会活动的

决策权力，建立起了统一安排全国的生产、交换和分配的计划体系。这一“全国一盘棋”的经济计划能否得到有效的落实，从根本上取决于各级干部是否能够完全服从国家的意志，不折不扣地贯彻执行上级下达的经济计划，完成计划的各项指标。如果各级组织和各级干部是具有相对独立的利益和意志的行为主体，追求的目标同国家利益不相一致，国家就不得不同它们进行难以计数的谈判，展开无休止和错综复杂的博弈活动。这就会使计划的执行过程产生巨大的交易成本。对于中国这样一个全国各地经济社会文化发展水平很不平衡的大国来说，这种交易成本可能会大到难以承受的地步。而一旦国家把权力资源全部控制在自己手里，将权力资源的配置也纳入计划调配的框架时，各级组织和所有的干部就成了国家意志的代言人，成了不折不扣地执行国家计划的工具。这样阻碍计划经济发展的交易成本问题也就迎刃而解了。

（二）确保国家政策的全面贯彻与落实

除了保证经济计划的实施以外，这种高度集权的干部制度还可以保证党以及党的领袖的所有政治意图，党所制定的各种路线、方针、政策能够得到有力的贯彻执行，大大降低政治统治的成本。在高度集中的计划经济体制和高度集权的政治体制为主干的社会制度结构中，权力资源的配置实际上构成了整个社会生活的轴心，成了整个社会管理系统的中枢神经。控制了权力资源的分配就等于控制了一切。计划经济时代国家所建立的对社会生活的全面控制机制之所以能够得到有效运作，是同国家对权力资源的绝对垄断紧密联系在一起的。

（三）形成中央政府对地方政府的垂直控制关系

以控制人，即控制各级官员的任用的方式来维系国家对社会秩序的控制，这种社会控制机制，恰好同压力型体制形成了很好的匹配。在此，链式的选拔任用体系与链式的政府间委托代理关系，以及压力型体制任务的层层分解体系形成了紧密的内在契合。一方面，上级政府给下级政府下达明确的分解任务，以确保中央政府的行政目标体系的完成；另一方面，上级政府牢牢地控制着对下级政府主要官员的任用，并以职务提升作为最有效的激励机制与约束机制，诱导下级政府努力完成下达的各种任务指标。

杰弗里·萨克斯等人强调，“中国式财政联邦主义”之所以与地方自治制度下的规范化分权仍然有着很大的区别，原因就在于中国依然保持了中央对地方牢固的政治与人事控制，虽然地方获得了一定程度的自治立法权和自治财政权，但仍与自治人事权无缘。“中国有非常中央集权的省政府首脑任命制度，中央政府定期在各省之间轮调官员以确保在地方利益与中央政府利益发生冲突时，他们对中央政府绝对忠诚。”① 为了保住职位和获得升迁，地方官员更关注的是中央政府关于任务绩效定位的中心所在，来确定保障任务使绩效得以实施的制度绩效，而不是利用已有的自治权力来服务于任务绩效本身所包含着的经济绩效，政府绩效、文化绩效与社会绩效的有机统一。

四、政治—行政承包机制与地方政府绩效自主性的提升

压力型体制与自上而下的选拔任用机制的相互匹配，实际上形成了一种政治—行政承包机制。90 年代以来，在其它形式的责任机制和激励机制逐渐失灵的情况下，受农村和企业改革经验的启示，承包制越来越广泛地被借鉴和运用到政府间关系的制度安排上来，作为督促组织、个人落实完成各项行政任务的主要方式。各级地方政府在执行公共政策的过程中，分别将计划生育、经济增长、社会治安、信访、税收财政、招商引资等重点难点工作先后采用了承包责任制。与此同时，奖惩措施上的“重奖重罚”也体现得越来越明显，如对重要指标没有完成的实行“一票否决”，对超额完成主要经济指标的直接给予职务提拔的奖励。这也就是人们常说的“一手乌纱帽，一手高指标”② 的考核机制。

推行政治 - 行政承包制本身的重要意图之一，是在落实中央政府的行政目标的同时加强对下级政府行为的控制，但这一行政运作体系的推行，客观上又产生了一种“制度意外”，即它在以刚性任务来约束下级政府行为的同时，反而可能进一步强化了地方政府扩张行为自主性的冲动。

（一）地方政府绩效构建的制度空间——分权化的“政治—行政”承包制

从总体上讲，政治—行政承包制虽然给各级地方政府施加了种种压力，但对于地方政府来说，上级政府在下达了相关的任务指标的同时，事实上也默认了自己拥有一定的行为自主性空间。类似经济承包制中的“交足国家的，剩下都是自己的”，下级政府在完成了上级政府规定的任务之后，实际上却获得了一个相当大的自主性空间，地方政府可以运用自己掌握的资源，按照自己的意志去实现地方行政目标。

---

① 杰弗里·萨克斯、胡永泰、杨小凯：《经济改革和宪政转轨》，http//www.sinaliberaj.com。

② 何显明：《市场化进程中的地方政府角色行为模式及其变迁》，载《浙江社会科学》，2007 年第 4 期，第 44 ~ 45 页。

（二）地方政府绩效构建的催化剂——“下管一级”的干部人事制度

在政治—行政承包制中，上级政府所关注是结果，至于下级政府如何完成这些任务，上级政府由于不可能掌握充足的信息，对整个过程是无法进行有效监控的，因而即使下级政府存在者诸多行为不规范现象，只要不太出格，一般不会过多地过问下级政府的具体行为方式。在实行“下管一级”的干部人事制度条件下，地方政府之间无论在经济利益还是政治利益上都存在很大的一致性，因而即使下级政府的自主性行为违反了相关政策，酿成一定的不良后果，上级政府通常也会倾向为下级政府进行袒护。因此，压力型体制的任务虽然是刚性的，但整个操作过程地方政府却拥有充分的自主选择余地，地方政府以完成任务为代价，换取了在自己的地盘上“说了算”的自由。

（三）地方政府绩效构建的动力——第一行动集团的渐进生成

对于地方政府来说，要完成上级下达的各项任务，往往也需要通过提升自身的行为自主性，来整合地方的各种资源，强化自身汲取资源的能力。特别是在 1994 年的分税制改革后，中央政府与地方政府之间财权和事权不对称的现象进一步加剧，地方政府的财税收入较改革前有所下降，而需要承担的财政支出范围和数量却不断扩大。同时，中央政策在地方实施时，中央往往很少提供相应的配套资金或财政支援，而是寄希望于地方政府自筹资金。据黄佩华的研究，近些年中央政府的收入大概占到整个财政收入的 50% ~55%，但其支出只占 30% 左右；其余的支出均被转移到地方政府。① 在这种情况下，地方政府的选择，要么是抵制中央政策在地方的执行，要么是通过扩张权限，或突破政策界线，去汲取地方的民间资源。这样，地方政府有效性的权重，在其任务结构上，就趋向于经济绩效，在其制度绩效上，就趋向于有利于地方经济增长的系列制度安排，其制度创新的动力是确保地方政绩工程的凸显，有利于地方政府官员个人的职位连任和升迁。

五、政绩至上的考核机制与自主性扩张的内在冲动

在计划经济时代，地方政府作为中央的执行机构和计划指令的执行者，其行为逻辑简单地说，就是根据“地方服从中央”和全国“一盘棋”的原则，忠实地执行中央的行政指令和经济计划。同政府间“命令—服从”关系相适应，中央对地方政府的考核，核心是地方政府的政治忠诚，即地方政府是否能

① 黄佩华：《中国：国家发展与地方财政》，中信出版社，2003 年，第 4 页。

够严格服从上级的指令，不折不扣地贯彻落实中央政府的路线方针政策。落实到对地方官员的考核任用标准，就是强调“德才兼备”，突出“任人唯贤”。这里的“德”、“贤”，是最重要的政治标准，同中央保持一致。

正如杨雪冬所指出的那样，在这种考核评价及选用模式中，由于奖励和惩罚没有制度化，无论是组织还是个人都无法预期自己在政治生活中的风险和收益，无法对行为和言论的后果加以理性的判断，因此可供其选择的可能受到了极大的限制，“个人和组织不敢在制度内发挥自己的积极性和创造性，对规定加以创造性的转化，风险最小的选择只能是对领袖的指示和上级的命令严格服从，这肯定限制了地方政府的能动性的发挥，同时，当中央的政策措施出现失误时，也会在地方出现‘放大’效应。”①

（一）地方政府绩效考核体系演进的历史过程

改革开放以来，随着执政党的工作中心转移到经济建设上来，特别是随着压力型体制的逐步形成，在政府考核和干部选拔过程中，政绩要求被摆到了越来重要的位置。1979 年 11 月中组部颁布《关于试行干部考核制度的意见》，提出“德能勤绩”的考核体系，“绩”的地位并不特别显著。从 80 年代后期开始，政绩考核开始受到特别关注。1989 年 5 月邓小平明确强调：“现在就是要选人民公认是坚恃改革开放路线并有政绩的人，大胆地放进新的领导机构里，使人民感到我们真心诚意搞改革开放。”② 在这一指导思想的作用下，1988 年、1989 年中组部先后颁布了《县（市、区）党政干部年度考核方案》、《地方政府工作部门领导干部年度工作考核方案》，明确制定了干部政绩考核的量化指标体系，考核的内容涉及 18 项量化指标。③ 20 世纪 90 年代以来，干部的政绩考核更是进一步趋于规范化、系统化。1995 年 5 月中发（1995）4 号《党政领导干部选拔任用工作暂行条例》中明确规定：选拔任用领导干部必须坚持“群众公认、注重实绩的原则”。

具体地讲，就是要“坚决执行党的基本路线和各项方针、政策，立志改

① 杨雪冬：《当代中国地方政府的激励机制简论》，中国政府创新网。

② 《邓小平文选》第 3 卷，第 380～381 页。

③ 主要包括：国民生产总值、工业生产总值、农业生产总值、乡镇企业生产总值、人均国民收入、农村人均收入、上缴利税、财政收入国营和集体企业的劳动生产率、农副产品收购、商业零售总额、基础设施投资、人口自然增长率、粮食产量、地方预算收入、地方觋算支出、育林面积以及九年义务教育完成率。参见杨雪冬：《市场发育、社会生长和公共权力建构》，河南人民出版社 2002 年，第 148 页。

革开放，献身现代化事业，在社会主义建设中艰苦创业，开拓创新，做出实绩；坚持实事求是，认真调查研究，能够把党的方针、政策同本地区、本部门的实际相结合，讲实话，办实事，求实效，反对形式主义。”对“工作实绩”做了明确的界定：

1. 其中规定对领导班子的工作实绩考核内容，包括“在经济建设、社会发展和精神文明建设、党的建设等方面所取得的成绩和效果，在推进改革、维护稳定方面取得的成绩和效果。”

2. 对地方县以上党委、政府领导班子的工作实绩主要包括：“各项经济工作指标的完成情况，经济发展的速度、效益与后劲，以及财政收入增长幅度和人民生活水平提高的程度；教育、科技、文化、卫生、体育事业的发展，环境与生态保护、人口与计划生育、社会治安综合治理等状况；党的思想、组织、作风、制度建设的成效等。”

3. 对领导干部工作实绩考核内容，主要包括“在完成任期目标和履行岗位职责过程中所提出的工作思路、采取的措施、发挥的具体作用以及所取得的绩效等。”

这种新的可称之为“忠诚政绩”式考核激励机制，在保留了“忠诚”规则的同时，以“政绩优先”替代了“服从第一”。“这样一种激励机制确立了比较明确的目标和评价标准，因而降低了制度的不确定性，使组织和个人能够对风险和收益有更准确的预测，行为的理性化程度也大大提高。在明确的激励目标的诱导下，各级地方政府以及有关领导者把创造政绩放在第一重要的位置上，为在短时间内创造最大的政绩开动脑筋，形成了彼此间竞争的局面。”①

（二）政绩考核为第一标准的双向结果

“政绩所产生的作用是一只‘看得见的手’”②，它对于激励各级地方官员开拓进取，争创业绩产生了相当大的激励作用。

1. 正是在这一激励机制的引导下，“为官一任，造福一方”成为地方党政官员的基本行政目标。同政治忠诚的道德评价机制相比，以经济 GDP 为核心的政绩评价机制最显著的特征，是其评价标准具有一定的客观性，而不完全取决于评价者主观好恶。对于地方政府主要官员来说，这意味着政府及个人考核

---

① 杨雪冬：《当代中国地方政府的激励机制简论》，中国政府创新网。

② 倪星、余凯：《试论中国政府绩效评估制度的创新》，《政治学研究》，2004 年第 3 期。

评价的不确定性程度的降低，意味着能够对个人的效用追求进行更好的理性预期。换言之，个人的政治前途，已在更大程度上取决于自己的努力，取决于自己能否在任期取得显著的政绩。地方政府官员工作的积极性、主动性由此被空前地调动起来，形成了追求任期政绩最大化的强烈冲动。

2. 以 GDP 与财政收入增长指标为核心的政绩考核机制，是一种带有强烈的功利主义色彩的压力机制和激励机制。它将经济发展绩效作为官员政绩考核的主要内容，进而将其同官员的职务提升直接挂钩，将地方政府官员的利益同地方经济发展绩效直接地联系起来。作为一种制度安排，它所产生的调动地方官员实施赶超型战略的积极性无疑是极为显著的。坦率地讲，在现行政治制度框架之内，除此之外，事实上也很难建立起一种更有效的动力机制。但同样无法否认的是，这是一种简单的具有强烈的功利主义取向的考核机制，在具体实施过程中很容易形成急功近利的激励效应。

（三）压力型政绩考核机制的作用功效

压力型体制下的政绩考核机制，以及干部选拔任用制度的某些变异现象，加剧了地方官员急于升迁的浮躁心理，进而直接强化了地方政府扩张自主性的内在冲动。要在最短的时间内创造出令人瞩目的政绩，就必须最大限度地扩张行为自主性，以各种非常规的，甚至超越权限或违反既定政策规定的方式，去最大限度地汲取、整台资源，去寻找和挖掘创造政绩的机会。

1. 压力型体制单纯的自上而下的考核机制，客观上造成了地方官员“只对上负责不对下负责”，“不怕群众不满意，只怕领导不注意”的约束机制，这本身就给地方政府扩张自主性提供了很大的余地，使得地方政府得以充分利用其信息优势，向上级政府传递对自己有利的政绩信息。

2. 尽管现行的考核体系名义上是一个全方位或者说立体性的指标体系，但在具体运作过程中，基于“效率优先，兼顾公平”的发展理念所导引，一些地方政府从其自身政绩最大化的目标出发，对下级政府及政府官员的政绩考核评估，往往只片面注重几个主要的经济指标，如 GDP 增长、财政收入增长等，上行下效，层层加剧，导致一些地方的干部政绩考核完全围绕 GDP 转，只要 GDP 上去了，就可以“一俊遮百丑”。而且越到基层，功利化、简单化的取向表现得越是突出。如有的地方层层立下军令状，达不到某个指标政府领导就下台；有的地方县级领导干部只从乡镇企业产值超过一定数额的乡镇领导中提拔；一些地方年复一年地根据主要经济指标完成情况在地区之间、单位之间排座次，甚至召开地方党委扩大会议时，也以成绩排座次。完全“以速度看成败，以产值论英雄”。一些地方基于实现“跨越式发展”的急切心理，甚至不惜进行“赤裸裸”的经济或政治激励，如规定产值达到若干个亿的乡镇“一把手”直接提拔进入县（市）班子或者享受副县级待遇；给产值达到一定标准的乡镇“一把手”奖励汽车、发奖金，如此等等。这样的考核官员的标准，与企业中考核总经理或部门经理的标准，已经是相差无几。在这种激励机制的引导下，地方政府势必以背离中央政府提倡的政府角色定位的方式来扩张其自主性，将地方政府所掌握的资源最大限度地投注于扩大经济指标的努力之中。

3. 政绩考核机制以及干部选拔任用制度的变异，最终诱导地方政府领导专注于短期政绩，将其实现政治委托人意志的代理职责演变为追求任期政绩最大化的努力之中。从某种意义上说，在政治晋升机会的激烈竞争中，地方政府官员的政绩效用目标，在很大程度上是一种本届政府或个人任职期限内的政绩最大化，它极易催生出政府行为的“届别机会主义”倾向。

中国政府绩效的任务绩效与制度绩效的确立，可用下表表示：

表 4－1　中国政府任务绩效与制度绩效确立的历史变迁过程

社会环境状况	意识形态的制度安排		产权制度变迁的任务绩效		政府组织形式变迁的制度绩效	
	所有制结构的理论基础	制度激励的动力机制	产权变更的制度创新	资源配置的制度创新	制度供给效果	制度安排
1949～1978 年	单一的计划经济	平均主义的分配原则	纯公有制	计划配置资源的全民所有制和集体所有制	中央政府供给，通过制定中长期经济和社会发展规划，促进社会稳定	集权主义的全能政府
1978～1992 年	有计划的商品经济	按劳分配原则	公有制经济占绝对优势	计划指导为主，市场调节为辅	中央政府与地方政府共同作为制度创新的供给主体，调节和引导经济发展，促进社会稳定	适度分权与全能政府相结合

续表

社会环境状况	意识形态的制度安排		产权制度变迁的任务绩效		政府组织形式变迁的制度绩效	
	所有制结构的理论基础	制度激励的动力机制	产权变更的制度创新	资源配置的制度创新	制度供给效果	制度安排
1992～2003年	建立社会主义的市场经济体制	按劳分配为主体，多种分配形式并存；按劳分配与按生产要素分配相结合；效率优先、兼顾公平	公有制为主体，多种所有制经济形式并存；公有制的主导地位体现在国有经济对国民经济的控制力上	股份制是公有制经济的主要实现形式；建立现代企业制度；坚持平等保护物权	中央政府、地方政府与企业共同组成“三位一体”的制度创新集团。形成决策速度快、执行能力强、动员力度大的制度创新体系。极大地降低了组织运营成本	政府与市场相分离；政府职能被明确为：经济调节、市场监管、社会管理、公共服务
2003年～至今	完善社会主义的市场经济体制；落实科学发展观	形成了工资收入、财产收入、投资收入、转移收入以及经营收入等多种收入形式并存的局面；强化对分配机制的监督与调控，通过转移支付，扩大社会保障的覆盖面，来保证社会稳定和谐	毫不动摇地巩固和发展公有制经济；毫不动摇地鼓励、支持、引导非公有制经济发展，形成多种所有制经济平等竞争，相互促进的新格局	统筹经济社会发展，增进全体人民福利；统筹城乡发展，解决三农问题；统筹区域发展，实现共同富裕；统筹人与自然和谐发展，增进可持续性；统筹国内国外发展，实现多维双赢。	加强中央政府的制度供给功能，确保正式制度供给机制的历史生成与社会发展相一致。创设新的制度激励机制，打破既定格局的“路径锁定”，为地方政府与企业的制度创新实践，提供良好的制度环境	政府与市场相分离；政府与社会相分离；完善社会管理体制，强化政府的社会管理与公共服务职能，建设服务型政府

六、地方政府任务绩效与制度绩效的逻辑选择

按照一般性的理解，中国自1978年以来处于以经济转型为主导的全面大

转型中，从总体来看这一阶段与1978年前传统的计划经济有着很大的区别，所以，这段时间总体的政府绩效构架在任务绩效和制度绩效方面，既有着一致性也有着滞后性。制度与增长的关系问题历来是一个争论的焦点。因此，我们可以认为在一种强大发展共识环境之下，由中央政府主导的政治集中的官员体制、经济分权体制以及与之伴随的不健全的法治形成的缓慢演进的制度则构成了转型期中国经济增长的宏观制度框架和决定因素，由此相对地固定了制度绩效因素，进而在很大程度上解决了制度与增长之间的循环问题。

如何合理协调中央与地方的利益关系和调动地方积极性和创造性，一直以来是中央政府的工作重点，自计划经济时代延续下来的行政分权和财政与金融上的经济分权，一方面，由于政府拥有相对的经济决策权，经济分权起到了激励地方政府的作用；另一方面，则为地方政府竞争性的发展经济留下了很大的自主进行政策创新的空间。由此，钱颖一①等人就中国的经济制度提出了维持市场化的联邦主义，他们认为分权化制度安排可以向地方政府提供市场化激励，保持和促进市场化发展进程。但陈健②等基于奥尔森的理论基础上，在财政分权的框架下分阶段从理论和实证两个方面对地方政府竞争所导致的经济行为进行了独特的分析，认为1994年后财政分权程度的降低，使地方政府的行为有从“帮助之手”转向“掠夺之手”的倾向。因此，仅有行政和经济分权还不足以提供市场维护和发展的合理激励，我们还必须从中国的政治制度的特征上寻找进一步的答案。

（一）任务绩效的“经济增长尺度”与制度绩效的政治锦标赛

由于历史现实和意识形态的内生结果，中国政治制度下的官员体系具有不同于西方发达国家政治制度的特点，一直以来地方政府官员的行为主要不是对下级负责而是对上级负责。中央政府在90年代初期大幅调整了官员体系，官员升迁的考核标准由过去以政治表现为主转向以个人领导素质和经济绩效为主，并强制实行退休制，这种机制的设计也是与我国地方分权的状况相联系的，由此各级政府都引入了基于市场的激励机制。由于留在行政系统当中的官员所获得收入稳定，社会评价的报酬也很高，因而往往使得官职成为炙手可热的追求目标；同时由于绝大数官员都在处于一个全国统一的政治市场，只有一个“雇主”，一旦离开这个市场就很难找到其他的政治机会，他们的外部机会

① 徐斌：《财政联邦主义与地方政府竞争：一个综述》，载《当代财经》，2003年12期。
② 陈健等：《政府规模与经济发展》，载《财经问题研究》，2003年第8期。

是非常有限的，因而一旦进人这个市场，地方政府的官员就面临着“锁定效应”，不得不寻求晋升机会；另外随着行政职能的复杂化和专业化加深，官员的未来前途更取决于纯专业化的考虑和资格。由此，新的官僚体系将各级地方政府转变成了一个真正赞成市场改革、推动经济发展的政府。

同时因为我国政治体制的特点，在现有的政治体制下，官僚体系中对官员仕途的考核指标主要是以地方官员所在省市的相对经济业绩主要表现为地理、禀赋相似的地区间横向竞争和同一地区不同任期间官员的纵向比较为考核指标，甚至以数字挂帅，而已有的大量因发展地方经济表现突出的官员晋升，则起到了楷模的激励作用，使各级地方政府官员具有强大的发展本地区经济的愿望，最终便形成了省市县等各层次地方政府的经济竞争格局。这种基于“晋升锦标赛”的评价官员的激励方式正是中国经济增长的重要来源。

（二）任务绩效的“和谐发展尺度”赋予地方政府制度创新的新动力

应该说，基于集权下的“晋升锦标赛”和行政与经济分权是相互联系和作用的，因为只有在这种强大发展共识之下的政治体制才能产生为经济增长的政治竞争，而这种竞争的前提是地方官员必须拥有较大的自主决策权和控制一定的经济资源，同时也只有当官员能够保住职位和具有较强的升迁预期，分权的激励效果才能更加明显，由此我们可以看出二者之间的关系是相互补充和共同作用，而不能过于强调哪一个方面更为重要。在已有的经验研究中，Blanchard和Shleifer① 在基于中俄两国的的比较研究发现，俄罗斯的中央政府对地方政府的控制力较弱，地方政府没有主动推动经济发展的激励，而中国的经济分权和政治集权则给了地方政府官员发展经济的强大激励。Tsui 和 Wang② 则认为中国自治性不强的财政分权和垂直控制的行政管理体制为地方经济增长的提供了源动力。而 Ruben Enikolopov③ 和 Ekaterina Zhuravskaya④ 劝则通过对 95 个国家长达 25 年的实证分析，得出经济分权对经济增长、政府质量和公共品供给的作用相当程度上取决于政治分权的两个方面：1. 国家政党体制；2. 依附关

---

① 参阅财政经济研究所网站发表文章杨其静、聂辉华《保护市场的联邦主义及其批判》［J］，http：//www. CHfs. org. cn。

② 王永钦等：《中国的大国发展道路—论文权式改革的得失》［J］，载《经济研究》，2007 年第 1 期。

③ 单豪杰、冼坤荣：《制度与增长：文献综述及中国的经济》［J］，载《南京师范大学学报》，2004 年第 4 期。

④ 参阅张军：《中国经济转型 30 年经济贡献了什么》［J］，青岛新闻网，2008 年 9 月 9 日。

系，即地方和国家领导是任命产生还是选举产生。他们发现发展中国家的数据显著支持了的理论：强大的政党显著地改善了财政分权对经济增长、政府治理水平和公共品供给等方面的影响结果。同时，他们也发现一些证据表明地方政府对更高层政府的依附关系，能改善分权对经济增长和公共品供给无论对发展中国家还是发达国家和政府质量对发展中国家的影响。这项研究也证实了我国的强大政党在经济分权中的重要作用以及二者相互依存和促进的关系，但我国不存在政党的轮流执政，同时由于我国的法治建设滞后，因而这种机制也必然孕育着其它的经济效应。

Easterly① 在基于对发展中国家的实践观测提出“把激励搞对”是促进经济增长的根本保证，因为，首先，人们会对已有制度下的激励做出反映，那么快速变迁的制度变革，无疑对经济的微观主体起到了很好的激励作用。起始于20世纪80年代的家庭联产承包的制度创新，解决了农民的激励问题，而随后的政府对国有企业的放权让利、承包制以及后续的民营化等，则是中央等各级政府对非农的微观生产主体提供的激励；其次，在增量改革中的私营企业和外资企业的优势是能创造更多的就业岗位和利税，而这正是地方政府官员为了政绩所希望发生的，所以每当现有体制或思想理念与经济增长和创造就业相冲突，地方政府总是倾向于拿出促进发展的解决方案，通过鼓励私人经济活动，为经济市场化发展“助力”，由此促进了各级政府和企业的利益协调，这种利益协调让中国政府的改革承诺更具可信性，在缺乏相应的法律和宪法规定的情况下，为中国私营企业家提供了事实上的私人产权保护。另外，快速的对外开放不但增加了微观主体的激励效果还获得了来自技术管理等的后发优势，致使政府有很强的动机提高这一层面的制度创新。

总之，地方政府的竞争行为使得其对企业家的需求和有助于经济增长措施能够做出快速反应，致使政府从“无为之手”或“掠夺之手”转向“扶持之手”，从而形成了中国经济发展中的动力源泉，这也一定程度上为中国在法治和产权保护不力的情况下的快速经济增长提供了一个合理的解释。在这个过程中，各级地方政府在既有的分权财税体系下，便会利用各种渠道和手段来发展经济，形成了官僚晋升考核和财税分权的双重体制压力下的循环活动，有力地促进了经济的快速增长，进而解决了目前中国经济发展的动力问题。

---

① 参阅国际货币基金组织，普拉萨德等：《金融全球化对发展中国家的影响—实证研究的成果》，2003 年，heep//www. nber. org/wei/data/pmok2003。

任何的激励机制都是有代价的，地方官员对地方提供的服务应该是多纬度的，如果激励只是侧重某一可测度的任务指标，将会导致官员努力向这一敏感指标倾斜，从而会产生配置扭曲，而忽视其它的有益指标，以 GDP 增长作为考核各级地方政府的主要政绩标准，这种体制虽有利于各地方政府的竞争，但也产生了政府的短视行为，造成了种种问题，严重地损害了经济的持续发展。例如导致技术创新严重不足，产业升级艰难，加重失业，收入差距和城乡分割问题，短期宏观经济问题，官商合谋引发腐败，金融风险问题，地方重复建设，延缓了统一市场的形成，造成自然资源利用低下，生态环境受到严重破坏等问题。

纵览中国经济增长的事实特征，我们认为增长的奇迹与众多的经济负面现象都可以在缓慢演进制度与快速变迁制度互动与协调的框架内得到解释，也就是在中国这样的意识形态、经济环境下所形成的缓慢演进制度中的政治集中和行政与财政分权下的激励机制，虽然发挥了地方政府和人们的积极性，但却因为没有健全的法治和约束措施，致使快速变迁制度的作用有效发挥受到了很大的限制，导致了大量资源不能得到有效地配置。科学发展观关于和谐社会历史使命的内在规定性，将重新赋予地方政府绩效在任务层面和制度层面以新的内涵，而这正是第五章所要分析的基本内容。

第五章

地方政府有效性制度建构的目标路径

制度主义政治学认为：制度要起作用，首先要求是制度背后的价值导向是正义的。人们之所以遵从某个制度，从根本上讲不仅仅因为违背制度必须付出代价，而且还在于人们接受制度所体现的价值观，一个非正义的制度是不能长久起作用的。尽管每个具体的制度都具有特定的功能目标，但是在现代社会中，任何制度都必须接受正义尺度的评判。在当代中国，这个尺度具体就是中华人民共和国宪法。合乎宪法精神的制度是正义的，违背宪法精神的制度就是非正义的，自然也是应该废除或者修改的。确立一个以正义为基本的制度坐标，是赋予制度以合法性的基础，是制度的道德力量源泉，也是构建完备制度体系的起点。

其次，制度功能发挥的大小，与制度体系的系统性密切相关。制度体系是一个相互支持的制度系统，还是一个彼此冲突的制度系统，直接影响着制度在实现社会稳定与和谐中的作用。制度的系统化原理客观上要求，当我们将制度建设重心放在经济层面却收效呈现递减趋势时，就应该考虑到是否应该在非经济领域方面的制度建设如政治或文化领域的制度方面进行变革，以确保制度创新不仅带来更多潜在的收益，而且可能促成社会的各个领域和谐发展。

再次，还必须理解制度生长的机理。关于制度的形成与生长，思想史上有两种截然不同的观点，一种观点认为，制度是人类理性的产物，是人们设计出来的人造物，通过人类理性的深思熟虑可以带来一个完美的制度；另一种观点认为，制度实际上不是理性的产物，而是伴随人类经验而自然成长的自发扩展秩序，因此，不存在所谓完美无缺的制度。前者是理想主义的制度观，后者是现实主义的制度观。应该说，制度之形成当然有人类的主观能动性和理性的作用，但是的确不应该过分夸大理性作用，必须意识到理性的局限性，这样才能真正理解人类创立的制度，意识到制度作为人的理性的产物的局限性，意识到制度本身也是一个自然成长过程，理解新旧制度之间的历史有机联系，体会到制度变迁过程中所谓路径依赖的合理性。

建立在上述理解基础上，在中国转型时期，以构建政府有效性为目的的制度建设，应该将制度的创新与制度整合结合起来。所谓制度创新，简单地说就是一种适应社会新要求的制度安排。制度创新要求的提出是由于传统制度功能衰竭引起，体现为特定制度参与者之权益保障的缺失或整体参与者权益保障的失之公正。诺思①指出，要缓解人们之间的利益冲突，从长期和根本上讲，要靠经济发展这个硬道理。而从生产力发展的内在的直接动力上讲，则主要靠人们需要和利益的牵引以及有利于经济增长的制度创新。

但是，正如前面所分析的，制度创新固然重要，而制度要起作用，则取决于制度系统化状况，取决于制度之间的兼容性。历史也表明，并非制度越新就越有效，也非制度越久远，就越无用。因此，在社会转型特殊时期，在新旧制度共存的阶段，可能制度之间的调适整合比制度创新更有意义。转型期社会最大的风险在于制度真空状态，因此，在新制度没有顺利运行之前，旧制度是维持社会秩序的重要保证，或许这种秩序是需要调整的，但显然要比匆忙进行制度创新，而新制度又不能有效运行更有利于社会的整体利益。因此，如果盲目用制度创新代替制度整合，谋求制度建设大跃进，可能欲速不达。在“制度创新”成为一种口号的今天，如果忽视了制度的稳定性特征，不断地“朝令夕改”，不仅对社会的发展起不了促进作用，反而会造成社会的动荡与不稳定，制度的整合则可以弥补制度创新所带来的不稳定的不足。

所谓制度整合，就是通过社会的制度体制将社会统一协调为一个整体，它既包括原有根本制度与具体制度的协调，也包括新旧制度的对接。制度整合的根本目的，不在于完全放弃既存的制度去追求一个完美无缺的新制度，而在于谋求基本价值观一致基础上的制度兼容性，以构成制度间相互支持，尽量减少制度冲突导致的内在制度耗损。为此，在转型中国的制度建设中应该特别注意：

第一，坚持系统的制度建设观。在紧扣社会主要矛盾进行制度创新的同时，注意其他社会制度的配合与跟进。制度建设中也要尽量避免木桶效应，不因为一个方面的制度滞后，导致制度整体功能损失。

第二，坚持历史的制度建设观。在推进制度创新同时，科学对待传统制度的功能，不能将传统制度全部看成是毫无价值的制度垃圾，而应看成是人类历

① ［美］诺思：《理解经济变迁的过程》，中国人民大学出版社，2008 年版，第 29 ~ 43 页。

史经验和智慧的积累，如果制度创新的效应极其不确定，就应该审慎对待这些既存的制度，而不应随心所欲地将其废除。维系制度的相对稳定性，有利于塑造制度的权威性，是制度建设的重要内容。

第三，坚持开放的制度建设观。在全球化的大背景下，制度整合当然还应该包含国内制度与国际制度的整合。一方面，必须适应全球化内在逻辑，有针对性地主动借鉴和移植其他国家的有效的制度安排；另一方面，也必须意识到，民族与民族之间，国家与国家之间，在人口规模、历史文化传统、发展水平等方面存在着巨大的差异，忽略本国的文化历史背景与社会经济发展所造就的差异和特殊性而生搬硬套特定国家有效的制度并不能取得预期的效果，因此对移植而来的部分制度进行本土化的改造，也是制度整合的一个重要内容。当代中国地方政府有效性的制度建构，凸显为在制度创新和制度整合的基础之上，确保地方政府政治绩效的合法性、组织绩效的合理性、职能绩效的有限性和权责绩效的对称性。

第一节　地方政府政治绩效的合法性与公共性

地方政府政治绩效的合理性只有与其所代表的公共性结合起来，才具备政治绩效的合法性。

一、合法性对政府公共性的本质规定

吴琼恩[①]认为：由于威尔逊提出了政治与行政二分的原则，对行政人员提出了坚持价值中立的要求，从而出现了一次行政典范变迁：实现了从传统的行政管理到公共行政的历史性转换。

（一）公共行政的公共性意义

公共行政开始强调“公共性”结果，行政不再以服务于阶级统治和党派政治为宗旨，而是像威尔逊所说的那样，积极地考虑“首先，政府能够适当地和成功地进行什么工作。其次，政府怎样才能以尽可能高的效率及在费用或能源方面尽可能少的成本完成这些适当的工作。”[②] 这就是行政的效率主义化或管理化，从而突出了行政的合理性和合法性问题。出于合理性的目的，“行政学的主要目的在于提高行政效率……行政效率是行政学的一个中心问题，若

① 吴琼恩：《行政学》，三民书局，1996 年版，第 16 页。

② 彭和平、竹立家等编译：《国外公共行政理论精选》，中共中央出版社，1997 年版，第 1 页。

离开了效率，则行政学亦将无法成为一门单独的学问了。”① 然而，仅仅关注效率的合理性还是一种形式上的合理性，这种合理性只有实现了与合法性的整合，才是公共行政所具有的特征。“不论是否向国家意志负责与否，只要是肩负公共目的责任的组织，皆是公共行政关注的对象。然而是否存在有一种责任机制或者是否有能够达成公共同意的方法，来决定这些组织的功效与合法性，这才是公共行政的公共性所隐含的意义。”② 合理性与合法性是公共行政的两个必要向度，正是这两个向度的统一，才赋予了公共行政以公共性的内涵。而且，在一定程度上，公共性的涵义应该超越管理的技术层面，更加关注公共行政的合法性问题。

（二）政府绩效的合法性的内涵

关于合法性，《布莱克维尔政治学百科全书》是这样解释的：“这一概念意指某个政权。政权的代表及其‘命令’在某个或某些方面是合法的，它是一种特性，这种特性不是来自正式的法律或法令，而是来自由有关规范所规范的，‘下属’据以（或多或少），给予积极支持的社会认可（或认可的可能性）和‘适当性’。讨论的焦点在于两个方面：第一是统治、政府或政权怎样及能否在某一社区或社会范围内，以价值观念或建立在价值观念基础上的规范所认可的方式有效运行；第二是这种有效性的范围、基础和来源。”③ 根据这种解释，公共行政的合理性是包含于合法性之中的，是作为合法性的一项指标而存在的。然而，合法性又是在很好地回应社会的需求和满足环境的需要中获得的。可见，对于公共行政来说，公共性、合理性与合法性是密切联系在一起的，它们之间互为前提、基础和手段。只有三个方面实现了统一，才能形成公共行政的整体。所以，对公共行政公共性概念的认识，需要同时在合理性和合法性概念的探讨中进行，如果离开了合理性和合法性的概念，公共性的概念也就成了空洞的抽象。对于公共行政的公共性质也就无从把握。

但是，公共性并不是关于公共行政的解释性概念，对这个概念的理解，还需要有着规范性的视角。从社会治理的角度看，公共行政是在工业社会的历史阶段中为适应社会治理需要而产生的一种基本的社会治理途径。工业社会的治理体系为它确定了总的目标，它从属于这个目标，担负起主要的社会治理责

---

① 张润书：《行政学》，三民书局，1985 年版，第 671 页。

② 吴琼恩：《行政学》，三民书局，1996 年版，第 14 页。

③ ［英］戴维·米勒等：《布莱克维尔政治学百科全书》，中国政法大学出版社，1992 年版，第 410 页。

任。在参与社会治理的过程中，公共行政的基本任务就是处理个人与集体、不同的社会团体、不同的利益阶层等之间的关系，以求在多元的利益冲突中发现共同的基点，这个基点就是公共利益。对公共利益的追求，又使公共行政获得了公共性。对于公共行政而言，公共利益是它的目标，公共性是它的实质，其他方面则都是手段，即作为工具体系的手段。目标决定性质，性质则规范着手段。所以，公共性的问题，对于公共行政的全部过程及其行为主体，都有着规范的意义。在更广泛的意义上，对公共行政的制度“体制和行为模式”都有着终极性的规范意义。公共行政既是“实现公共性的行政”，也是“公共的行政”。

（三）公共性与合法性的内在统一

如果追本溯源的话，就会发现，公共利益还只是一个抽象，它必须在两个方面与人联系在一起考虑，才会有着现实意义：其一，公共利益并不是无主体的利益，它虽然是存在于个人与集体、不同的社会集团、不同的利益阶层之间的普遍性的利益，是超越任何个人、集体、社会集团、社会阶层的，却又是与人直接关联在一起的。如果不联系到人来考虑公共利益，也会把行政目标导向误区。正如美国行政伦理学家毛甘所说：“公共利益就是对个人利益的促进和保护。如果不首先考虑国民的私人利益，就不可能界定公共利益。因为公共利益是人为设定的，是一种工具性的认定，而不是象‘共同善’和‘公共福祉’那样，具有普适性的道德地位或被搁置在天堂。政府的主要目标就在于使统治者与被统治者之间保持适当的利益认同，而不是积极地去培育国民的道德美德。”① 其二，公共利益需要通过人来加以实现。具体地说，就是通过行政人员来把公共行政的公共利益追求变为现实，行政人员的观念、态度和行为，对公共利益的实现有着至关重要的影响。正是由于这个原因，罗伯特·达尔认为：“公共行政的大多数问题是围绕着人来考虑的。因此，公共行政研究本质上是对处在具体环境中表现出某种行为，以及预计或预测会表现出某种行为的人研究。”② 进一步地说，在公共行政公共性的概念中，包含着“以人为本”的内涵，行政组织以及行政人员能否有着以人为本的观念和行为意向，也决定着公共行政的公共性能否得到实现。在此，作为公共行政性质的公共性就转化成了行政组织和行政人员的行为目标，而以人为本则是通向这一目标的根本途

① Morgan. Donglas F. The Public Interest. In New Youk, Marcel Decken Inc. 1994.

② 彭和平、竹立家等编译：《国外公共行政理论精选》，中共中央出版社，1997年版，第155页。

径。也由于“以人为本”向度的引入，公共性的概念变得更加具体和更加丰满了，具有了更加明确的内涵。落实在政府有效性的职能建构上，则会实现从以政府运行为中心向以社会和公众的需求为中心的转变，从以行政效率为中心向以社会和公众的根本利益的最大程度的实现为中心，从权力支配的行为模式向服务的行为模式的转变。

因此，公共性是政府得以产生、存在、运行的内在依据和合法性来源，也是人类社会的秩序发展所必需的公共产品。尼古拉斯·亨利①借助本恩和高斯的“公共性”与“私人性”的结构理念，从行为者、利益和可进入性三个维度对公共性进行分析，提出了在理解上递进的三种界定：制度性界定、规范性界定和组织性界定。本质上，公共性始终要指向公共利益、公共目标、公共服务以及创造具有公益精神的意识形态等。作为最基本的行政理念，公共性对政府目标的实现、政府行为的规范以及行政体制和程序的设计有着直接的指导意义，是整个行政体系和行政行为模式建构的出发点和原则。

（四）地方政府公共性的本质

当代中国地方政府作为地方行政的核心组织机构，其政治绩效的建构，既要注重组织内部层级运行的公共性，还要注重组织外部环境评价的公共性。它表明，从传统行政一元主导到现代公共行政一元宏观主导，多中心微观治理的组织格局中其绩效评价机制的构建是上级内部评估与公民外部评估的有机统一。根据当前我国社会主义和谐社会建设的需要以及政府市场化改革的要求，体现政府政治效率合法性的政府公共性的本质界定如下：

1. 要积极回应公民实际要求

传统公共行政（即基于政治与行政二分原则和官僚制基础上建立起来的公共行政体系及其运行机制）定位在强化政府维护公共利益和提供公共产品的能力上。当代公共行政强调政府机关及其成员以实现公民的价值为行动的指导原则，致力于对公众的具体需求做出回应，同时重视公共资源的投入和执行政策的过程，以求能够实现顾客所期望的结果（如改善教育、卫生保健等）。

2. 要密切关注公共服务品质

传统公共行政是一种效率主导型的公共行政，全部精力集中在组织层级结构的合理性和系统运行的高效率上，因此导致周期性的机构膨胀、职能交叉和权责混乱的局面，结果效率目标不能得到实现，而公共性却丧失了。当代公共

---

① ［美］尼古拉斯·亨利：《公共行政学》，北京华夏出版社，2002版，第112页。

行政接受了这一教训，要求审慎地重新界定公共服务的品质和价值，强调根据公民的需要和公众满意度标准，运用有效的绩效评估系统来改进公共服务，开放公众参与公共产品生产的流程，使公共产品和公共服务的提供更具回应力。

3. 要高度重视行政伦理精神

传统官僚制认为，管理者主要是指扮演所要求履行的职责的角色，这是一个命令一个动作的管理手段，结果造成机关充斥形式主义组织文化的现象。当代公共行政要求让公务人员具有主动性和责任感，通过树立公务人员的责任感来激发其积极的工作态度。在这个过程中，政府在服务取向和顾客导向的原则下扩大行政人员的自由裁量权，给予行政人员更大的发挥个人积极性和主动性的空间。

二、从政府理性走向公共理性

公共理性“表达的是公正理念，倡导的是社会合作，运行的是共赢思维，发展的是公共治理的逻辑”，其“核心是强调公共权力的合法性和利益的协调性，即强调公共权力以增进公共福利为价值目标，实现以尊重和促进私人利益为基础的公共利益”。

（一）管制型地方政府经济绩效的内在缺陷

1. GDP 政府有效性的单纯经济增长效率，以倡导管理主义的效率原则为核心，模糊了公共部门和私人企业的界限

在公共行政领域，定义“公共性”的传统标准就是公私间界限的清晰度。然而，“管理主义”的一个重要假设在于：“公共部门的管理与私营企业的管理在基本程序和追求的目标上都惊人的相似”①，其差别仅仅表现为次要方面。因此，他们主张用私营企业的管理模式重塑政府，提倡政府向私营企业学习的自我解构（Self – Deconstruction）。行政学大师沃尔多早在 1948 年就批判过这种公私通则性忽略了公共行政的根本，歪曲了民主理念的“公共”本质。② 公共行政的本质是公共行政主体依法运用公共权力对公共事务和公共部门行使组织与管理，以实现公共利益最大化的过程。将公共行政和私营企业的管理相等同的理论观点，恰恰破坏了公共行政所应有的真正意义，势必造成公共行政学“公共性”的衰微。

---

① David L. Dillman. Leadership in the American Civil Service, Re form, Ethnics and leadership in public service, Alder shot: Ash gate Publishing Ltd, 1998, p. 152.

② 张成福：《公共行政的管理主义：反思与批判》，《中国人民大学学报》，2001 年第 1 期。

2. GDP 政府有效性的单纯经济增长效率，将效率视为公共行政的终极目标

固然，任何领域的管理，都是对组织所拥有的稀缺资源进行有效的配置和利用，行政组织亦不例外。在这一点上，强调效率无可厚非。但问题在于：效率并非是公共行政唯一的价值追求和终极目标，因为公共行政不仅仅是公共目的的执行，同时也是公共目的的创造。公共行政的功能在现代社会很大程度上在于促进公民社会所拥有的基本价值（如自由、秩序、正义和公共利益等）的实现。显然，以效率为导向的工具理性只会引导人们关注达成既定目标的手段，而忽视对目的本身的重视，可能使公共行政活动误入“技术乌托邦”的歧途，致使公共行政的诸如民主、平等、公正等基础性价值取向被市场的诸如收益、效益、竞争等价值取向所取代

3. GDP 政府有效性的单纯经济增长效率，对政府的公共责任造成一系列冲击

从法理上讲，政府所行使的公共权力来源于社会公众，因此，政府必须承担起相应的公共责任才具有合法性。这种责任取向主要表现为对全体公民的偏好和需要的回应。但在传统的官僚制中，由于信奉“政治 - 行政”二分法原则，“行政人员责任的焦点在于确定和遵守他们确定的标准及程序”①，而非对外界的回应。虽然新公共管理也强调公务员的职业道德与奉献精神，但其“市场导向”的理念却将公民对政府的意义比拟为顾客对企业的重要性。在这种情况下，公务员所应具有的面向全体公众的“公共责任”很可能会沦为一种面向少数富人的“职业道德”，其“公共性”理所当然地会有所丧失。

（二）四位一体的任务绩效对单一经济绩效的超越

概括地说，建构当代中国地方政府的有效性，其前提是体现政府行政的公共性，它由地方政府任务绩效的四大内容所规约，而使公共性的内涵既注重经济发展，又关注社会和谐；即强调 GDP 增长是社会发展的基础，又强调生态安全是社会发展的外部保障。从而是政府制度有效的任务，在其现实性上，体现为以下四个方面：

1. 从抽象的公共利益到公民的实际要求

传统公共行政，即在威尔逊的政治与行政二分原则和马克斯 · 韦伯官僚制

① ［美］珍妮特 · 登哈特、罗伯特 · 登哈特：《新公共服务：服务，而不是掌舵》，中国人民大学出版社，2004 年，第 125、21 ~ 22 页。

基础上建立起来公共行政体系及其运行机制，都定位在强化政府维护公共利益和提供公共产品的能力上。因而，要求公务员不能结党营私，必须确立官僚成员维护公共利益的诚实形象，并且致力于提供各种公共产品。诸如改善教育及卫生保健等方面工作，以求凸显政府追求“效率”的天职。但是，公共利益是一个抽象的概念，依此概念为前提而制定的各种计划方案，一旦交由各机关来执行，就会造成政策变形的结果。因为官僚成员无法感受到计划方案与人民之间的密切关系，他们有可能会只重视自己的需要和前途而罔顾民意。所以，当代公共行政强调政府机关及其成员以实现公民的价值为行动的指导原则，致力于对公众的具体需求作出回应。同时，重视公共资源的投入和执行政策的过程，以求能够达致顾客所期望的结果。

2. 从片面而狭隘的效率观到对公共服务品质的考虑

传统公共行政是一种效率主导型的公共行政，它所持有的是片面而且狭隘的效率观。在一定程度上是工业社会“投入—产出”相对应的“制造业”模式在公共行政中的反映。因而，它的全部精力就放在组织层级结构的合理性和系统运行的高效率方面来了，然而，却造成了周期性的机构膨胀、职能交叉和权责混乱的局面。结果，效率目标不能得到实现，而公共性也丧失了。当代公共行政接受了这一教训，审慎地重新界定公共服务的品质和价值，强调依公民的需要来“量体裁衣”和“对症下药”。而且，当代公共行政特别强调可以具体评估和促进绩效的公共服务行为，要求行政行为及其绩效能够接受评估。其基本标准就是公众的满意度，当代公共行政还努力塑造公众参与公共产品生产的流程，使公共产品的提供更具有回应力。

3. 从严密控制下的被动性到自觉遵守规范的主动性

传统公共行政把严密的控制作为效率的保证，其实，官僚制组织本身就是一个等级控制体系，把整个政府变成了一架严密的机器，把行政人员变成了行政执行的工具。事实上，严密的控制不仅未能实现高效率“反而会经常性地引发机关成员的消极抵抗，特别是从根本上抑制了行政人员任何提高服务品质的创造性思考能力，使行政人员失去了创新追求的被动的行政执行工具”。①对于当代公共行政而言，遵守法规章程是不容置疑的，但需要通过工作流程不断的改善来提高和强化服务品质。在这方面，当代公共行政为了鼓励行政人员积极主动的创新意识而作出了许多新的探索。比如，在行政过程中，以阐明任

① 竺乾威：《公共行政理论》，复旦大学出版社，2008 年，第 66 页。

务的意义来替代死守规章，在大的原则下阐明机关的规范，借以激励机关成员创造性地开展活动。在人事管理中，把奖励同工作中的积极表现联系起来，以激励那些原来只会照章行事的人员去勇于承担责任和解决问题。在组织定位上强调（服务）取向。

4. 从强制履行职责到树立行政伦理精神

根据传统官僚制的概念，所谓管理者，主要是指扮演所要求履行的职责的角色。这种一个命令一个动作的管理手段，只会造成机关充斥形式主义组织文化的现象。当代公共行政要求，应让公务人员具有主动性和责任感，认为公共行政的实质就是要通过树立公务人员的责任感来激发其积极的工作态度，即让行政人员感到自己负有责任。在这个过程中，政府在服务取向和顾客导向的原则下，扩大行政人员的自由裁量权，给予行政人员更大的发挥个人积极性和主动性的空间。至于自由裁量行为扩大所造成的偏差，则通过经常性的评估来加以控制。

通过上述考察，我们不难看到，地方政府有效性建构的前提，就是在追求公共性的引领下完成的。公共性的问题有一个从潜在存在到显性化和从不自觉到自觉的过程。随着公共行政这一社会治理途径的出现，公共性的问题也显露了出来。因此，对于公共行政来说：认识公共性问题，实现公共性自觉，是根源于把握公共行政的发展方向和推动人类社会治理文明进步的要求的。

三、公共性塑造下的地方政府制度绩效转型

作为塑造政府有效性的基本价值理念，公共精神的基本功用就在于："公共精神为行政体系的存在和权威提供了合法化的依据"①。合法性是政治学的一个基本概念，地方政府的制度绩效目标，是由公共行政的任务与目标所决定的，而公共行政的任务与目标，其形成的基础则应归结为公共行政的合法性。公共行政的合法性是指根据有关价值体系，社会成员积极支持与认同公共行政的可能性与正当性，是人们内在意识与价值上对公共行政存在与运行的承认和服从。公共行政合法性的根源就在于，对公共精神的发扬与实践，公共精神蕴涵的自尊、互惠、信任等基本伦理规范和对公平的承诺、对宽容的尊重、对正义的信仰为公共行政的合法性提供了基本的价值支撑。从而，赋以地方政府的制度绩效予新的内在规定性。一方面，公共精神推动了公共行政绩效定位于社

---

① 张成福：《论公共行政的"公共精神"——兼对主流公共行政理论及其实践的反思》，《中国行政管理》，1995 年第 5 期。

会发展，而扬弃单纯的经济增长，以为最广大人民群众的根本利益服务为终极目标，体现了对社会整体利益、社会之基本正义的关怀；另一方面，公共精神在社会中的培育和弘扬，能够在人们政治社会化过程中形成整体政治教育的穿透力和渗透力，激发公民的公共意识、公共责任，在行政的参与和互动中培养社会公众对公共行政的认可与忠诚，为地方政府绩效目标的最终确立提供了丰厚的政治与情感资源，大大地增强了公共行政的合法性基础。以公共精神为导向的政府绩效应该实现六个方面的根本转变：

（一）从“管制行政”向“民主行政”的转变，凸显政府绩效的公正性

“管制行政”是按长官命令或指示行动的、以“命令—服从”为特征的行政模式，它不重视民主参与机制，其运作方式就是通过行政命令的办法来实现行政目的。在管制行政模式下，行政的基本价值取向在于一个“管”字，且通常被理解为政府对公民的管理。公共行政在本质上是以民主政治责任与管理责任的有机统一为基石，强调追求人民主权、公民权利、人性尊严、社会公正、公共利益等多元价值，公民社会与国家或政府之间不存在“零和”对立，它们之间应该是一种共强共生的关系模式，这就要求我们的公共行政放弃仅把公民看作管理对象的错误观念，改变传统公共行政中单一的“命令—服从”模式。

公共行政价值强调以社会、公民为依归，这必然要求公共行政将公民看作平等合作的伙伴，实现政府本位向社会本位的转变，重视公民的行政参与权，发展民主行政。“民主行政是一切民主政治责任与管理责任的有机统一，体现国家公共行政的理念基础，其核心观点认为，民主价值观和政治伦理规范是一切行政价值的基础。”① 随着全球化的发展，特别是信息化以其无孔不入的渗透力增强着世界的有机联系，传统的科层组织在“内适应”与“外适应”上均出现了足以致命的症状②。“在行政世界中，民主理想的实现取决于利益代表是否被包括在决策者的互动过程中。”③ 因此，让“下面”或是允许“外围”作更多的决定，鼓励公民更多参与公共决策就成为民主行政的基本要求

① 张国庆：《公共行政典则规范更新替代与政府行政制度创新》，《复旦大学学报》，2002 年第 2 期。

② 朱国云：《组织理论：历史与流派》，南京大学出版社，1997 年版，第 249～253 页。

③ ［美］罗伯特·登哈特著：《公共组织理论》扶松茂、丁力译，中国人民大学出版社，2003 年版，第 136 页。

和核心内容。而“参与是微型民主的本质，或者说，它为上层结构即民主政体，提供了关键的基础结构。”① 就学理来看，以奥斯特洛姆教授为代表的一些学者认为从官僚制到民主制是一个“哥白尼式的转换点”，主张公共行政应建立起“民主制行政”的目标范式②。就实践而言，20世纪60年代以来，美国传统官僚行政管理危机引发了旨在重塑行政思维与运行模式的公共行政研究的革命，并由此形成了全球性的“行政改革时代”。在中国，“公民参与的呼声，主要源于对政府无力回应民众需求，以及对政策目标与执行能力之间严重落差的反省。”③ 改革开放以来，我国的行政运行已逐渐呈现出大众参与的特征。普通公民可以通过更多合法的方式参与行政生活，并影响行政体系的构成、运行规则和决策过程。参与式管理也日益成为行政体制改革的主要目标。但不论是建立参与型的公共行政决策架构，还是实施程序化的公共行政管理模式，抑或推行竞争性的公共行政服务机制都离不开民主取向的公共行政精神价值的导引。

（二）从“消极行政”向“积极行政”的转变，凸显政府绩效的自觉性

作为行政主体的地方政府绩效的取得是一个自觉的、能动的实践活动过程。尤其是在现代社会，处于深化行政体制改革前沿的地方政府的行政实践往往表现出前瞻性和先导性，合理、健全的行政实践往往在各类社会问题潜伏状态下就已经科学地预测到其出现的可能性，并将其消弭于萌芽状态。公共精神由于以社会和公民的需求为基本的价值诉求，因此以公共精神为导向的地方政府公共行政实践更应该随着行政生态的变化不断调整、适应。地方政府应立足于基层执行一线积极地去体察、了解、倾听来自民间的呼声，政府的一切行动都应当围绕着民众的具体问题的解决，一切政策都应当回应民众的需求。公民的需求不是固定不变的，随着社会的发展，特别是全球化、知识经济的到来，公民会有越来越多新的需求产生，政府应本着服务、负责的精神，积极努力不断创新，使政府管理更加科学合理，改变以前“民不告，官不理”的消极态度，做到积极行政。

（三）从“无限行政”向“有限行政”的转变，凸显政府绩效的时空性

现代行政理论认为，政府职能的实现是以政府能力为基础的，缺乏有效

① ［美］萨托利著，冯克利、阎克文译：《民主新论》，东方出版社，1993年版，第128页。

② ［美］文森特·奥斯特罗姆著，毛寿龙译：《美国公共行政的思想危机》，上海三联书店，1999年版，第169页。

③ 江明修：《各国行政革之比较及其对我国之启示》，《中国行政》，2003年第7期。

能力的政府即使在法律上具有广泛的职能，实际上也不会真正有所作为。由于地方政府所赖以建立的权力资源、信息资源、人力资源等的限制，政府的能力必定是有限的，它不能承担无限的政府职能。所以，转型时期的政府应尽快匡定政府行政的界域，合理划定中央政府与地方政府的职责权限，理顺府际关系。走出权力与责任不对称，事权与财权不均衡的误区有效地发挥作用，理性地提升政府能力。我国长期以来笼罩在权力高度集中的经济政治体制下，地方政府实际上成为社区生活的组织者和社会各系统的指挥中心，整个社会被高度政治化了，政府行政取代了社会自治，政府通过计划手段干预和操纵社会生活的一切领域。这种方式，不仅在理论上缺乏科学性，而且在实践上也没有取得预期的效果。它极大地抑制了社会主体的积极性和创造精神，导致行政效率低下，并且由于权力过分集中，缺乏制约和监督，滋生了较为严重的官僚主义和大量腐败现象。转型时期社会的复杂性，决定了社会事务必须通过众多社会组织的分工协作才能有效地完成。从管理科学化的角度看，政府应当明确自身作为的权力边界，构建行政决策方案选择的“一元五导”与公共服务“多中心供给”的管理格局，从无限行政，走向有限行政。

（四）从“免责行政”向“责任行政”的转变，凸显政府权限的代理性

社会主义条件下政府行政的宗旨在于为公民服务。但是一段时期以来，政府权力的滥用现象比比皆是，政府机构膨胀、效率低下、官僚主义等广为存在。这实际上是政府责任缺位的一种表现。在传统体制下，政府集多种权力于一身，渗入到社会生活的方方面面却很少考虑行政的后果，公众也没有就自身利益向政府提出要求的权利，也难以对政府的服务质量提出质疑，这就使公共行政面临严重的“责任危机”。也就是说，传统的行政范式是免责行政，即政府机关不仅在政治上不对公民负责，而且在法律上也不对公民承担任何责任。对于政府机关而言，即使实施了不法或不当的行政行为，对公民的正当利益造成了损害，也不对公民承担任何法律责任；对于公民而言，遭受不法或不当行政行为的唯一救济措施，便是通过申诉、上访、上告等方式请求纠正，如能得到纠正算是幸事，至于因此而遭受的利益损失，则根本得不到补偿。公共精神因其在以公民为本位的社会中产生，公共行政权力来源于人民主权的让渡，因此，以公共精神为基本理念的公共行政在运作过程中必须突出其公共性，强调公共利益和负责任。由此，现代行政逐渐演进为责任行政，即当政府机关及其工作人员依法行使行政权力管理公共事务时，

相应地必须承担公共责任。它除了对执政党负政治责任、对国家权力机关负执行责任、对上级行政机关负管理责任外，还特别强调对公民和社会负道德责任和法律责任。而且，这种责任既包括公法上的责任，也包括私法上的责任。如果行政机关工作人员违反了行政法或刑法，必须受到行政处分或刑事制裁；如果政府机关不法或不当行为侵犯了公民的人身财产利益，必须负赔偿责任。目前，我国许多政府部门开始推行的以行政救济责任和行政目标责任为主要内容的管理责任制度，正是强化政府责任行政、保证权责一致的重要方式。

（五）从“权力行政”向“权利行政”的转变，凸显政府绩效的公共性

作为国家权力的运作过程，行政关系可以抽象和简化为行政权力与公民权利之间的关系。行政领域是权力与权利关系演练的主要舞台，行政过程不应是单纯权力意志的体现而应是行政权力与公民权利的共同表演。行政权力与公民权利的对立统一需要行政领域平衡理念与机制的支撑和支持。但广泛存在的背离权力制衡精神的行政权力领域容易形成行政傲慢、行政专横和行政帝国主义。“官本位”和“权力本位”的观念孕育的专横行政具有“权力”而没有“权利”，导致权力与权利的地位本末倒置。行政社会打造的行政关系生硬僵化，足以泯灭自由和人性。“权利本位”的理念正是以引导人们关注权力并要求行政认真看待权利为旨归。平衡行政应当成为公共行政的基本理念，在民主政治责任与管理责任的有机统一体制架构中，体现为无论行政权力与其它国家权力构建了怎样的关系，制约和平衡应成为权力关系的基本精神；在行政过程中，体现为应充分尊重和切实保障社会行为主体的平等权利，以平等的姿态对待行政相对方，建立平等和谐的行政关系。我国是人民当家做主的社会主义国家，人民是公共权力的最终来源。从实质上讲，公共权力是一种委托权，体现一种委托关系：公民把管理国家和社会事务的一部分权力委托给政府，后者按委托依法实施公共行政。所以，充分尊重公民的权利，尽可能满足公民的价值期待，无差别地为公民提供服务，是社会主义公共行政的题中应有之义。平衡行政主要展现为行政领域公共利益与个人利益的平衡，行政权力与公民权利的对等关系，以及两者之间的对话和合法对抗机制。行政权力作为公共利益的代表只有在与公民权力的对等、对话和良性对抗关系及机制中才能确立行政的公共精神，才能阻挡个人利益对于权力的诱惑和腐蚀，并能以平常的心态对待社会各方面的利益特别是个体权益。提升和尊重权利的地位，确立和发展平衡行政，意味着对权力的限制，消除强者的霸气，使行政过程充满宽容和善意的色

彩。弗雷德里克森称此为重振“乐善好施的公共行政”①。

（六）从“人治行政”向“法治行政”的转变，凸显政府绩效的制约性

人治行政是指以人治为基本特征的行政模式。在人治行政模式中，领导者的思想观念、个人意志等主观因素在公共行政的政策制定和执行过程中起决定性作用。人治行政的表现形式主要有以下三个方面：一是行政管理的基础权威来自领导者的个人权威；二是权大于法，以政策代替法律，而在政策制定过程中领导者个人又起着决定性的作用；三是道德说教与服从个人权威相结合的行政运行过程。从人治社会逐步过渡到法治社会，实现依法治国，这是当代中国社会转型的必然选择和内在要求。而这种过渡的成功与否，关键取决于法治行政或依法行政的实现程度。这是因为，任何一个国家的大多数法律都是由行政机关执行的。离开了依法行政，依法治国就失去了支柱。正是基于此，党的十五大把党的领导、人民当家做主与依法治国有机地统一起来。并把依法治国提到了“党领导人民治理国家的基本方略”的高度，特别强调“一切政府机关都必须依法行政”。依法行政包括三条原则：行政为法律之执行，行政须有法律之授权，行政应受法律之限制。它一方面规定各级行政机关及其工作人员必须依据宪法和法律所赋予的职责权限，在法律许可的职权范围内，对公共事务依法进行有效的管理活动，另一方面通过法治对行政行为的合法性进行监督，并采取措施防止违法行为的发生，对不合法行为通过司法程序予以处理。可见，实施依法行政，才能为政府行为提供合法性资源。

第二节　地方政府组织绩效的合理性

一、地方政府组织绩效合理性的范式选择

组织绩效作为地方政府制度绩效的核心内容，它在保证任务绩效的实现过程中，起着决定性的作用。组织绩效的合理性，是完成任务绩效的组织保障。在国家治理的理论方面，西方经典行政学理论中关于组织绩效建设，主要有两大传统范式：第一个是“威尔逊－韦伯范式”，又称作“官僚行政范式”；第二个是“民主行政范式”②。从威尔逊的“政治行政二分”到马克斯·韦伯的

① ［美］乔治·弗雷德里克森著，张成福等译：《公共行政的精神》，中国人民大学出版社，2003年版，第178页。

② ［美］尼古拉斯·亨利：《公共行政与公共事务》［M］，华夏出版社，2002年，第56页。

“理性官僚制”，官僚行政范式逐渐成熟，成为现代理性思维进入社会治理领域后的主导性行政范式①。不过，另一个民主行政范式也随之产生，从罗伯特·达尔对组织内部价值、组织人个性和组织历史文化的强调②，到“新公共行政”理论流派的产生③，再到奥斯特罗姆“民主行政”概念的明确提出④，这种范式也成为重要的行政模式。

（一）两种行政组织范式的基本特征

所谓官僚行政模式将法理精神和效率意识贯穿在现代行政过程中，希望通过整体布局、程序监控而实现行政的可预期性和可操作化。但是，它从单方面预设的理性模式难以照顾到巨型国家复杂和多样的地理、文化、人口等方面的多元性质。民主行政模式将现代民主理念和广泛参与的精神置入现代行政行为，希望这种行政最有代表性和具有合法认同。但是，它对广泛行政和历史传统的关注也和行政的专业化和知识化要求相冲突，有可能造成行政的普遍化和庸俗化，或者是出现知识化和代表化之间的两难。两种模式基本上代表了现有行政组织理论的主流模型。

表5－1　两种行政范式的时间性与空间性比较表

范式比较		官僚行政	民主行政
时间	历时性	断裂性的现代产物。认为依靠其理性基础确立的基本原则是通用的。它们在任何环境下都适用，不会因为文化、功能、环境、任务和制度框架的不同而有例外。不考虑历史、文化因素在国家与地域中的基础性、持续性和特殊性。公共利益是从政治上加以界定，并且由法律来表达的。	以历史文化的背景为基础，尊重特殊地方的特殊文化结构，对文化持一种融入、切合的态度。认为公共利益是共商价值观对话的结果。

① ［德］马克斯·韦伯：《经济与社会》上［M］，林荣远译，商务印书馆，1997年，第78页。

② ［美］罗伯特·达尔：《公共行政学的三个问题》，彭和平，竹立家等编译，国外公共行政理论精选［G］，中共中央党校出版社，1997年，第150～166页。

③ ［美］弗里德里克曼：《公共行政的精神》［M］，张成福等译，中国人民大学出版社，2003年，第42页。

④ ［美］奥斯特罗姆. 美国公共行政的思想危机［M］，毛寿龙等译，上海三联出版社，1999年第9页。

续表

范式比较		官僚行政	民主行政
时间	共时性	与多样化整体是一个单一的、普遍化的时间安排，按照官僚制组织的自上而下权威模式来管理整体事务。	对国家整体的政治民主关怀，将民主的政治责任与管理责任的有机统一框架作为普遍解释的标准，同时主张政治责任与管理责任的有机统一的实践运作。
	现时性	以抽象理性，“行政人”为基础，理性封闭，追求最优模型。按照一种长久不变的模式来处理多变的社会问题，基本上是静态的。	民主是具体的地域、社区的民主，地方社区的积极有效参与是民主行政的主要特征，主张行政的当下关照和积极回应。并建立多元机构联盟，以满足彼此认同的需要。
空间	共在性	从上到下式的关注整理空间的共在，所有国家和地域都被纳入到官僚制模型中。在全国形成一个一体化空间。通过现存政府有机构来实施政策。	同样关注整体空间的同一，但是不追求建立一个建构在统一空间上的官僚体制，而是利用既有的政治责任与管理责任的有机统一基础，从下到上，在行政地域化基础上共构统一体。
	差异性	不太关注地域内部的差异，难以照顾各个地方多样的需求。通过官僚组织结构进行管制。	特别关注不同地域的差异和多样性，按照地域要求来制定决策和执行，扩大行政中的参与和自治，实行合作型结构，在内外部共同享有领导权的多中心治理。
	层次性	层次性主要是在一体化体制内部的垂直层级结构，层级之间关系清晰，权力作用大。行政雇员对经由民主选举的政治领导负责。	在既有政治责任与管理责任的有机统一基础上，主张交叠管辖，建立跨地方领域、跨小空间的立体式协调机构，主张区域化行政和地域行政相结合。公务员必须关注社区价值观，职业标准和公民利益。

资料来源：刘圣中，《国家治理的时空坐标与范式选择》，载《南昌大学学报》2005年第2期。

（二）两种行政组织范式对地方政府组织绩效的当代意义

在比较两种范式的时空特征和分析了中国国情之后，我们需要进一步分析两种范式对当代中国地方政府治理及未来模式选择的启示。即将作为因变量的时间性分成三个亚维度：历时性、共时性和现时性。从而为地方政府组织绩效的构建，提供有助于绩效制度构建的分析基础和落脚点。

第一，在时间的历时性维度方面，建构地方政绩的组织绩效，必须扬弃传统文化中不合理的落后要素。

中国的传统行政文化（如官僚主义）是制约国家治理水平的重要变量。所以，为了克服这些不良要素的影响，对现有制度进行理性规范化是非常有必要的。我国的行政体制并不是非常完善的理想制度，而是具有传统性的体制。建立以法理权威为基础的理性科层制是行政现代化的一个重要标志。

当然，理性行政模式本身对文化传统也存在一种忽视倾向。理性官僚制对历史文化的忽视是因为它的现代性价值内在，强调算计和标准化的理性思维，强调按照理性思维设计的理想模式来进行国家治理。在这种模式主导下，未来的理想成为国家治理的主要目标和标准。这是理性官僚行政的一大特征。在当代中国，对社会主义的追求导致了赶超战略和各种特殊行政行为（如大跃进、人民公社化等）的产生。计划经济体制的建立就是理性行政的主要产物。改革开放以后，市场经济被引入中国社会，但是，大型的国家经济社会发展战略并没有随之退出，而是继续主导着国家行政工作。到目前为止，国家已经进行了 11 个 5 年计划，每一个 5 年计划都是国家在一定时期重大项目和重大建设的总纲，成为后期国家治理的蓝本。

理性行政的计划方式对国家发展无疑具有重大意义，但是在很多时候也出现了一些违反历史传统和客观规律的问题。一定时期，我们将传统文化视为累赘，将蕴含着传统文化的建筑和各种物件都大加摧毁，导致国家文化纪念物的大量毁坏和遗失。这不但是对传统文化资源的损害与浪费，也是对传统价值的不尊重。没有传统积淀基础的国家治理将会导致一种没有根基的行政文化和行政后果。

理性行政必须和民主行政相结合。在保持行政规范化的同时，还要引入民主行政对传统文化的重视，注重行政行为和传统文化的衔接，而不是对文化的任意的中断，甚至破坏。所以，当代中国治理在历时性维度上一定要尊重传统文化的连续性，保持国家总体文化和地方文化传统的承继与扩展，保持文化的总体性与多样性，在一种厚实的历史积淀基础上获取更多的文化资源和历史动力。当前，很多地方特别注重传统文化资源的挖掘就是一种治理方式的质的转变。它标志着治理的民主化和文明化，是对历史与前人的理解和尊重，也是对当代人及其后代的文明关怀。经历了理性时代的过度自觉和理想化以后，人们越来越看到历史逻辑的现实性和决定意义，也逐渐从一种历史虚无主义向一种历史现实主义转变。

第二，在共时性维度方面，要注重共同发展的全局思想与地方利益的兼顾和协调。

国家整体就是全民的整体，必须是所有在国家版图内的公民的结合体，它体现了所有公民“差异性共在”① 的意义。这一点应该说是两种行政范式都包含的特征，两种范式都强调总体性价值的重要性，并都试图通过各自的治理方式来提高总体性价值。当然，两者所强调的方式并不一样。官僚行政范式强调的是统一理想的权威压力，而民主行政强调的是不同地域的代表性激励机制。我国的传统的政府组织绩效中主要运用的是第一种方式。按照从上到下的权威结构，由最高中央政府制定出权威的政策法规，然后向全国推行，命令各个地方坚决地执行。官僚行政带有强烈的命令色彩，中央政府是最高命令者，地方政府是命令的执行者，二者共存于庞大的官僚体系之中。这种方式在推行重大政策中，一定程度上具有民主模式所缺乏的高度效率，尤其是在重大的突发事件的处理方面，效率更高。但是，这种方式在日常事务管理中，面对超大的国家，它的效率和效能并不一定理想。建立在超大国家之上的超大官僚体系很容易僵化，出现冲突和内耗，很多时候大量的行政资源被内耗于官僚体系中，更不用说要开展社会治理了。在我国，官僚体系典型的内部冲突就是所谓的“条块冲突”。条块冲突是代表专业职能的部门和代表地方协调的地方之间在职能和责任方面的“职责同构”。其重要的原因之一就是从上到下构建的庞大的官僚体系的僵化与内耗②。

传统政府组织绩效的构建也十分注重发挥地方的自主性，但是这种自主性模式并不是民主行政。这是因为，它仍然是在国家控制下，尤其是党的统一领导下的自主性，这种自主性是不够稳定的，随着中央的权力集中与下放，它也会发生频繁的变化。中央在主观上希望发挥地方自主性，但是地方在这种结构下，并不能稳定规范地运用这一自主权，而是很容易滋生扩张，甚至出现和中央权力的对抗。这样就导致中央在权威受到威胁的情况下将地方权力收回的结果。所以，就出现了“一放就乱、一收就死”的怪圈。这种自主模式的权力配置仍然是在中央政府与地方政府之间，权力没有下放到社会，所以并不是民主模式③。民主模式是将国家治理权下放到地方和社会，由地方和社会共同推进国家治理的发展。这种模式不是封闭的，而是在政府与社会之间形成互动、开放式的治理。

---

① 阿伦特：《人的条件》[M]，竺乾威等译，上海人民出版社，1999 年。

② 王劲松：《 中华人民共和国政府与政治》中共中央党校出版社，1995 年，第 280 页。

③ 王劲松：《中华人民共和国政府与政治》，中共中央党校出版社，1995 年，第 304 页。

现有国家治理模式应该将二者有机结合起来。既要有官僚模式的整体协调性，又要有民主模式的自主激励性。

对当代中国来说，以五个统筹为战略推进的总体发展的意义更加重要，这关系到国家体制合法性的保持和巩固。邓小平提出“共同富裕”的理想有其特殊的现实意义。只有整体国家实现了共同富裕和共同发展，中国才可以走上文明的复兴之路。不同地区的共时性发展是推动总体进步的最佳途径，因此，中国东西部差距的协调对当前的国家治理来说就具有了更加重要的意义。另外还要注意照顾大量的低素质文化人口，要将国家资源大量的倾斜到这些人口上，保证这些人口的健康、教育和安全，这是一个大国的政治任务，也是大国治理的理性选择，只有这样才可以促进国家总体的质的进步①。

第三，从现时性维度来看，要认清国家落后的经济文化状况，恰当引导高涨的民族激情和确立合理的赶超战略。

现时性维度主要是指当前的国家总体水平在世界发展中的状况，我国到目前为止还是处于世界发展水平中下游的行列，国家总体实力虽然有很大提高，但是平均水平并不高。从建国以来，我们就确立了一个宏大的赶超战略，即所谓的“赶英超美”。直到现在，赶超战略还是中国国家政策的重要框架。历史事实证明，前改革时代的激进的赶超战略并没有成功，过度的理想主义激情并不能帮助国家目标早日成功，而是给我们留下了不尽的遗憾，甚至是可怕的后遗症（如大炼钢铁时代造成的生态环境破坏等问题）。

赶超战略必须“有理、有利、有节”。它要求我们必须遵守理性行政合理的战略、科学规范的行政规律，还要遵守民主行政的民主要求。赶超战略要做到有理、有利、有节是指必须合理，并与现有的国家条件相吻合；必须有利于国家社会发展，有利于公民的生活质量的提高；必须有所节制，而不是过于超前，脱离实际。我国是个人口大国，人口素质不高；我国资源平均占有率低，生态环境破坏严重；我国处于前现代、现代和后现代三个发展阶段共存的状态。这些条件要求我们的战略必须将人口要素、环境承载力和社会阶段要素考虑进去，甚至要将这些要素置于战略的基础性地位，提高人口素质，改变生态环境，调节社会发展差距。只有这种战略才是现实可行和具有长远意义的，也才是对国家和公民有利的。当前各级地方政府将主要精力投入到经济建设中，

---

① 联合国开发署：《2002 人类发展报告：在碎裂的世界中深化民主》，中国财政经济出版社，2002 年，第 43 页。

对这些方面着力不够强，尽管制定了相关政策，但是政策投入不足，各级政府重视程度不高，结果这些政策的执行效果都不显著。实现地方政府组织绩效的重建，依赖于强化地方政府的社会管理职能和公共服务职能，并将这些职能的履行以有效的组织机制推荐实施。

二、地方政府组织绩效改革的路径选择

由于地方政府的组织绩效改革有自己的特殊背景，因此，在西方发达国家产生了积极成果的新公共管理运动，不能在我国原样复制。然而，新公共管理运动仍不失为我国进行地方政府组织绩效改革的一面镜子。我们可以借鉴新公共管理运动的成功方面，再结合我国的实际情况，进行富有创造性的探索，立足于自身国情的基础上借鉴西方的新公共管理理论。

（一）在提升政府的服务职能和适度分权的同时，强化必要的政府的管制职能

“组织绩效的本质是维护公共利益、为公众提供良好的服务。”① 组织绩效职能从管理向服务的转变，正是反映了组织绩效的本质要求。西方的新公共管理理论将政府职能定位于服务，受到了公众的欢迎。我国政府的宗旨是为人民服务，当然更应当提升政府的服务职能。但是，基于“后发现代化”的双重超越任务，我国地方政府还担负着培育市场的艰巨任务，因此，政府的管制职能不能轻易放弃，特别是在维护市场秩序方面，政府更应当理直气壮地强化管制职能。只有当市场经济已经步入良性运行的轨道之后，才有条件考虑政府退出、弱化管制职能的问题。为了更好地实现服务，必须使集权式政府转变为分权式政府，因为分权比集权具有更大的灵活性和适应性，它能够使管理机构对公众多样化的真实需求作出迅速、及时的反应。

但鉴于我国的特殊情况，与保留和强化政府的必要的管制职能相对应，我国的组织绩效改革只能是适度分权，而不能一味否定集权的作用。针对我国处于社会转型期，因而容易出现失控的特殊情况，加强中央政府的行政权威建设是十分必要的。

---

① 郭济：《深化行政改革转变政府角色》，《中国行政管理》，2003 年第 4 期。

（二）积极引入市场机制和私营部门的管理方法，同时又要对其作出严格的限制，避免陷入市场崇拜的误区

市场机制和私营部门的管理方法，确实能够改进公共部门的管理，提高公共管理的效率，这已为西方新公共管理运动的实践所证明。因此，毫无疑问，我国的地方政府在发展经济、监管市场的过程中也要积极引入市场机制和私营部门的管理方法。但与此同时，我们要注意两个问题：

一是由于我国传统上属于情理社会而非法理社会，且权力制约问题至今仍然没有得到根本解决，故在公共管理中引入市场机制和私营部门的管理方法，就有可能导致在一些西方国家政府“企业化”过程中不曾有或很少有的现象，如：“利益最大化”与权力结合形成新的腐败、政府官员丧失伦理责任感、恶意竞争等等。

因此，我国的组织绩效改革，在引入市场机制和私营部门管理方法的同时，要根据我国的条件对其运用范围作出明确而严格的限制。在市场机制和私营部门管理方法不灵的公共管理活动中，或者在运用市场机制和私营部门管理方法可能造成更多、更严重问题的公共管理部门，就不能或暂缓引入市场机制和私营部门管理方法。

二是即使在西方发达国家，新公共管理运动引入市场机制和私营部门管理方法，也有导致所谓“市场崇拜”从而由市场缺陷引发一系列恶果的风险。我国刚刚由计划经济向市场经济转型，故发生市场崇拜的可能性更大。因此，我国的组织绩效改革，既要积极引入市场机制和私营部门的管理方法，又要清醒地认清市场的缺陷。在解决与“全能政府”相伴随的“政府失灵”的问题的同时，又避免陷入市场崇拜所带来的“市场失灵”的误区。

（三）尽快完善相关法律制度，使组织绩效改革在良好的法治环境中进行

有法可依，是国家秩序的基础，也是有序地进行组织绩效改革的基础。法律制度不健全，没有一个比较稳定的法治环境，某些方面的组织绩效改革就可能变成无规则的激进主义运动，甚至还可能引发国家失控、社会动荡。西方的新公共管理运动虽然也包含某些激进因素，但却未引起严重的国家失控和社会动荡局面，其主要原因之一在于西方发达国家有着坚实的法律制度基础，法治化的社会环境将激进变革的负面影响衰减到较低水平。

为了保障我国组织绩效改革的顺利进行，我们一定要高度重视社会的法治建设，为组织绩效改革营造良好的法治环境。我国的组织绩效长期缺少从上而

下的行政法规和个人负责制，这是机构臃肿和官僚主义的重要病根。为了解决这个问题，我国组织绩效改革面临着一个西方新公共管理运动无需特别考虑的重要任务，即：建立和完善各种行政法规，规范行政行为，实现政府机构、职能、编制、工作程序的法定化。从目前的情况看，至少要完善三个方面的行政法规：行政机关组织法、部门组织法和行政程序法。只有建立和完善了各项行政法规，才能为依法行政提供权威性的依据。

（四）大力培育非政府组织或非营利组织，促进它们的发展和成熟，为一部分公共管理职能从政府剥离出来创造相应的社会条件

随着我国组织绩效改革的深入进行，将有越来越多的公共管理职能从政府剥离出来。在西方发达国家，由于非政府组织或非营利组织的发展有过很长的历史，故承接政府剥离出来的公共管理职能一般不成问题。而我国非政府组织或非营利组织的发展相对滞后，在某种程度上影响到政府公共管理职能向社会转移的进程。因此，要通过制定相关的法律、法规和政策，采取有力措施，在社会上催生更多的非政府组织或非营利组织，并使得这些组织健康地发育、成长，具备承接公共管理职能的组织基础和内在能力。我国的非政府组织或非营利组织，在承接了部分公共管理职能之后，还面临着如何正确行使这些职能的问题。因为在我国由计划体制向市场的转型过程中，经济理性的过度膨胀引起了一定程度的道德观念的淡化。社会上的不道德现象、公权领域中的腐败行为，必然会对非政府或非营利组织产生影响。这可能导致所谓“非营利组织失灵”，即“非营利部门偏离奉仕于社会公益或公益的宗旨，片面地以功利主义为取向的信念、行为给消费者、社会、生态所带来的负效应。”为了避免非营利组织或非政府组织失灵，使其能正确行使公共管理职能，必须在规范这些组织发展的法律、法规中对行使公共管理职能的范围、目的、方式等作出明确的规定，并建立非营利组织或非政府组织的道德控制机制。

（五）既以规则、制度的完善促进现代官僚制建设，同时逐渐加大对组织绩效的结果评价的权重

韦伯式的法理型现代官僚制在西方发达国家因为已经趋于老化、僵化而受到新公共管理运动的冲击，但这种官僚制的理性化、科学化、职业化的特点，却有助于克服我国传统行政体制中长期存在的家长制作风、下级对上级的人身依附关系、领导干部的终身制、政治特权等封建主义残余影响。而且，对于我国组织绩效体制中普遍存在的规章制度合法性不足、管理行为轻视规则与规范、缺乏专业化分工及与此相适应的专业化人才等问题，也只有诉诸韦伯式的

现代官僚制才能得到有效的解决。鉴于西方发达国家官僚制老化、僵化而引起的各种严重问题，我们应该逐渐加大对组织绩效的结果评价的权重。只有在规则健全和管理人员的规则意识逐渐增强的条件下，激发管理灵活性的结果评价才不至于导致滥用自由裁量权的后果。

（六）既要继续解决政治—行政不分的老问题，又要提升组织绩效中，工作人员的政治责任感，防止发生偏离政治目标的行政行为

我国的政治—行政不分问题，集中表现为党政不分现象，即执政党的政治权力与政府的行政权力没有明确分离，执政党过多地介入政府的行政事务，形成所谓“二元行政”或“党政双轨行政”的独特结构。尽管改革开放以来领导层十分重视解决这一问题，力图实现党政分开，但受现有制度制约，党政分开的实现程度仍然有限。因此，解决党政不分问题仍然是我国组织绩效改革的重要课题。我们要从制度和法律入手，明确而严格地规定党和政府各自的权力范围和相应责任，切实保障党政分开的顺利进行。

在政治—行政二分的体制中，由于行政官员仅仅埋头于行政事务，故存在着淡化政治责任的内在趋势。西方的新公共管理运动之所以要否定政治—行政二分法，是因为政治与行政在管理实践中实际上不可能完全分离，所以要明确行政官员的政治责任。我国的组织绩效改革，虽然不应当像西方的新公共管理运动那样否定政治—行政二分，在现时更需解决政治—行政不分的问题，但也要避免淡化行政官员政治责任的倾向。我国的政治制度要求行政官员承担一定的政治责任，忽视政治责任的行政行为有可能影响大局的稳定。因此，在从制度与法律层面推进党政分开的同时，必须提升组织绩效人员的政治责任感，以防止发生与政治目标相背离的行政行为。

三、地方政府组织绩效改革的路径模式

任何大国都是诸多复杂要素的结合体，而建立在特定时间性和空间性维度上的地方政府实体如何实行良好的治理，来达到强大国力和维护稳定的目标是以大国诸种要素能否得到照应和梳理，从而可以发挥其原动力、推进国家政治格局合理化。整合官僚制和民主制治理范式的地方政府组织绩效，科学规划纵向政府间的关系和横向府际关系是社会和谐发展的关键推动力，它对当前我国构建和谐社会的政治活动具有重要意义。

合理、民主的治理将按照历史与现实要素的客观要求，充分考虑社会要素和谐生存的发展性需求，既运用科学的手段，又扩大治理行为的参与，在增进

社会认同的基础上与社会力量一起共同治理大国事务。这种治理范式特别尊重社会要素在时空上的和谐发展。一方面，在时间上注重与历史传统保持连续一致性，与多样要素之间保持差异共存性；另一方面，在空间上注重保持层级间活跃的协调性以及各个地域间的密切关联。这种范式追求的不是个体消亡式的总体发展，而是个性多样化的整体共进。

（一）强化中央与地方政府组织建构的空间共在性

空间的共在性是指一个大国的总体共存，所有的部门都同时存在于一个统一的国家实体内对于国家实体的构建问题，“过去的三千年里，西方世界已经尝试对这一问题的三种解决，目前在探询第四种。按时间顺序，它们分别是城邦国家、帝国和民族国家。第四种可能是区域国家。最终的可能性是世界国家”①。当代中国已处于民族国家的政治实体构建中，实现政治实体的强大与稳定，需要合理的政府结构作为组织保障。

在探索政府结构的具体运行模式中，官僚行政范式主张建立庞大的科层体系来执行一体化行政政策，整合社会资源，从而实现国力的强大和稳定。一体化行政模式在中国早已建立，并且一直就在国家治理中发挥着主流的作用。一体化行政的动机是整体利益的获取和保护，为了实现总体国家的目标，调动全国的政治和社会资源，在全国范围内推行，从而实现某一个特殊的重大目标。可以说，过去50多年的国家治理，一直是在总体国家的利益布局下主动推行的。这种模式对总体利益是有益的。

但是，在强调总体利益的背景下，地方的主动性和利益需要容易被忽视，或者被转移。在这种情况下，总体利益反而因为地方利益不清晰、执行不力而受到影响。而民主行政范式从相反的方向来强调总体利益的实现，它从下到上，从地方到中央来实现总体价值。这种范式实现总体价值的动力和优势是它的民主性。民主可以调动地方和个体的创造性，让个体主动参与到国家治理中，让地方获取更多的自治权，从而促进每个地方和个体的发展。民主行政还强调国家政治责任与管理责任的有机统一的实践运转。代表国家总体价值安排和权力配置的宪法是民主行政的基石，但是，静态的政治责任与管理责任的有机统一体制并不能促使民主行政更广泛和更全面地保护公民的利益，保证国家总体实力的强大与稳定。只有国家政治责任与管理责任的有机统一体制被运转起来，才能让更多的人在日常社会治理中享受到政治责任与管理责任的有机统

① ［美］莱斯利·里普森：《政治学的重大问题》，华夏出版社，2002年，第268页。

一运转的好处。过去的中国国家治理中存在严重的总体利益牺牲个体利益的现象。个人权利在强大的行政权力下经常受到影响、干扰、甚至是侵害。对这种现象，民主化的治理模式，将政治责任与管理责任的有机统一体制运转起来，在每一个治理行为中都有效地保护公民权利的治理模式是非常理想的选择。“通过民主治理促进参与，参与有助于发挥个体和集体的能动作用，其重要性在于社会和政治运动的集体行动已经成为在保护环境、推动性别平等和促进人权等人类发展关键问题上取得进步的动力。”①

（二）考虑到空间的差异性，要照顾地域多样化的现实要求

合理的地方政府组织结构总是由多个部门区域组成，而基于中国东、中、西部经济发展的不平衡性，这些部门区域分别在不同的历史和现实条件下形成，总是带有自身的特殊性。一般来说，官僚行政很难关注这种特殊性。官僚行政关注的是按照从上到下的统一的政策模式来实现中央政府的高度权威的政策指示，地方的多样性要素没有被考虑进来。官僚模式强调理性化行政的全局性功能，把所有的特殊区域都纳入到其统一程序化的治理过程之中。官僚行政强调理性化的秩序、成本效益的可计算性以及未来结果的可预见性。这种模式较少考虑未来环境变化和历史要素的重要作用。

中国的国家治理基本上是缺乏地域性的，而一直是按照中央权威的统一部署推行一个个宏大的政策计划。新中国建国 60 多年，大型的政策计划已经给国家带来了广泛而深入的影响，各个地方基本上按照一种模式在运转，形成了一个个高度同质化的文化和组织制度结构。这种治理减弱了地方特殊性的作用，减损了地方文化要素的功能，甚至导致很多地方文化成分的消失。统一的治理模式是多样性减少的重要原因。民主行政范式不是按照一个统一的理性模式来操作，而是遵照地方的特殊要求，在地方的民主参与合作下共同进行社会治理。这种治理将地方特殊性放在首要的位置，照顾和保护地方文化的差异性要素，确保国家治理中地方多元主体的适应性和现实性。

奥斯特罗姆的多中心治理体制是典型的民主行政模式。它强调每一个地方的特殊地位，将每一个自治主体当作一个治理的中心，按照特定的要求来进行微观的社会服务和协调。每个中心之间形成联系，共同组成更高一级的地方跨中心区域组织，在这种组织体制下，进行更高一层的综合治理。多中心治理的

① 联合国开发署：《2002 人类发展报告：在碎裂的世界中深化民主》，中国财政经济出版社，2002 年，第 43 页。

核心价值就是民主，民主的治理理念在多中心治理体制下得到非常完满的表现。民众获得更多的自治权，和由民众选择的地方政治机构一起协作，共同进行地方治理工作。多中心治理对中国行政的启发意义主要在地方作为主体的稳定性和合法性方面，加强地方自治，赋予地方作为国家治理的次中心地位，因此形成一个良性的互动机制。这一模式还可以照顾到当代中国地域广阔、差异较大、复杂多样的特征。东西部地区、少数民族与汉族地区、不同气候条件地区、城市与农村地区等应该根据其特殊性安排切合其实际的治理模式，要充分尊重地方传统、文化和地理条件等既有特征，让治理建立在地方和国家总体互相促进的结构关系上。

（三）建立内部层级的协调机制，促进政府组织总体的良性互动

官僚行政的层级协调是从上到下的垂直命令协调，中央权威利用其最高的权威地位下发命令，对下属机构进行强制性的协调。这种协调是命令式的，因而对下属机构来说是被动的。这种从上到下式的强制协调方式由于其单向性而丧失很多的主动权和双向合作的创造功能。在大型组织之间存在所谓“距离的磨损”，也就是“一个国家的权力随着距离的延长而逐渐减弱”①。所以，距离的磨损导致中央权威的协调能力减弱，影响了协调的效力。民主行政的协调基本上是自发的，尤其是英美传统的地方“殊分主义”（Particularism，美国地方城市自治体都存在这样一种文化，每个社区都希望保持自身的独立性，不愿意并入、联合其他大型都市，这也是美国地方自治体特别多、关系特别复杂的原因，殊分主义就是指这种文化现象）。导致地方社区相互隔离，互不来往，民主行政的跨地方协调功能不足。所以，奥斯特罗姆希望建立交叠管辖体制，在多中心体制上建立多个跨中心的机制对地方进行协调。每一个高层机构都负责对这些次中心进行外部协调，从而保证地方治理中心内部及其之间建立有效的联系与合作。当然，交叠管辖理论假设多组织内部与多组织之间的合作实际上将会遇到多种显而易见的障碍：1. 自利主义阻碍合作者以真诚心来与别人合作；2. 组织隔离形成的沟通不足是合作的现实障碍；3. 天然与后天差距形成的不平等是合作的最大心理乃至实践障碍；4. 不愿意合作与怀疑主义——也是一种心理障碍，与第一点是相关的。这些障碍阻碍了交叠管辖的协调功能。

① P·奥沙利文：《地理政治论——国际间的竞争与合作》，国家文化出版公司，1991 年，第 11 页。

因此，当代中国政府组织结构治理中的层级协调要注意几个方面：要加强官僚模式的总体协调能力，但要控制其协调的范围，将其权力限定在重大问题和高层政府的协调上，将权力下放到地方；要建立类似交叠管辖的层级协调机制，促进地方中心之间的主动的互相协调，促进国家地方的区域化发展；要建立多个独立机构，负责执行专门事务的治理，完善“分散化治理”的机制。

所谓分散化治理是指政府治理权力分散到代理机构和其他政府实体中，这些实体都是政府的组成部份，他们都是根据具体情况来安排职能，但都被排除在传统的纵向组织部门之外。它们作为政府组成部门的事实已经被其私人公司或非政府组织的性质所掩盖①。分散化治理可以实现多个目标，提高治理效能，拉近公民与管理之间的距离，鼓励公众的参与，更加促进中央政府对中心事务的集中权能②。分散化机构对突破大一统的官僚制国家的控制具有非常重大的理论和实践意义。

第三节　地方政府职能绩效的有限性

地方政府职能绩效的有限性主要是指政府规模的有限性和政府职能的有限性。考察政府规模的内涵，可以看到，政府规模是指以政府职能和权力配置为基础，并按照一定的组织原则来建构的政府各个组成部分的总和。它包括内在规模和外在规模。内在规模是指政府职能和行政权力的范围及权限，即职能规模和权力规模。外在规模是指政府机构设置，人员配置的数量、结构以及行政成本消耗的数量，即机构规模，人员规模和费用规模。广义的政府规模包括内在规模和外在规模，狭义的政府规模仅指政府的外在规模。

一、关于政府职能有效性的理论界定

纵观目前学术界关于政府规模问题的研究，基本上主要择重于从政府外在规模的视角来考察政府规模的适度问题，并从以下三个方面作出探讨：

（一）政府规模决定政府有效

1. 从经济增长与政府规模相互关系的视角，认为经济增长是政府规模扩

① 经济合作与发展组织：《分散化的公共治理：代理机构、权利主体和其他政府实体》，中信出版社，2004 版，第 9 页。

② 经济合作与发展组织：《分散化的公共治理：代理机构、权利主体和其他政府实体》，北京：中信出版社，2004 版，第 16 页。

大的原因，但政府规模扩大却不是促进经济增长的原因

虽然目前我国经济的持续快速增长，在很大程度上依赖于政府支出的投资拉动，但是，与此同时，政府支出对私人投资的“挤出效应”也在不断加剧。因而，受约束条件的限制，政府支出促进经济增长的功能被大大地削弱。为了提升政府绩效，必须缩减政府规模，其基本的对策建议是减少政府支出（主要是生产性支出），降低行政成本；

2. 从工业化经济中，社会进步对政府活动日益扩大的需求出发，认为随公共需求不断增加，需要增加政府规模，来加强政府对社会的管理

从工业化经济中，社会进步对政府活动日益扩大的需求出发，认为随着经济社会的发展，市场失灵的存在，公共需求不断增加，增大了政府支配资源的总量，从而使得政府干预经济及其从事直接生产经营活动的需求扩大，政府在维护经济、社会秩序所做的工作量也日益递增，这就需要增加政府的外在规模来加强政府对社会的管理与协调。其基本的对策建议是认为，在政府适度规模的建构上，应该打破传统的“政府—市场”二元格局分析框架，以新型的“政府—市场—第三部门”为基础，破除部门主义和本位主义主宰公共事务的观点，重塑政府与社会之间的权力关系，减少政府职能扩张的途径，建立有限政府，尽可能缩小政府规模。

3. 从政府机构与政府预算成本的相互关系出发，来分析政府规模扩张的原因

公共选择学派的代表人物尼斯坎南，运用“经济人”假设，对政府规模扩张做出了解释。他认为官僚作为“经济人”，会按照“成本—收益”原则，在政治领域中追求自己的最大效用，把个人利益放在首要地位。官僚追求个人利益，表现为对政府预算的追求，由于部门权力与该部门控制的资源规模成正比，所以，官僚为了争取更多的预算，总是希望不断扩大本机构规模及其权力，从而导致政府支出不断增长和政府规模（用政府财政收入占 GDP 的比重来测度）不断增大。这就是著名的“帕金森定律”所描述的情形：即“无论政府的工作量是增加还是减少，政府机构和人员总是按同一速度在增长”①。而为了抑制政府规模的扩张态势，必须将注意力集中在决定政治决策过程的规则和程序上，通过精简机构，来改变现行政治与官僚制度，控制政府规模膨胀。

① 彭和平等编译：《国内外公共行政理论精选》，中共中央党校出版社，1997 年，第 199 页。

上述研究，留给我们的基本印象就是政府规模适度的标准，应当是“小政府、大社会”模式。但是，政府规模到底多大或多小，才算是合理的，人们至今没有找到一个判定标准，因而人们关于小政府的认识，也并没有给政府机构改革带来预期的效果。相反，在实践中，我们常常看到，如果一味讲求小的政府规模，不仅会漠视社会对政府的实际需求，而且也会忽略政府应当具备的责任和效率。这也正是每次机构精简之后，政府规模又开始不断扩大的原因。因为如果不这样的话，就难以满足社会对政府规模的实际需求，甚至造成众多的社会问题。

（二）政府职能决定政府有效

上述事实表明：在政府规模的适度问题上，仅靠机构数量和人员编制数量的减少，还不能够使政府规模得到有效的控制，机构和人员编制数量的多少，只是政府规模的外延表现形式，它并不能够全面地反应政府的实际规模。所以，单纯考察政府的外在规模，不足以说明政府规模适度的实质。由于政府规模的大小，总是与社会需求密切相关，政府规模随着社会需求的增长而不断增长具有必然性。因此，必须从政府内在规模与外在规模的相互关系调适中，来研究政府规模的合理建构。

这是因为，政府规模的建构，本身就是一个复杂的社会系统，政府职能的履行和行政权力的行使，决定着政府机构设置与人员配置的状况。

体现为：其一，政府职能和行政权力是通过宪法和法律来确定的，政府机构层次与机构类型的设置，必须在宪法限定的范围内来进行。其二，政府职能专业化，是设置政府机构和配置人员的前提和基础。为了提高效率，减少重叠，政府机构设置应当按照机构履行的相应职能并授予相应的权力。其三，政府职能和行政权力层层分解与合理配置，是使政府内部纵横交错的各种机构，成为一种井然有序，协调运行的组织系统的重要条件。其四，转变政府职能，调整行政权力，是精简政府机构，定位政府规模的根本途径。可见，政府的内在规模，决定政府的外在规模。要合理界定政府的适度外在规模，必须首先定位于作为政府内在规模的质的规定性，即政府的基本职能。

事实上政府外在规模的扩大，与政府内在职能理论的发展密切相关。自从亚当·斯密提出“看不见的手”原理之后，经济学家、政治学家都强调政府规模要尽可能小，“管得最少的政府是最好的政府”，“效率市场之功能与政府权威无关”。政府的主要作用是提供公共产品和解决市场外部性。到了 19 世纪末，政府的职能扩大到了再分配领域，并随着转移支付在政府支出总规模中的比例不断提高，政府的规模也不断扩大。对此，公共选择理论曾用“梅尔策—理查德”模型作出相应的解释。即随着“为社会中承受能力差的阶层”提供社会保障成为政府的基本职能之后，转移支付的受益者必然支持政府规模的增长，收入低于中位数的所有选民都赞成增加政府的转移支付能力。因此，“增加收入的平等性和扩展投票权，是政府规模增大的基本原因”。① 从20世纪30年代起，凯恩斯的《就业、利息和货币通论》发表之后，政府职能又进一步扩大到稳定和管理宏观经济领域，政府通过财政政策，扩大开支来干预经济领域，刺激经济发展。自此，资源配置、进行收入和财富的再分配与稳定经济发展，成为政府的三大基本职能。而随着政府职能的扩展，政府规模也必然相应地随之扩大。

但是，由于政府外在规模的扩大，受政府内在规模的限定，并与社会经济发展对政府机构的需求性服务保持一致。因而，政府外在规模的扩展，应当体现为：与政府职能相一致的结构性扩展，而非与政府职能相悖违的总量性扩展。对此，著名的经济学家马斯格雷夫和罗斯托曾用经济发展阶段来阐释政府规模的结构性扩展。② 他们认为，在经济发展的早期阶段，政府加大对社会基础设施的投入，是现代化加速发展的必要条件。因为在这一时期，政府必须为经济发展，提供必要的社会基础设施，如公路、铁路、桥梁、环境卫生，法律秩序和教育等，这些公共投资对于经济和社会发展处于早期阶段的国家步入“起飞”阶段，是必不可少的前提条件。而当经济发展进入中期阶段后，政府的职能，开始转向弥补市场失灵和消除市场经济的外都性，从而要求政府部门加强对经济的干预。当经济发展再次走向成熟阶段时，政府职能随之转变为加强对社会福利的再分配功能，并扩大文化教育，卫生保健，社会福利等方面的公共服务和支出。

上述关于“公共支出增长的发展模型”，向我们揭示了两大原理：其一是随着社会经济的发展，政府管理公共事务的职能日益扩大，因而政府规模亦呈现出不断增大的态势；其二是政府规模的扩展与增大，属于由政府职能所规定着的结构性扩展，而非撇开政府职能的总量性扩展。因此，为其政府职能所规定着的政府适度规模，也不能偏大或偏小。“拉弗曲线”表明：政府规模过大，必然导致税率偏高，而税率过高，就可能导致税基下降，进而影响GDP

① ［美］缪勒著：《公共选择理论》，中国社会科学出版社，1999年，第399页。

② 高培勇编著：《当代西方财政经济理论》（上），商务印书馆，1995年，第129页。

的增长速度和整个经济社会发展的水平。奥尔森亦利用许多国家政府支出占GDP的比重和经济增长率之间的相互关系，从反面证明，政府支出占GDP比重最低的国家，不仅不是世界上经济增长速度最快的国家，反而是世界上最穷的国家。① 因为这些国家希望政府履行职能来界定清晰产权，保护个人财产，但是较小的政府支出规模却不足以实现这个目标。

二、当代中国政府机构改革与政府职能绩效的构建

运用这一原理，来分析当代中国改革开放以来所进行的五次政府机构改革，我们可以看到，尽管政府机构改革存在着一定的弊端，甚至因为各种综合因素的影响，而没有完全达到预期的效果。但是，基本的改革定位却体现为：与政府内在职能规模相一致的政府外在规模的结构性调整，使政府规模呈现出与社会经济发展需求逐渐吻合的趋势，进而在“政府主导型市场经济”模式下，推动经济与社会的不断发展。

1982年改革，主要是针对当时臃肿的管理机构，已经不能较好地履行改革开放和经济社会发展所需要的政府职能。因而通过改革，下放经济管理权限和财政收支权限；下放人事管理权限；提出干部“四化”方针，并建立正常的干部离退休制度。同时，明确规定了各级各部的职数、年龄和文化结构，减少了副职，提高了总体素质。经过这次改革，国务院机构由100个变为61个，编制减少2.1万人。

1988年改革，主要是针对第一次机构改革后机构增加又有所反复，中央决定将改革深入下去，继续下放权力。转变职能，精简机构和人员，提高行政效率，克服官僚主义，逐步理顺政府同企事业单位、人民团体关系。此次改革，第一次明确提出了转变政府职能的要求，对以后的行政体制改革产生了重要影响。经过这次改革，国务院机构由76个变为66个。编制减少了9700多人。

1993年改革，主要是在党的十四大确立“建设有中国特色社会主义市场经济”后进行的一次行政体制改革和政府机构改革。本次改革首次将“适应社会主义市场经济发展的要求”作为机构改革的目标。要求按照市场经济的要求，实行政企分开，加强政府的宏观调控和监督管理功能，强化社会管理职能，减少了具体审批事务和对企业的直接管理。经过这次改革，国务院机构由

---

① Olson, mancar. power and prosperity: dutgrowing communist and capitalist dictator ships [M], Basic Books, 2000: 195 ~ 199.

66个变为40个。

1998年改革，主要是为了进一点推动经济体制改革，促进经济和社会发展，建立办事高效、运转协调、行为规范的行政管理体系，完善国家公务员制度，建立高素质的专业化行政管理干部队伍。切实将政府职能转变到宏观调控、社会管理、公共服务上来。因而再次提出“转变政府职能”和“精简政府机构”的要求。本次改革也是建国以来规模最大、力度最强的一次行政体制和政府机构改革。经过这次改革，国务院机构由40个变为29个，全国各级党政群机关精简行政编制115万名，初步形成了有中国特色的行政管理体制。①

如果说，前四次改革主要是针对政府规模的增量性扩展，择重于从外在规模的数量上来精减政府机构，实现“机构与职能相匹配”的话，那么2003年的政府机构改革，更注重从政府职能转换的视角来对政府规模作出完整的结构性调整，改革的重点不在于强调政府机构精简，而是着重于适应经济、社会发展需求的“政府职能与规模的匹配性”。这主要表现为：

首先，在理论创新上，从不断深化认识政府与市场、政府与社会的关系上，提出了构建公共服务型政府的新理念。构建服务型政府不仅意味着政府管理理念的根本变革，而且，意味着对政府有效性的重新解构。它要求政府从以“国家干预理论”为基础的管制型政府，转移到以“民本理念”为基础的服务型政府。实现由政府本位、官本位体制向社会本位、民本位体制转变。在服务型政府价值理念的指导下，政府职能转换是一种必然的目标选择，政府的主要职能是承担保持社会总需求与总供给动态平衡的职责，健全市场法规，制定公平规则、弥补失常失灵，组织与实现公共产品供给和完善社会保障。②

其次，在体制创新上，它体现为以“结构—功能”一致性为基础的政府管理体制创新。此次改革，在前几次改革经验的基础上，提出了我国行政体制改革的目标是：以邓小平理论和“三个代表”重要思想为指导，按照完善社会主义市场经济体制和推进政治体制改革的要求，以建设服务型政府为主题，以转变政府职能和推行依法行政为重点，逐步形成行为规范、运转协调、公正透明、廉洁高效的公共行政体制，使各级政府优质高效地为社会提供公共产品

---

① 上述数据来源：新华网《北京晚报》2003年-03-07文章：《国务院前四次机构改革备忘录》。

② 1997年世界银行发展报告《变革世界中的政府》转引自：俞可平著：《全球化：全球治理》社会科学文献出版社，2003年199页。

和公共服务，满足社会的公共需求。

再次，在技术创新上，提出了通过改进管理方式，推进电子政务来提高政府行政效率，降低行政成本。

最后，在机构设置上，要求在精简机构的基础上，从强化政府的“经济调节、市场监管、社会管理和公共服务”职能要求出发，适应深化国有资产管理体制改革的需要，设立国务院国有资产监督管理委员会；适应完善宏观调控体系的需要，将国家发展计划委员会改组为国家发展和改革委员会；适应健全金融监管体制的需要，设立中国银行业监督管理委员会；适应继续推进流通管理体制改革的需要，组建商务部；适应加强食品安全和安全生产监管体制建设的需要，在国家药品监督管理局基础上组建国家食品药品监督管理局。同时，不再保留国家经济贸易委员会、对外经济贸易合作部。

可见，随着政府职能转换的历次机构改革（特别是第五次），在政府适度规模的构建上，并不是一味地追求精简机构，缩减人员“小政府”模式，而是体现为“为经济、社会发展需求所决定，与政府职能转变相一致”的政府外在规模的“结构性调整”。其机构的增减，取决于与社会发展相适应的“政府的内在职能规模。”

三、地方政府职能绩效有限性的目标路径

通过以上分析我们可以得出如下结论：

第一、当代中国政府适度规模的构建，既不是“大政府”也不是“小政府”，而是“与政府内在职能规模相匹配”的公共服务型政府。过去，我们在“小政府—大社会”思想的指导下，行政体制改革偏重于机构精简和人员编制压缩。而随着政府职能转变为经济调节、市场监管、社会管理和公共服务时，“小政府”模式在履行职能中，对许多事务的管理和监督都不够到位。例如，美国等发达国家，凡是由联邦（中央）政府管辖审批的项目，从开工到验收都有专人负责。而我国许多审批项目，中央拨款后很少有专人跟踪和监管，这其中的原因之一就是人员编制过少。我国在撤消石油部，煤炭部等机构之后，对其政府职能如何转换，安全问题怎么监管，缺乏系统研究。近年来，石油、煤炭工业重大事故频发，这与政府机构不健全，政府职能不到位，人员编制过少有很大的关系。

第二、当前在我国政府规模的理论研究中，简单地把机构臃肿和冗员过多，作为一个客观定性的事实前提，而把转变政府职能仅仅作为机构改革的理论前提和实践契机，没有在政府的内在职能规模和外在机构规模之间，形成一

个系统分析的逻辑框架。针对这一现象，我们认为，当代中国政府适度规模的构建，既不是一味地精简机构，缩减人员，也不是实现政府规模的增量性扩张，而是以政府的内在职能规模为依据，以构建公共服务型政府为取向，对政府规模进行结构性调整，较大幅度地增加财税、社会保障、公共服务方面的政府官员数量，而削减与“管市场”、“管企业”直接相关的职能机构，取消各种虚设机构和中间机构，建立扁平结构的政府组织体系。

第三、打破中央政府、地方政府与基层政府机构设置“职责同构”的局面，解决条块分割的矛盾。首先，要按照中央与地方的不同功能进行定位，合理确定条块职能。条以监督为主，块以执行为主。具体来说，中央政府主要根据经济调节的要求，工作范围集中于宏观经济政策、产业发展政策的制定与检查，重点体现协调功能。地方政府主要根据中央的方针政策，结合自身特点，创造条件促进和推动经济社会发展，重点体现执行和保障功能。其次，按照权、责、利相统一的原则，重新划分条与块的财权和事权。根据 2005 年统计，在公共事务方面，中央管 30%，地方管 70%。而财政收入，中央占 52%、地方占 48%；在财政支出中，中央占 26%，地方占 74%；收支相抵，中央盈余 7700 多亿元，地方赤字 12000 多亿元。① 当前中央与地方事权、财权不匹配，应进一步调整，使事权和财权的比例相一致。最后，按照政府职能与规模相匹配的原理，合理调整中央和地方的机构设置。概括地说，中央管理的事务机构由中央管理，经费垂直供给，业务条条领导，人事纵向任命，机构归属中央；地方事务由地方管理，经费属地供给，人事横向任命，机构归属地方。并且将人员编制以及具体功能，纳入法定约束轨道，规范设置，以避免中央条线和地方块线权力交叉。

第四、从政府职能与政府规模内在匹配性的结构性调整上，来提升政府协调运转的运行质量。如果说，政府的机构数量规模，体现为政府的静态规模，那么，政府协调运转的运行质量，则体现为政府的动态数量规模，它同样也是由政府职能所决定的。当前我国政府机构存在职能运作程序复杂，职责交叉重叠，工作环节繁多，管理事项模糊等现象，不仅扩大了政府的动态规模，而且又反过来造成政府静态规模的膨胀。因此，必须严格政府权力界限和职能边界，控制政府预算，进而压缩政府动态数量规模，提升政府运行质量。

① 上述数据来源：《中国改革报》，2007 年 9 月 4 日。

第四节　地方政府权责绩效的对称性

地方政府权责绩效的取得，是与特定的评估结果联系在一起的。在地方分权与公共服务市场化背景下，绩效评估与责任政府建设的内在关联进一步突显出来。地方政府绩效评估不仅是行政授权之后政府监管的重要工具，也是基于民主授权的公民社会约束监督地方政府的重要途径与方式。值得注意的是，工具意义上的绩效评估实质上又蕴含着民主法治等价值前提。在地方政府公共责任不断受到官僚制或集权政治侵蚀的背景下，兼具价值理性与工具理性的绩效评估对于重建公共责任机制，深入推进地方政府权责绩效对称性机制的建设无疑具有重要意义。

一、评估主体选择与地方政府的责任取向

在政府绩效评估实践中重建公共责任机制，是深入推进地方政府权责绩效对称性机制建设的战略导向之一。公共责任本身即包含了评价的因素。因为，实现公共责任的前提是，要对责任主体是否做好了分内之事进行客观的评价。这个评价既包括责任主体的自我评价，即反映了责任主体对自己的职责的理解和认识，又包括社会评价，即他人或社会对责任主体的行为的理解、认识与审查。如果责任主体能够高度自觉担当责任，成功履行自己的职责，通过这种自我约束的方式实现责任自然是最为理想的。但是，历史与现实一再证明，寄希望于个人道德自觉来实现控制权力的想法是天真幼稚的。公共责任的实现更应该依靠社会的评价与相应的处置措施，对责任主体偏离社会规范实行惩罚与制裁。“责任性是一个有关权力的问题，即人民不仅在官方决策过程中享有发言权，而且有权使统治者对他们的所作所为负起责任来。他们可以要求官员们就有关决策和行动的问题做出回答。他们能够制裁没有负起责任的公共官员或公共机构。”① 正是从这个意义上说，绩效评估与责任政府建设是互相契合的。

（一）科层制理论与评估主体选择

如前所述，科层制理论肇兴于马克思·韦伯，具有以下基本特征：1. 合理的分工；2. 层级节制的权力体系；3. 依照规程办事的运作机制；4. 形式正规的决策文书；5. 组织管理的非人格化；6. 适合工作需要的专业培训机制；

---

① 《在碎裂的世界中深化民主》，选自《2002 年人类发展报告》，中国财政经济出版社，2002 年，第 55 页。

7. 合理合法的人事行政制度①。其核心就在于构建依规程办事、非人格化管理的层级节制的权力体制。在这种体制中，地方政府绩效的高低、任务完成的多少好坏，上级政府和中央政府拥有最后的也是最严肃、最重要的评估权。这种评估权也是科层体制得以运转和维持的根本动力和保障力。此外，从防止和克服地方政府本位主义的需要出发，也要求强调上级政府尤其是中央政府的最后评估权。科层制理论从组织维度奠定了上级政府、中央政府及相关的政府主管部门、职能部门、有权部门作为地方政府绩效评估主体的主导地位，但是将评估的主体限定在官僚制机构内部，容易以行政绩效取代公共绩效。

（二）公共产品理论与评估主体选择

公共产品理论通过对公共产品的分类研究来揭示公共产品的特征，从而寻找提供公共产品的最佳方案，其主旨在于实现政府绩效的最大化，即以最少的资源消耗生产恰当的公共产品，最大限度地满足公众的需要。其理论与实践的中心、焦点、重点、难点即在于如何准确地了解公众在公共产品中的受益状况，如何准确地把握公众对公共产品的实际需求，以及如何根据公众的需求科学地确定公众应担负的成本，从而确定政府的行为成本，实现“林达尔均衡”。公众通过对地方政府提供的公共产品质量、数量以及服务水平的亲身消费从而对地方政府绩效的高低好坏做出直接的第一性的评估。公共产品理论把公众，尤其是公众公共需求的有效满足作为理论的中心和重点，其在实践上也就自然奠定了公众在地方政府绩效评估中的主体地位，决定了在地方政府绩效评估中必须坚持公众本位。该理论是对传统的从政府组织内部，评价政府绩效机制的补充，强调政府绩效与外部输出环境的相互关系。

（三）治理理论与评估主体选择

治理理论的突出贡献在于突破政府作为公共管理惟一主体的传统模式，寻求政府与非政府组织、与公民共同治理的多元主体模式，以帮助政府摆脱管理危机、财政危机和信任危机，最广泛地集中公众智慧，最允分地动用公众资源，最大程度地凝聚公众力量，提高政府绩效，满足公众需要，实现公众福祉，最终达成善治的治理目标。因此地方政府绩效评估需要引入多元评估主体，对地方政府绩效实现全方面多层次立体的描述和评估。治理理论从治理维度确立了公共权力组织、公共性社会中介组织等多种组织在地方政府绩效评估中的主体地位。该理论的引入，增加了政府绩效评估的专业性和客观性。但是

① 丁煌：《西方行政学说史》，武汉大学出版社，1999年，第83～85页。

容易忽视地方政府应负的政治责任。

（四）利益相关者理论与评估主体选择

按照弗里曼的定义，利益相关者即为“任何能够或被组织目标所影响的团体或个人”①。地方政府作为共同利益的代表者和不同利益的协调者，其公共管理行为具有明显的利益指向。而与此利益相关的个人和团体势必从各自所关心的利益出发对政府行为及其政府绩效进行评估，以图对己有利。因此，“地方政府公共事业管理绩效评价在选择特定的利益相关评价主体时，应根据特定利益相关主体的利益特点进行专业或综合的绩效指标设计”②。此外，由于政府行为及其绩效是一种显见的公共行为、公共绩效，它势必与公众、公共权力组织、公共性社会中介组织发生这样或那样的利益关系，成为现实的或潜在的利益相关者。利益相关者理论从利益维度为公众、公共权力组织、公共性社会中介组织成为政府绩效评估主体提供了理论支持。但所产生的评估标准，可能只是相互博弈之后的可操作性标准，而非最优性标准。

（五）市民社会理论与评估主体选择

市民社会理论的兴起和成熟受益于现代社会公民权利意识的觉醒以及对公民权利的尊重和维护。桑德尔（Sandel）是这样论述的：“关于州政府和公民之间关系比较普遍的模式是建立在这一思想基础上：即政府的存在是为了确保公民可以选择通过一定的程序（如投票），将他们的私利与社会利益相一致，保护个人权利。”③ 市民社会理论从市民社会与现代政府关系的视角，描述并促进着现代公民社会的两大转变：由凸显政府管理权力，强调公民义务的“义务本位”向限制、规范政府权力，保障公民权利的“权利本位”转变；由以政府为核心、为焦点，以政府利益为出发点和归宿点的“政府本位”向以公众为核心、为焦点，以公众利益为出发点和归宿点的“公众本位”转变。市民社会理论从公民权利维度为公众作为地方政府绩效评估主体提供了理论支持。但这只是评估绩效的一个方面，事实上，地方政府绩效评估的结果是内外标准相互作用的有机统一。

---

① R. E. Freeman, strategic, mangement: A Stakeholder Aproach [M]. boston: Pitman, 1984.

② 吴建南，李贵宁：《基于利益相关主体及作业活动分析的政府绩效指标设计方法研究》，公共部门管理绩效学术研讨会会议论文，厦门，2004年。

③ Kamensky, John, *Role of Reinventing Government in Federal managenment* Reform, Public Administration Review: 56 (3). 247 ~ 256.

（六）社会中介组织理论与评估主体选择

社会中介组织理论的勃兴源于当代社会分工与分化的发展。非营利组织在一定程度上可以说是公民自由结社权利的神圣体现，而自由结社几乎是人的一种天性，也是个人事业成功的保证。托克维尔早就指出："在民主的国家里，全体公民都是独立的，但又是软弱无力的。他们几乎不能单凭自己的力量去做一番事业，其中的任何人都不能强迫他人来帮助自己。因此，他们如不能学会自动地互助，就将会陷入无能为力的状态。"① 社会中介组织的产生，一方面源于人们自治传统的当下释能，一方面来源于人们对政府控制一切社会事物的能力和意愿产生怀疑。而直接的缘由则是现代政府管理的管理危机、财政危机、信任危机以及市场失灵与经济危机的困扰。社会中介组织独特的社会地位（如独立性和免税地位）、鲜明的行为特征（如公益性和公共服务性）、令人信任的技术专长优势以及天然的社会功能（如社会评价与社会沟通）等等要素预示并决定了公共性社会中介组织的评估主体地位。这有利于增加评估尺度的客观性，但容易导致"政治—行政"的事实分离，将具体的政府绩效，演化为抽象的数据游戏。

二、转型期地方政府政治责任与管理责任的实践冲突

地方政府权责绩效对称性评估中，多元评估主体的形成，使地方政府的公共责任意识进一步得到强化。近年来，我国的地方行政改革在职能重塑、组织优化与编制管理等方面取得了很大的进步，促进了地方经济的迅速发展，但是基于任务绩效四位一体相互统一的绩效考核指标体系尚未成熟，使地方政府责任的定位，在 GDP 的增长上仍然占有较大的权重。比如一些地方为了发展经济，不惜以环境的严重污染为代价，坚持粗放的经济增长模式；有的政府职能越位、缺位、错位严重，社会管理、公共服务严重滞后；有的不顾地方的实际需要和财政的承受能力，盲目上项目、铺摊子，不计成本大搞"政绩项目"；有的决策随意性强，人治色彩浓厚，形不成连续的地方发展战略，往往新政迭出又政策多变，一切随领导人的变动或领导人注意力的转移而变化，等等。更有甚者，一些地方政府为了地方利益，无视或抵制中央的政策法规，违规制定本地区的政策，损害宏观调控与整体布局的成效。

（一）地方政府的政治责任和管理责任

地方政府公共责任的弱化、缺失与冲突是地方改革与发展中出现诸多问题

① ［法］托克维尔：《论美国的民主》下卷，商务印书馆，1988 年，第 635～637 页。

的重要原因之一。按休斯的分类，政治责任是选举产生的政府对选民的责任，管理责任则主要是行政组织对选举产生的政府的责任。① 前者产生于民主授权，后者产生于行政授权。从理论上讲，政治责任与管理责任是相辅相成、相互增进的。“理想类型”的官僚系统超越于特殊利益，是国家意志与整体利益的代表，这与通过选举等形式表达的公意是相重合的，因此“国家与民众有机地融合在一起，官员对民众负责与对上级负责在本质上达成一致”。而且，“即使官员漠视了自己对民众的责任，也会受到民主授权的制约，因为渎职将受到惩罚”②。因此，在基于主权在民理念的政制框架内，不论政治领袖还是行政官员最终都要对民众负责。但是，在现实政治中，因授权领域、授权指向、责任取向、履行手段、检验机制等不同，公共责任的两种形式并不能始终和谐统一，有时甚至会发生严重的冲突，或者是对民众的责任压倒了对上级的责任，或者是对上级的责任压倒了对民众的责任，更糟糕的则是对民众和上级都不负责任。③

（二）政治责任与管理责任的内在冲突

从公共责任的视角分析可以发现，集权体制内的地方政府是中央政策的被动执行者，而非地方公共利益的代表者。在“全国一盘棋”的意识形态下，自上而下的行政权力与组织体系形成了反向的下级服从上级、地方服从中央的责任指向，但因集权的中央与整体化的社会之间存在着利益取向的高度一致性，因此这种责任形式并没有造成地方政府滥用权力，反倒成了中央控制地方政府、整合国家与社会的重要机制。改革以来，为了充分调动地方的积极性，中央在“放权让利”原则的指导下，以行政授权的形式重构了中央与地方关系，具体表现为干部人事管理权的下放、财政收入的重新划分以及经济社会事务管理权的下放。改革的结果是，地方政府越来越关注地方性公共事务以及自身的利益追求，地方政府的自主性与自利性逐步扩大与增强。一方面，纵向责任链条的弱化使得中央政府统一部署与宏观调控因执行力的不济而失去往昔的成效，中央政府已经不能像计划经济时代那样全面有效地监管地方政府。另一方面，在集权体制尚未根本变革的背景下，尽管纵向层级之间地方政府绩效评估与责任政府建设实际监管能力大幅下降，但中央政府或上级政府依然在很大程

① ［美］休斯：《公共管理导论》，中国人民大学出版社，2001 年，第 148 页。
② 杨雪冬：《分权、民主与地方政府公共责任建设》，《华中师范大学学报》，2004（6）。
③ 杨雪冬：《分权、民主与地方政府公共责任建设》，《华中师范大学学报》，2004（6）。

度上掌握着重要资源的分配权和下级官员的仕途命运，只对上负责的现象没有根本改变。近年来，水平方向的政治责任在地方层次有所发展，但远未完善，地方政府与党委、立法机关、司法机关尚未形成支持、合作与监督的良好关系，在行政系统内部也没有建构起完善的决策系统、执行系统与监督系统的制衡格局。带来的结果是，在公共责任的变革期，政治责任与管理责任的冲突以激化的方式显现出来，极端的表现为地方政府只对上级负责，只对小集团利益负责，不对民众负责。有别于计划经济时代消极执行者的角色，分权化背景下的地方政府对上努力按政绩考核指标发展地方经济社会事业，有的甚至弄虚作假或大搞政绩工程；对下为超额完成任务，通过层层加码的任务分解机制逐级转移责任直至最低的行政层级，形成强大的体制性压力。让上级或领导满意成了地方政府重要甚至唯一的价值取向。因此，地方政府自主性与自利性双重扩张既极大增强了开发、整合资源的能力，又使得对上负责成为“理性”的选择。

根据以上分析，当前地方政府公共责任机制建设既要加强弱化了的责任机制，又须协调政治责任与管理责任之间的冲突，规范分权化、市场化条件下中央与地方、政府与社会之间的关系，特别是强化公民的政治权利意识，明确民主授权关系，加强对地方政府官员政治责任的监督与约束，真正确立在民主政治框架内地方官员对社会公众负责的价值理念与制度安排。

三、地方政府权责绩效对称的目标路径

既然责任政府对于政治责任与管理责任的有机统一建设具有极为重要的意义，因而建设地方政府权责绩效的对称性就成为当务之急。而要建设政府权责绩效的对称性，关键不是着手实施的问题，而是进行理性的思考和设计，明确权责对等建设的目标。因为存在这样的常理：“如果事先不知道他们想到哪里，那么就无法告诉人们，他们是不是走向他们想去的地方。”① 政治责任与管理责任的有机统一对政府的多方面要求决定了责任政府具有多方面内容和特征，进而决定了责任政府建设的目标是一个复杂的有机系统。政治责任与管理责任的有机统一的基本要求是坚持人民民主、实行依法行政、维护公共利益、保障公民权利，因而责任政府建设的政治责任与管理责任的有机统一目标主要是民主政府、法治政府、有限政府、服务政府。

---

① 汪太贤：《西方法治主义的源与流·引言》，法律出版社，2001 年，第 2 页。

(一) 政治责任与管理责任的有机统一下的责任政府是民主政府

"一个政府对它的施政方针、政策和决定以及对它的具体措施承担不承担责任，是民主政府与专制政府的分野。"① 这一观点揭示了责任政府与民主政府的同一性。必须指出的是，民主政府中的民主是政治责任与管理责任的有机统一民主而不是纯粹的民主。纯粹的民主是不能充分保障政府承担其责任的，因为由它产生的政府也有专制的可能，甚至可能导致民主的滥用。只有政治责任与管理责任的有机统一民主才能导致责任政府的产生，一方面，政治责任与管理责任的有机统一的人民主权原则为责任政府建设提供根本依据。国家权力属于人民，政府的权力来自人民，因此人民有权利要求政府为自己的利益服务，政府有义务依照人民的意志来行使权力、对公民的权利要求作出回应并采取积极措施公正有效地满足公民的权利要求。另一方面，政治责任与管理责任的有机统一的民主制度为责任政府建设提供制度保障。选举制度使高素质人员进入政府，既使政府权力掌握在人民手中，又使政府职能能够有效履行；代议制度使由公民选举产生的代表组成的代议机关对政府进行日常性监督，敦促其履行职责；监督制度通过政府内部机制和外部机制保障政府权力合法行使，防止政府权力滥用。既然政治责任与管理责任的有机统一民主是责任政府的基础和前提，那么发展政治责任与管理责任的有机统一民主、建设民主政府就是责任政府建设的一个重要课题。

(二) 政治责任与管理责任的有机统一下的责任政府是法治政府

早在古希腊罗马时期，就有思想家将政府、责任、法治联系在一起，他们认为人的恶行难免使执政发生偏向，只有法治才能防止人的恶行膨胀，法治之下执政官的责任是"维护国家的荣誉和尊严，执行法律，使所有的公民都享受到法律所赋予的权利"②。当然，那时的法治还不是政治责任与管理责任的有机统一意义上的，也没有形成近现代意义上的责任政府概念。政治责任与管理责任的有机统一法治形成于近代，它以宪法至上、良法之治、法律统治为要义，与责任政府密切联系在一起。正如洛克所指出的："政府所有的一切权力(职权)，既然是为社会谋幸福，因而不应当是专断的和凭一时高兴的，而是应该根据既定的和公布的法律来行使。"③ 在政治责任与管理责任的有机统一法

---

① 王成栋：《政府责任论》，中国政法大学出版社，1999 年，第 100 页。

② [古罗马] 西塞罗：《西塞罗三论》徐奕春译，商务印书馆，1998 年，第 147 页。

③ [英] 洛克：《政府论》叶启芳等译，商务印书馆，1983 年，第 86 页。

治之下，政府权力根植于宪法当中，政府不得行使宪法没有授予和禁止行使的权力，否则就是越权、就是无效行政；政府权力的运行受制于法律，不论是具体行政行为，还是抽象行政行为，都要符合法律的规定或法律的精神、遵循程序正当原则；政府不仅有义务不侵犯宪法所规定的公民权利，而且有责任保障宪法规定的公民权利，当发生违法、失职或不当行政时，必须承担相应的责任。

可见，法治能够有效防止政府权力滥用而导致其责任落空的现象，保障政府切实担负其责任。要建设责任政府，就要提升宪法权威、实施依宪治国、推进依法行政、建设法治政府。

（三）政治责任与管理责任的有机统一下的责任政府是有限政府

政治责任与管理责任的有机统一作为政治文明的高级形态，其标志之一是它在政府模式的设计上坚持权力与责任的辩证统一，既赋予政府一定权力以确保政府能够担负其责任，又规定政府一定责任以防止政府权力滥用，从而构建起有限政府。美国学者西瑟指出："政治责任与管理责任的有机统一政体在这一结构性意义上促进了深思熟虑的决策和有活力的管理，它也建立了保护各项权利的有限政府。"① 如果说政府权力是一匹烈马——不受限制的政治权力乃是世界上最有力的、最肆无忌惮的力量之一，那么政府责任就是驾驭这匹烈马的缰绳——在政府责任的约束下，政府权力不是并且也不能是专断的。政府责任与政府权力如影随形，使政府权力受到政府责任的约束而成为有限权力，使政府不能越权而成为有限政府。

首先，有权必有责。在责任政府中，政府的权力不仅可以行使，而且必须行使、不得放弃；放弃权力，就是不履行法定义务，就是失职渎职，就是对责任政府的背离。其次，用权受监督。政府权力在行使过程中既受立法机关、司法机关的监督，也受社会组织和人民群众的监督，从而防止它发生偏向。最后，侵权要赔偿。这里的“权”是指公民权利，如果政府权力行为造成对公民权利的侵害，政府应该依法给与赔偿。

（四）政治责任与管理责任的有机统一下的责任政府是服务政府

虽然宪法对责任政府的责任的规定有积极和消极之分，但它以积极责任为价值取向，宪法对消极责任的规定是为了敦促政府切实承担积极责任。政府的积极责任即政府担负的保障公民权利、维护公共利益方面的责任，要求政府采

---

① ［美］詹姆斯·W·西瑟：《自由民主与政治学》，上海人民出版社，1998年，第14页。

取积极的主动的行动创造各种条件，以满足人民的物质文化生活的需要。为了实现积极责任，宪法为政府设置了消极责任，政府或政府人员在违法失职或不当行为时必须承担否定性后果，如质询、弹劾、罢免等。宪法对政府责任的这种价值取向使得政治责任与管理责任的有机统一下的责任政府成为服务政府。政府是公共利益的代表，政府权力来自人民，因此政府必须服务人民，政府工作人员必须多考虑公众的利益和福利，少考虑自我、家庭、宗族和部落的利益和福利。目前，一些国家在建立责任的过程中提出了顾客导向型政府模式，如美国《国家成效评估报告》提出“政府要服务的是我们的顾客”，强调将民众的需求作为政府提供服务的指南；马来西亚《顾客政治责任与管理责任的有机统一》要求政府提供的服务品质不能低于私人企业的服务水平。我国责任政府建设必须以服务型政府为重要目标，坚持权为民用、情为民系、利为民谋，以实现人的全面发展为目标，从人民群众的根本利益出发谋发展、促发展，不断满足人民群众日益增长的物质文化需要，切实保障人民群众的经济、政治和文化权益，让发展的成果惠及全体人民。

四、地方政府权责绩效对称的评价尺度

地方政府权责绩效的合理界定标准，在其规范性的价值评价尺度上，体现为权责绩效的对称性。由于从传统一元行政走向现代公共行政，其政府绩效的评价，体现为经济的、政治的、文化的、社会的多种检验结果的动态统一过程，因而，考察地方政府权责绩效的对称性，也同样受到多个变量因子的制约。根据当今世界政府改革理论和当代中国地方政府改革实践的发展现状，结合我国社会主义市场经济与和谐社会建设的需要，在进行地方政府权责绩效对称性分析的时候必须对法治、责任、服务、学习等价值预设“深思熟虑”，并把法治、服务、责任、学习作为政府权责绩效对称模型的重要变量。这些变量与公共性、市场化之间的内在逻辑是：从法治的角度来说，公共性与市场化是法治的基本内核之一；从责任的角度来说，公共性是政府存在的前提，市场化有利于政府更好地履行责任；从服务的角度来说，服务是政府公共性内容的体现，市场化是提高服务效率、服务质量和服务水平的重要保障；从学习的角度来说，学习是政府创新的源泉，市场化加速政府的创新，创新的归宿在于保证政府的公共性；根据地方政府在经济中观调节、市场监管、社会管理和地区公共服务中，权责对称的基本要求，在确保政府公共性和市场化合理平衡的前提下，通过结构化法治、服务、责任、学习等要素，把法治政府、责任政府、服务型政府、学习型政府整合为地方政府权责对称的评价依据。

（一）影响地方政府权责绩效的变量因子

1.“法治”变量依据

法治的思想起源于自然法，是一种治理国家的理论和原则。它既是一套行为规则，又是一种精神的集合体；既是一种社会的组织模式，又是一种特定精神原则指导下的价值选择。法治、民主政治和市场经济是现代社会制度的三大特征，其基本逻辑是由“市场经济”经“有限政府”到“民主政治”的法治轨迹。一方面，法治从宪政的层面、市场经济的层面和民主政治的层面作用于政府。另一方面，法治促成秩序、自由和正义。在社会主义市场经济条件下，政府的公共行政必须具有公共性、市场化和创新性，树立法治观念、效率观念、竞争观念、服务观念、成本观念、责任观念和信用观念，实现行政权力法定化、行政程序公开化、行政执法规范化、法律监督体制化，按照公正和法治的原则切实履行政府的职能和责任，按照规模适度的原则科学设置政府机构和合理调控政府财政支出规模，按照法治和德治相结合的原则不断提高政治民主水平，科学构建和谐的法治政府。

2.“服务”变量依据

早在1943年毛泽东同志就提出“为人民服务”，1944年发表的《为人民服务》第一次从理论上阐述了为人民服务的科学理论，“全心全意为人民服务”被确立为党的根本宗旨，同时也成为政府行政的基本原则。“立党为公”、“执政为民”、“权为民所用、情为民所系、利为民所谋”等是当代“服务”思想的具体化，凸现了建构服务型政府的必要性和重要性。从西方行政理论的发展来看，政府公共性理念是服务型政府的原初理念，民主理论是服务型政府的奠基性理论，马克思主义代表制思想是服务型政府的直接指导思想，现代公共行政学理论是服务型政府的直接支撑，法治理论是服务型政府的制度基础。鉴于此，我国的服务型政府应该是一个坚持以人为本的服务理念、依法行政的服务准则、顾客导向的服务模式、绩效评估的服务考核、过错追究的服务责任的政府。

3.“责任”变量依据

政府的责任是指政府能够积极地对社会民众的需求做出回应，并采取积极的措施，公正有效地实现公众的需求和利益。政府被划分为不同的部门和组织，正是来源于对不同层级和不同方面的组织回应的要求。从“市场”的观点来看，当一个政府回应并满足了“民众市场”的要求时，政府就是有责任的。责任政府是现代民主政治的一种基本理念，要求政府必须回应社会和民众的基本要求，积极地履行其社会义务和职责，承担道义上的、政治上的、法律上的责任，并自觉接受内部和外部的监督。同时，责任政府也是一种对政府公共行政进行民主控制的制度安排，意味着保证政府责任实现的责任控制机制。当代中国行政改革的一个目标选择就是建构责任政府，其路径是树立责任行政理念、加强责任行政的立法、健全监督机制和责任追究制度以及创新公民导向的管理方式。

4. “学习”变量

学习型政府是以适应知识经济的发展要求为方向，以实现人的全面发展为中心，以不断提高政府机关公务员的综合素质、持续创新能力和整体绩效为目标，实施以知识共享和知识创新为内容的知识领导，以期更好地实现强化宏观调控、管理社会事务、提供公共服务职能的新型政府。学习型组织理论认为，学习型组织是持久的、非个人行为的行为组织，是一个便于信息交流和共享学习成果的系统。政府必须认识到自身所处环境的变化，顺应不断变化的国际国内局势，通过不断学习，借鉴成功的经验，转变固有思维模式，实现自我超越，建立具备超前的战略眼光和系统思考能力的“学习型政府”。学习型政府信守“应变的根本之道在于学习”，强调“终身学习”的理念，要求人们改变原有的学习观念、学习体制和学习方法，将学习与工作融合，激发每个成员的潜能，实现个体的自我超越，最终提升整个组织的应变能力。

（二）地方政府权责绩效的评价尺度

建设一个民主的、法治的、服务的、学习的政府是实现地方政府权责对称建设的政治责任与管理责任的有机统一目标，实现这一目标需要我们作出长期的努力。应该说，新中国成立以来尤其是改革开放以来，我国责任政府建设取得了巨大成就，政府法制建设不断加强，政府职能逐步转变，行政监督制度不断完善，政府工作人员的法律意识、责任意识增强。然而，目前责任政府状况与政治责任与管理责任的有机统一要求仍有一定距离，政府职责错位、缺位的问题不同程度地存在，一些地方有法不依、执法不严、违法不究的现象比较严重，对行政权力的监督和制约机制还不够健全，权力与利益挂钩、与责任脱钩的问题没有完全解决，一些政府工作人员法制观念淡薄、责任意识不强。近年来，围绕地方政府在履行公共责任中，基于权责的非对称性，而引发的社会冲突事件（如瓮安事件，孟连事件等），已足以说明，强化政府权责对称的必要性。从根本上解决这些问题，需要加快责任政府建设的步伐，在政治责任与管理责任的有机统一的视野，尤其需要通过以下方面，来建构地方政府权责绩效对称的评价尺度。

一是加速政府理念更新，建立思想评价尺度。

我国政府理念随着政府改革和法治建设的推进而逐步更新，传统的政府万能、行政管制、权力至上、命令行政等理念被逐步摈弃，依法行政、民主行政、服务行政、责任行政等理念逐步树立。然而直至今日，基于计划经济的那种政府全能、政府万能的思想观念仍然残存于一些人的头脑中，甚至有些时候还在影响政府政策。建设责任政府，必须加速政府理念更新，其中尤其要树立以人为本的政府理念。以人为本政府理念是人民主权、基本人权、制约权力等原则的集中体现，它意味着政府权力来源于人民，政府一切活动为了人民、依靠人民，政府以服务人民为产生和存在的目的，担负起维护公共利益、保障公民权利之重任。在以人为本的政府理念指导下，政府建设将“抓住发展这个第一要务，坚持科学发展观，按照‘五个统筹’的要求，更加注重以人为本，更加注重改革创新，着力解决经济社会发展中的突出矛盾，着力解决关系人民群众切身利益的突出问题，正确处理改革、发展、稳定的关系，推动经济社会全面、协调、可持续发展，实现社会主义物质文明、政治文明和精神文明共同进步”①。

二是深化政府职能转变，建立权责归属的评价尺度。

改革开放以来，我国政府职能转换逐步推进，从政府无所不管到政府与企业、市场、社会的关系逐步理顺，但直至今日政府职能依然滞后，政府干预不足与政府干预过度同时并存、市场失灵和政府失效交替出现。深化政府职能转变就要在继续搞好经济调节、加强市场监督的同时，更加注意履行社会管理和公共服务职能，其核心问题不再是“管什么”的问题，而是“如何管”的问题。解决这一问题，要求政府在履行经济职能时，从经济活动的积极参加者转变为制度保障者、市场环境缔造者和公正仲裁者，通过体制创新和完善政策，为激发市场主体的积极性、创造性营造良好的制度和制度环境；要求政府在履行社会职能时着力于“扩大就业、维护劳动者合法权益、加大收入分配调节力度、健全社会保障体系、加大扶贫工作力度、扩大城乡居民消费等方面，当然在一定程度上还包括社会主义新农村建设和促进区域协调发展”；

① 温家宝：《政府工作报告——在第十届全国人民代表大会第二次会议上》，人民网，2006 年 3 月 21 日。

要求政府在履行公共服务职能时“面向人民日益增长的需要，一视同仁地增加或完善基本的公共服务，如基础教育、医疗卫生、社会治安、良好生态环境等等”①。

表 5－2　基于四维立体逻辑框架的地方政府绩效评估指标体系

综合指标	分类指标	单项指标	功能说明	说明
业绩指标	1. 经济发展	1.1 国内生产总值（GDP）增长率（%）	经济发展速度	通用
		1.2 第三产业增加值占 GDP 比重	经济增长质量	通用
		1.3 规模以上工业总产值（万元）	工业化水平	通用：考虑样本属性
		1.4 地区经济增长速率（%）	地区重大经济项目	考虑样本属性
		1.5 年招商引资规模（万元）	资源利用	考虑样本属性
	2. 公共服务	2.1 基础设施投资总量（万元）	基础设施发展	考虑样本属性
		2.2 成人平均受教育年限（年）	教育文化事业发展	通用指标
		2.3 万人拥有病床数（床）	医疗卫生事业发展	通用指标
	3. 社会管理	3.1 基尼系数	社会和谐程度	通用指标
		3.2 社会保障覆盖率（%）	社会保障事业发展	通用指标
		3.3 城镇登记失业率（%）	社会劳动就业	通用指标
		3.4 年刑事案件民案率（%）	社会治安	通用指标
		3.5 生产和交通事故死亡人数（个）	社会突发事件	通用指标
	4. 人口与环境	4.1 人口预期寿命	人口综合健康状况	通用指标
		4.2 工业固体废弃物排放处理率（%）	环境保护	通用指标

① 周志忍：《新时期深化政府职能转变的几点思考》，《中国行政管理》，2006 年（10）。

续表

综合指标	分类指标	单项指标	功能说明	说明
成本指标	5. 政府运行成本	5.1 行政经费开支（万元）	政府运作开支	通用指标
		5.2 行政人员工资总额（万元）	公务员工资	通用指标
	6. 政府投资成本	6.1 政府固定资产投资规模（万元）	绩效的显性成本	通用指标
		6.2 政府优惠政策投入	绩效的隐性成本	考虑层级属性
	7. 政府管理额外成本	7.1 单位 GDP 能耗（吨）	政府耗能	通用：考虑样性属性
		7.2 政府权力寻租导致的财政损失	政府腐败成本	通用指标
		7.3 政府管理部门内耗和冲突	政府内耗成本	通用指标
内部管理	8. 政务管理	8.1 政府政务的公开度	政务公开测评	考虑样本属性
		8.2 公众对政府工作的满意度	公众的表达态度	考虑层级特征
	9. 政策制定与执行	9.1 政策的科学性、稳定性程度	政策制定	考虑层级特征
		9.2 政策执行的公正性	政策执行	考虑层级特征
	10. 行政效率与作风	10.1 腐败案件发生率（%）	行政效率情况	通用指标
		10.2 思想、作风、组织和班子建设情况	绩效预期态势	考虑层级特征
	11. 人力资源	11.1 公务员本科以上学历者比重（%）	潜在绩效增长能力	通用指标

三是全面推行依法行政，建立权责运行的法治尺度。

历史和现实都已证明，法律对于权利来讲是一种稳定器，而对于失控的权力来讲则是一种抑制器。为了防止政府权力滥用而背离政府责任，就要以法律规制政府权力、实行依法行政。目前，我国依法行政取得了巨大成绩，但与责任政府的要求依然有一定距离。责任政府建设要求全面推行依法行政，其具体要求至少包括两个方面：一方面，改进政府立法工作，提高立法质量，使责任政府建设具有良好的法律基础。政府立法工作要以发展的马克思主义为指导，依据良法的标准，按照科学发展观的要求，在继续加强经济调节、市场监管方面立法的同时，更加重视社会管理、公共服务方面的立法，重点加强节约资源、保护生态环境、就业和社会保障、应对和处置突发公共事件、促进社会稳定、维护市场秩序等方面的立法。另一方面，完善行政执法，提高行政执法水平。各级政府按照法定职权和程序行使权力、履行职责；政府工作人员学会并善于处理经济社会事务；加强行政执法监督，建立结构合理、配置科学、程序严密、制约有效的制约机制，促进严格执法、公正执法和文明执法，实现责权统一，做到有权必有责、用权受监督、侵权要赔偿；加强对政府工作人员的法治教育，提高政府工作人员的责任意识。

四是确证政府责任制度，建立权责运行的责任尺度。

建设责任地方政府的权责对称性，责任制度是根本。改革开放以来，我国加强了政府责任制度建设，宪法、行政诉讼法、行政监察法、行政复议法、国家赔偿法、行政许可法等的制定和完善，使政府履行责任基本上有法可依，但目前政府责任制度依然存在疏漏，导致一些领导者不是向人民负责，而是向直接拥有决定他们职务升迁的上级机关负责，由此形成政府不作为以及腐败现象。解决这些问题，需要完善政府责任制度，具体包括：完善政府决策责任制度，制定重大决策产生的相应规程，以避免缺乏科学依据的提案成为决策并付诸实施；实行依法决策、科学决策、民主决策，提高决策的法治化、科学化、民主化水平；完善行政执行责任制度，明晰决策者和执行者之间的职责权限、实行分工负责制，明晰行政执行的程序与标准、防止滥用自由裁量权，明确政府与社会、市场和公民的职能疆界，减少政府对市场、公共事务和私人事务的干预；完善政府责任绩效评估制度，不以 GDP 论英雄、不以单纯的收益为标准，而是重视政府服务质量、社会效果和民众的满意程度，重视成本核算、以低投入高产出为标准；完善政府责任监督制度，将政府内部监督同政府外部监督结合起来，将政府内部自上而下的监督和自下而上的监督结合起来，形成结构合理、配置科学、程序严密的监督体系；以违宪责任为重心，完善追究政府法律责任的制度。

第五节　公众满意度对地方政府绩效测评指标的实证研究

前四节分析，我们可以看到：政府绩效评估不仅仅是一种纯粹的“科学活动”，而是一种渗透着利益、权力、心理、文化等因素的“行政活动或政治活动"①。"明辨绩效评估所体现的民主法治内涵及其权力授受关系，警惕倒置目的与手段的唯工具主义倾向，防止绩效评估在实施过程中的价值扭曲，就成为一个意义重大的原则性问题"②。

党的十七大报告明确提出，要"加快行政管理体制改革，建设服务型政府"。与西方国家"政府再造"、企业化政府改革以及治道变革趋势相对应，我国政府管理体系改革的根本目标和核心使命就是要建设具有政府绩效的服务型政府。服务型政府是以公共职能履行、公共责任实现、公共财政管理、公共服务绩效评估等内容为理论框架的。因此，政府绩效评估体系必须坚持科学的价值理念和正确的战略导向，在目前我国就是要坚持以服务型政府建设为导向，实现政府绩效评估工具理性与价值理性有机统一，在"公众本位"所蕴含的政治理念的指导和"公共服务"职能体系的约制下，基于理想与现实、工具与价值之间的张力，立足对现行政府绩效评估体系的批判，追求理想政府模式（服务型政府）下的绩效评估价值取向。

本节根据公众的需要，由政府所提供的公共服务与公共产品，又根据公众对公共服务与公共产品的满意程度来评估政府管理绩效，从而确定政府管理对公众负责、提高服务质量的公共责任机制与运行机制，以映证地方政府经济绩效、政治绩效、社会绩效和文化绩效。

一、选例的缘起

目前国内外学术界对公共部门顾客满意度测评方面的研究，已经成为一个理论热点。早在1936年Dimock就提出"顾客满意标准在政府运作过程中的运用应当与企业中的运用一样广泛。如果行政官员能够像企业管理者那样始终关注最终结果，即顾客满意度，那么内部行政运作亟需改革以改善服务就不言自明了。"③ Claes Fornell（2005）运用顾客满意度指数（ACSI）测量了联邦政府23个部门1999~2005年满意度的变化趋势及其原因，发现公众对公共部门服务的期望值大大低于私人部门，也低于政府实际服务质量指数，同时发现规制

① 张璋：《政府绩效评估的元设计理论：两种模式及其批判》，《中国行政管理》，2000年6期，第46页。

② 刘春萍、徐露辉：《地方政府绩效评估与责任政府建设》，《社会科学战线》，2007年5期，第184页。

③ ［美］戴维·H·罗森布鲁姆、罗伯特·S·克拉夫丘克：《公共行政学：管理、政治和法律的途径》，中国人民大学出版社，2002年版，第28页。

性部门公众满意度低于为公众提供利益的部门。①

就国内相关研究而言，研究主要集中在对政府公众满意度测量的价值阐释和操作技术实施与建构等方面，如徐友浩、吴延兵：《顾客满意度在政府绩效评估中的运用》，天津大学学报（社会科学版），2004 年第 4 期，结合中国国内政府绩效评估方面存在的问题，提出了要采用顾客满意度来评估政府绩效；吴建南、庄秋爽：《测量公众心中的绩效：顾客满意度指数在公共部门的分析应用》，管理评论，2005 年第 5 期，对美国顾客满意度指数在公共管理部门应用的背景、测量模型及结果运用三个方面进行了分析与评估，对构建我国公共部门的顾客满意度测量体系提出了建设性建议；王谦、李锦红：《政府部门公众满意度评价的一种有效实现途径构建基于政府信息平台（GIP）的公众满意度评价思路》，中国行政管理，2006 年第 1 期，借助网络信息技术来实现政府绩效评估；刘武、杨雪：《论政府公共服务的顾客满意度测量》，东北大学学报（社会科学版），2006 年第 2 期，分析我国政府公共服务的顾客满意度测量模型指标体系的构建，以及顾客满意度测量在我国政府窗口服务部门开展的操作可行性；朱国玮：《公共服务供给绩效评价研究——基于消费者视角的理论阐释与实证研究》，中国教育文化出版社，2006 年版，从消费者的角度对公共服务供给绩效进行了理论阐释和实证研究。

从实践方面看：我国许多地方政府，组织社会公众对政府服务部门进行绩效测评，并以公众满意度作为评定政府绩效的依据。如湖北省阳新县从 1998 年 2 月开始评定“人民不满意领导班子”，以召开座谈会、调查走访、发放问卷、投票打分等形式征求 5000 余名干部群众的意见，县直机关的 95 个正局级单位都是测评对象。② 1998 年 12 月初到 1999 年 11 月中旬，拥有 570 多万人口的特大城市沈阳举行了大规模的市民评议政府的活动。2000 年，珠海市也举行了“万人评议政府”的活动。③

二、建立公众满意度测评指标的原则

公众满意度测评指标中的公众期望、公众对政府服务质量的感知、公众对公共产品和服务价值的感知、公众满意度、公众抱怨等均为隐变量，都是不能

---

① Claes Fornell, Michael D Johnson, Eugene W1 Anderson, Joe sung cha, &Barbara Everit Bryant. The American Customer Satisfaction Index Nature, Purpose and Findings. 1 Journal of Marketing, 1996, 60, (Oct): 7 ~ 181.

② 《湖北日报》，2000 年 4 月 26 日。

③ 杨玲：《珠海万人评政府》，北京青年报（网络版），2000 年 2 月 18 日。

直接测评的。我们对这些不能直接测评的潜变量，是通过与之相对应的显变量的测评而反映。从而在建立公众满意度测评指标时，必须遵循以下几条原则：

第一，建立的公众满意度测评指标体系，必须是公众认为重要的。由公共服务的使用者来确定测评指标体系是设定测评指标体系最基本的要求。因此，要准确把握公众的需求，应选择公众认为最关键的测评指标，比如社会保障力度和公共安全等。

第二，测评指标必须能够控制。公众满意度测评会使公众产生新的期望，促使政府采取改进的施政措施。但如果政府在某一领域还无条件或无能力采取行动加以改进，则应暂不采用这方面的测评指标。

第三，测评指标必须是可测量的。公众满意度测评的结果是一个量化的值，因此设定的测评指标必须是可以进行统计、计算和分析的。

第四，建立公众满意度测评指标体系还需要考虑到不同公共产品和服务之间的比较，设定测评指标时要考虑到服务主体的特性。

三、理论借鉴

在本文中笔者借用 1998 年清华大学经济管理学院建立的中国国家用户满意度指数（CCSI）模型（模型结构如图 1）为基础，根据我国服务型政府建构的思路和宗旨，建构地方政府公众满意度测评指标模型。在以往的政府服务公众满意度研究中，人们更多的是关注最终结果的表现形式，即仅关注公众是否很满意、较满意或满意、很不满意，而不注重研究影响公众满意度的构成要素及其在测评系统中所在的权重，从而不能从根本上找到提高公众满意度的方法和途径。

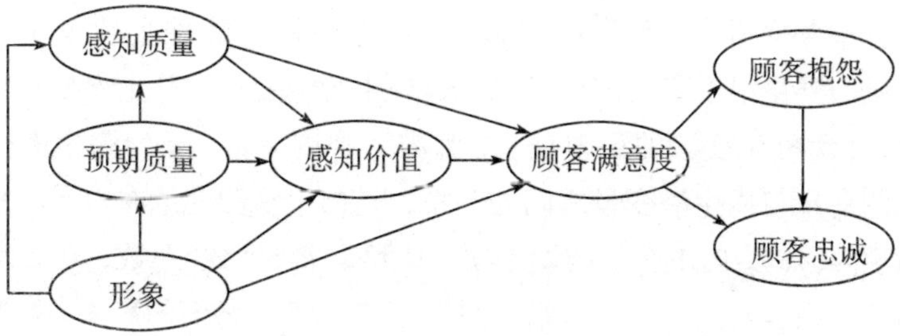

图 5－1　中国国家用户满意度指数（CCSI）模型

本研究中希望通过结构方程模型，来反映公众满意度这个潜变量与服务型政府这个显变量之间的线性关系，同时也反映潜变量体系和显变量中各个外生变量对内生变量的线性关系，并计算各指标在模型中的权重比例。最后，检验和修正模型，建构基于服务型政府的地方政府公众满意度测评指标。

四、实证研究

（一）实证研究总体思路

为了使公众满意度测评指标的研究成为可直接观测的概念和范畴。我们通过结构方程模型的运用，来观测显变量与潜变量之间，以及潜变量内部各要素之间的相互关系。它涵盖了对多种原有的多变量数据进行分析，适用于对抽象的概念进行定序、定类、定距和定比考察，并整合了路径分析、验证性因素分析与一般统计检验方法的变量分析优势，既包含着因子分析与路径分析的优点，又考虑到误差因素，从而使得所采集的分析因子，不需要受到路径分析假设条件的限制，这有助于研究者对影响抽象概念的各组潜变量因子之间，进行探索性分析和验证性分析。

在具体应用中，结构方程模型是假定一组潜在变量之间存在着因果关系，潜在变量可以分别用一组显变量表示，是某几个显变量中的线性组合。通过验证显变量之间的协方差，可以估计出线性回归模型的系数，从而在统计上检验所假设的模型对所研究的过程是否合适，如果证实所假设的模型合适，就可以说潜变量之间的关系是合理的。这可通过以下三个矩阵方程式来表示：

$$x = Ax\xi + \delta \tag{1}$$

$$y = Ay\eta + \varepsilon \tag{2}$$

$$\eta = B\eta + \Gamma\xi + \zeta \tag{3}$$

其中，方程（1）和方程（2）被称之为测量模型，方程（3）则是结构模型，方程中各变量含义如下：x 为外生观测变量，ξ 为外生潜变量，Ax 为外生观测变量与外生潜变量之间的关系，是外生观测变量在外生潜变量上的因子载荷矩阵，ζ 为外生变量的误差项。y 为内生观测变量，η 为内生潜变量，Ay 为内生观测变量与内生潜变量之间的关系，是内生观测变量在内生潜变量上的因子载荷矩阵，ε 为内生变量的误差项。B 和 Γ 都是路径系数，B 表示内生潜变量之间的关系，Γ 则表示外生潜变量对于内生潜变量值的影响，ζ 为结构方程的误差项。

（二）实证研究设计

1. 指标假设

通过分析、借鉴，构建基于公众满意度视角的政府公众满意度测评指标体系，其主要指标假设如下：

行政形象：分别从“你对政府的服务态度是否满意；你对政府的服务效率是否满意；你对政府的办公硬件是否满意；你对政府的透明、阳光行政是否满意和你对政府的服务方式是否满意”这5个方面作为标识变量来反映政府行政的形象。

评估参与主体：“你对目前被允许参与评估的主体的范围是否满意、你对目前被允许参与评估的主体的参与方式是否满意和你对目前被允许参与评估的效率是否满意”这3个方面作为标识变量来反映评估参与主体指标。

环境保护：“你对目前城市空气质量是否满意、你对目前居民饮水状况是否满意和你对目前城市规划和环境状况是否满意”这3个方面作为标识变量来反映环境保护指标。

公共物品供给：“你对政府基础设施建设供给是否满意，你对政府公共教育供给是否满意，你对政府医疗保障供给是否满意和你对政府就业机会供给是否满意”这4个方面作为标识变量来反映公共物品供给指标。

依法行政：“你对政府依法律程序办事的执行状况是否满意、你对政府依法律确定职权的执行状况是否满意、你对政府依法律办事、法律优先的执行的状况是否满意和你对政府依权责统一状况是否满意”这4个作为标识变量来反映依法行政。

行政成本：“你对政府行政预算合理性是否满意、你对所产生的行政成本是否满意和你对行政费用的用途及方式是否满意”这3个方面作为标识变量来反映行政成本指标。

公众满意度：“你对政府的支持程度、你对政府充满信心的程度、你对政府总体满意度和实际服务绩效与理想比较后的感受的满意度”这4个作为标识变量来测量公众满意度这个潜变量。

2. 结论假设

根据指标假设，构建模型假设（模型如图2所示），根据模型假设设定我们需要论证的结论假设，其关系如下：

Ksi1（行政形象）对Eta1（公众满意度）有正向影响

Ksi2（评估参与主体）对Eta1（公众满意度）有正向影响

Ksi5（环境保护）对Eta1（公众满意度）有正向影响

Ksi6（公共物品供给）对Eta1（公众满意度）有正向影响

Ksi3（依法行政）对Eta1（公众满意度）有正向影响

Ksi4（行政成本）对 Eta1（公众满意度）有正向影响

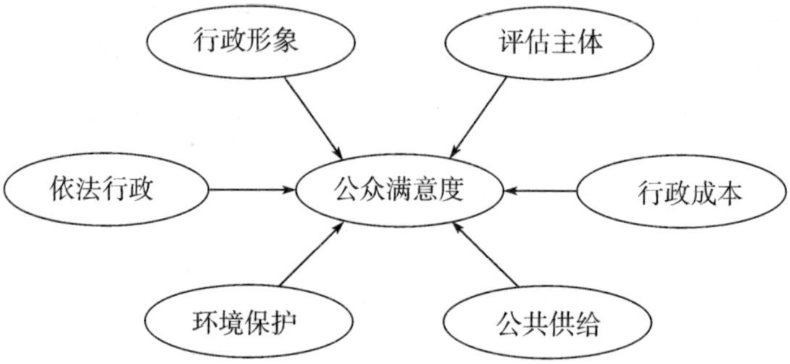

图 5－2　地方政府公众满意度测评指数模型

以上仅仅是我们从理论上得到的一系列假设，其实际如何，本文借用统计学相关论证技术进行实证研究，以期对我们上述假设进行验证和修正，并计算各个指标在模型中的权重比例。

（三）实证研究论证

1. 问卷设计与数据来源

本文通过查阅分析有关的文献和书刊以及分析研究我国近几年各地方政府发展的政府公众满意度测评指标体系所存在的问题，遵循指标设置的原则，并通过理论分析、专家咨询、公众参与等，获取指标信息，以利克特五点量表测量法制作问卷，共设置 45 个题目，记分方法为：1 表示非常赞成；5 表示最不赞成。为了研究成果体现一般的规律性，在本文，通过对广州、肇庆、梅州和湛江等地的民众进行随机抽样问卷调研，调研时间持续约为 15 个星期左右。共发放纸质问卷 2200 份，回收问卷 1935 份。在对不符合要求的样本进行剔除之后，共获得有效纸质样本 1790 份，回收率为 87.95%，有效率为 92.51%，均处于较理想的水平。同时在这次调查对象中基本覆盖了当今民众的范围，在整个调查对象中，工人为 30.5%，农民为 36.3%，学生及教师为 13.65%，自由职业者为 12.35%，公司法人代表为 3.2%，其他的为 4%，这使得样本的调查对象具有代表性。

2. 因子分析检验

因子分析：具体分析方法是采用主成分分析法（Principal Components Analysis），通过碎石图（Scree Plot）检验判定因子个数，并以最大方差直交旋法（Varimax Rotated）求得主要因子。具体由 SPSS 分析软件操作完成。本研究的因子分析结果如下表：

表5-3 因子分析结果

特点	数学名称	变量	因子						
			1	2	3	4	5	6	7
行政形象	Ksi1	X1 你对政府的服务态度是否满意	.633						
		X2 你对政府的服务效率是否满意	.881						
		X3 你对政府的办公硬件是否满意	.919						
		X4 你对政府的透明、阳光行政是否满意	.529						
		X5 你对政府的服务方式是否满意	.702						
评估主体	Ksi2	X6 你对目前被允许参与评估的主体的范围是否满意		.820					
		X7 你对目前被允许参与评估的主体的参与方式是否满意		.941					
		X8 你对目前被允许参与评估的效率是否满意		.881					
环境保护	Ksi3	X9 你对目前城市空气质量是否满意			.826				
		X10 你对目前居民引水状况是否满意			.799				
		X11 你对目前城市规划和环境状况是否满意			.682				
公共供给	Ksi4	X12 你对政府基础设施建设供给是否满意				.869			
		X13 你对政府公共教育供给是否满意				.760			
		X14 你对政府医疗保障供给是否满意				.888			
		X15 你对政府就业机会供给是否满意				.871			

续表

特点	数学名称	变量	因子						
			1	2	3	4	5	6	7
依法行政	Ksi5	X16 你对政府依法律程序办事的执行状况是否满意					.792		
		X17 你对政府依法律确定职权的执行状况是否满意					.923		
		X18 你对政府依法律办事、法律优先的执行的状况是否满意					.937		
		X19 你对政府依权责统一状况是否满意					.910		
行政成本	Ksi6	X20 你对政府行政预算合理性是否满意						.945	
		X21 你对所产生的行政成本是否满意						.912	
		X22 你对行政费用的用途及方式是否满意						.879	
公众满意	Eta1	Y1 你对政府的支持程度							.873
		Y2 你对政府充满信心的程度							.864
		Y3 你对政府总体满意度							.874
		Y4 实际服务绩效与理想比较后的感受的满意度							.861

注：（1）因子抽取采用 PC 法；（2）因子转轴采用斜交旋转

通过上表，我们可以看出，因素结构是清晰的，因为因素测度指标的载荷系数均在 0.50 以上。通过因子分析，所得数据有效，适合做结构方程模型检验。

3. 样本的信度检验

(1) 服务型政府指标体系信度检验:

信度检验结果显示，服务型政府指标因素所剩的22个问题的α系数和分半信度值分别为0.9571和0.9425，都大于了0.9，因此，信度检验通过。分半信度值略比α系数小，但无显著变化。

(2) 公众满意度变量信度检验:

信度检验结果显示，公众满意度变量所有4个问题的α系数和分半信度值分别为0.9308和0.9125，都大于了0.9，因此，信度检验通过。分半信度值略比α系数小，但无显著变化。

同时，总样本的信度检验结果显示，总样本的26个变量的α系数和分半信度值分别为0.9703和0.9235，都大于了0.9，因此，信度检验通过。分半信度值略比α系数小，但无显著变化。

4. 样本的效度检验

本文采用KMO样本测度和Bartlett' s球体检验来检验样本的效度，根据学者凯瑟（Kaiser）（1974）观点，如果KMO的值小于0.5则效度很差。通过KMO and Bartlett's检验得到效度检验结果，如下表:

表5-4 KMO and Bartlett's Test

Kaiser - Meyer - Olkin Measure of Sampling Adequacy.		.930
Bartlett's Test of Sphericity	Approx. Chi - Square	15346.516
	df	351
	Sig.	.000

通过上表我们知道：本样本的KMO=0.930，BTS=0。表明本研究所取得的数据具有良好的建构效度。

5. 模型验证

在本研究中，根据上述分析和前期得到的模型图，我们将服务型政府测量指标显变量，用KsiN（N=1，2，3…）表示；将公众满意度作为潜在变量Eta。将所得数据用统计软件LISREL8.70，按照我们所得的通径图进行计算，便得到模型通径图的具体相关数据。从而，便能清晰地计算各个相关变量在整个系统中所占的权重，以及各个变量之间相互影响的强度。比如，在模型中如果公众期望与公众满意度之间的系数为0.90，则说明公众期望对公众对政府的满意度影响较强。

在上述分析的基础上，我们应用结构方程模型的高阶因子分析技术对它们进行了评价分析，得到模型的因子负荷拟合结果（见图3）。

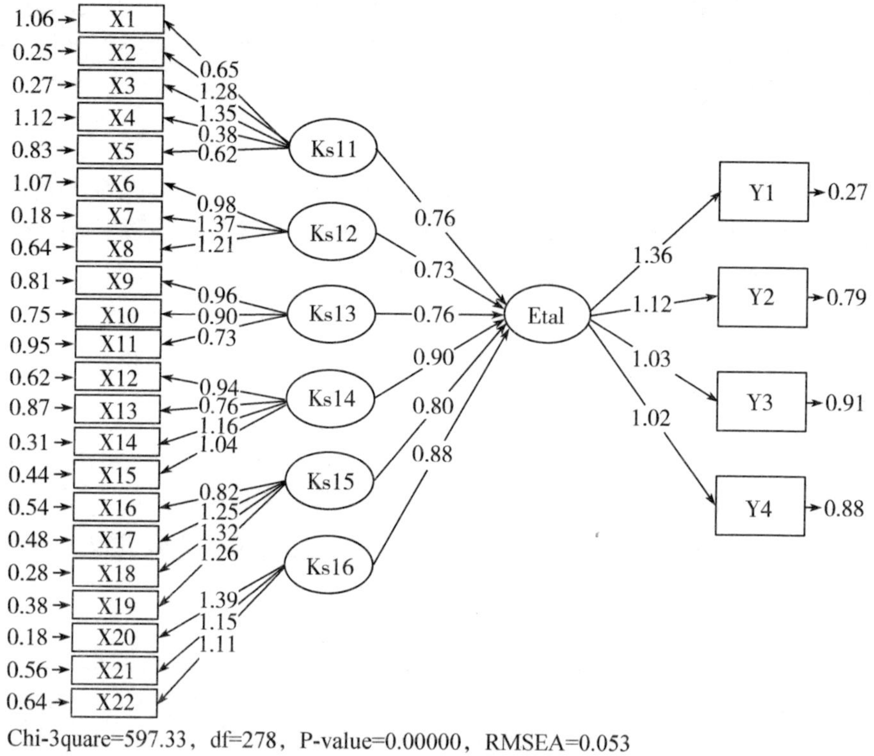

图5－3 结构方程模型负荷拟合图

图3中政府绩效测评与公众满意度6大特点结构与值数据表明，4个Y变量，22个X变量是6个特点组较好的标识变量，因为大多数的因子载荷都大于0.5。同时卡方值为597.33，自由度为278，P值为0.00000，RMSEA（Root Mean Square of Error Approximation）意为近似误差的均方根，其值为0.053（小于0.08），表明模型的拟合度较好。

为对上述结构模型的路径图和结构方程说明，依此结构方程做出表5。

表5－5 结构方程路径系数表

	Ksi1	Ksi2	Ksi3	Ksi4	Ksi5	Ksi6
Eta1	0.76	0.73	0.76	0.90	0.80	0.88

通过表3的数据可以证明：行政形象对公众满意度达到显著的正向影响；评估参与主体对公众满意度达到显著的正向影响；依法行政对公众满意度达到显著的正向影响；行政成本对公众满意度达到显著的正向影响；环境保护对公众满意度达到显著的正向影响；公共物品供给对公众满意度达到显著的正向影响。故本文的6个假设都获得支持。

6. 指标权重分配

根据结构方程模型负荷拟合图（见图3），对指标进行权重分配。将六个维度的负荷相加，每一个维度的负荷除以该值，即为该维度指标所占的权重。因为行政形象、公众满意度、评估参与主体、依法行政、行政成本、环境保护、公共物品供给的因子负荷分别0.76、0.73、0.76、0.90、0.80、0.88，则它们的和为4.83，因此行政形象的权重为0.76 /4.83 = 0.16，依次类推可以计算出另外5个指标的权重，同理也可以计算出每个标识变量指标的权重。

五、结语

公众满意度的测量是一项全新的公共政策研究课题，也是将统计学应用公共管理学中的一个尝试。只有积极探索科学的行政管理手段，导入科学的管理和测评技术，才能使政府的服务质量、政府的服务效果符合人民的要求，才能使政府的权责运行代表更广大人民群众的根本利益，为服务型政府的建构做出积极贡献。

但由于本文的数据不是来自全国各地，因而，我们的研究有其局限性。在数据整理过程中，有些调查样本已对政府公众满意度测评进行了修正，所以应对样本进行追踪调查，以进行后续研究。同时，在我国关于地方政府公众满意度测评指标的实证研究还不多，本研究可以考虑在理论框架、数据分析方法等进一步完善的基础上，扩充样本数据、并对样本进行跟踪调研，以推进地方政府公众满意度测评指标实证研究的发展。

主要参考文献

中文部分

1. [美] 阿瑟·奥肯著，王奔洲译：《平等与效率———重大的抉择》[M]，北京：华夏出版社，1987。

2. [美] 奥斯本等著，王忠明译：《改革政府——企业精神如何改革着公营部 [M]，上海译文出版社，1996。

3. [美] 布坎南著，吴良建等译：《自由、市场和国家》，北京经济学院出版社，1988年版。

4. [美] 查尔斯·J·福克斯著，楚艳红等译：《后现代公共行政———话语指向》[M]，中国人民大学出版社，2002。

5. [美] 弗雷德里克森著，彭和平等译：《论新公共行政学》[G]，国外公共行政理论精选，北京中央党校出版社，1997。

6. [美] 怀特著，彭和平等译：《公共行政学研究导论》[G]，国外公共行政理论精选，北京中央党校出版社，1997。

7. [英] 科斯等著，刘守英译：《财产权利与制度变迁》[M]，上海三联书店，1991。

8. [德] 柯武刚等著：韩朝华译：《制度经济学》[M]，北京商务印书馆，2002。

9. [美] 科斯：盛洪等译《论生产的制度结构》，上海三联书店，1994 年。

10. [德] 马克斯·韦伯著，黄宪起等译：《韦伯文集》（下），中国广播出版社，2000 年版。

11. [德] 马克斯·韦伯著：《经济与社会》(上)，商务印书馆，1997 年版。

12. [英] 诺斯著，陈郁等译：《经济史中的结构与变迁》，上海三联书店，1994 年版。

13. [美] 尼古拉斯·亨利著，李方译：《公共行政学》[M]，北京华夏出版社，2002 版。

14. [美] 斯蒂尔曼编著，李方等译：《公共行政学》，中国社会科学出版社，1998年版。

15. [美] 斯蒂格利茨，黄险峰等译：《经济学》(第二版) 上册，中国人民大学出版社，2002 年版。

16. ［法］托克维尔著，董果良译：《论美国的民主》［M］．北京商务印书馆，1988。

17. ［澳］欧文·E·休斯著，张成福等译：《公共管理导论》［M］．中国人民大学出版社，2002。

18. 欧州公共部门通用评估框架（CAF）资料汇摘［C］，国家行政学院，2005。

19. ［美］威廉．邓恩著，张成福编，谢明等译：《公共政策分析导论》，中国人民人学出版社，2002 年版。

20. V·W·拉坦：《诱致性制度变迁理论》，载《财产权利与制度变迁———产权学派与新制度经济学派文集》，刘守英译，上海三联书店、上海人民出版社，1994 年版。

21. ［美］威廉姆·尼斯坎南著，王浦劬等译：《官僚制与公共经济学》，中国青年出版社，2004 年版。

22. ［美］文森特·奥斯特罗姆著，毛寿龙译：《美国公共行政的思想危机》，上海三联书店，1999。

23. 财政部财政科学研究所《绩效预算》课题组：《美国政府绩效评估体系》，经济管理出版社，2004 年版。

24. 蔡立辉：《西方国家政府绩效评估的理念及其启示》［J］，清华大学学报（哲学社会科学版)，2003（1）。

25. 范柏乃等：《影响政府绩效评估误差的因素及其对策研究》［J］，软科学，2005（4）。

26. 霍哲：《公共部门业绩评估与改善》［J］，中国行政管理，2003（3）。

27. 蓝志勇，胡税根：《中国政府绩效评估：理论与实践》［A］，OECD 亚洲公共治理中心，浙江大学，《杭州市人民政府．绩效评估与政府创新国际研讨会论文集》［C］，2007。

28. 李彦锋：《我国政府绩效评估的文化视角分析》［J］，甘肃农业，2005（11）。

29. 刘旭涛：《政府绩效管理—制度、战略和方法》，机械工业出版社，2003。

30. 孟华：《政府绩效评估：美国的经验与中国的实践》［M］，上海人民出版社，2006。

31. 彭国甫等：《地方政府绩效评估研究》，湖南人民出版社，2005 年版。

32. 史建军等：《对中国政府绩效评估若干问题的分析》［J］，经济与管理，2005（8）。

33. 吴建南等：《政府绩效立法分析：以美国政府绩效与结果法案为例》［J］，中国行政管理，2004，(9)。

34. 徐双敏：《论政府绩效评估的前提条件》［J］，决策参考，2006（4）。

35. 杨雪冬：《分权、民主与地方政府公共责任建设》［J］，华中师范大学学报，2004（6）。

36. 颜如春：《我国地方政府绩效评估存在的问题及对策研究》［J］，探索，2005（2）。

37. 卓越：《公共部门绩效评估》，中国人民大学出版社，2004。

38. 臧志军：《行政绩效评估体系在地方行政改革中的运用》［J］，上海行政学院学报，2004（6）。

39. 张璋：《 政府绩效评估的元设计理论：两种模式及其批判》［J］，中国行政管理，2000（6）。

40.《在碎裂的世界中深化民主》，载《2002 年人类发展报告》，中国财政经济出版社，2002（55）。

41. 周凯：《政府绩效评估导论》［M］，中国人民大学出版社，2006。

外文部分

1. B. Guy Peters, Institutional Theory in PoliticalScience, he New Institutionalism[M] . Londonand NewYork , Wellington House ,1999. 71.

2. B. Guy Peters, Institutional Theory in PoliticalScience, the New Institutionalism[M] . London and NewYork , Wellington House ,1999. 71.

3. Donald. F. Kettl and H. Brinton Milward, The State of Public Mangement[M] . Baltimore and London, The Johns HoPkins University Press, 1996. 3.

4. H. G. Frederiekson, Classics of Public Administration [MI. HarteourtBrace college Pubblishers. FortWorth: Texas, 1997. 58.

5. HG. Fredersekosn, Social equity and public admsnistration, A Symposium[J]. Public Administrarion Review, 1974(3) :51.

6. Hood Christopher, public Management: for all seasons [J] . public Administration. 1991 (1) :92101.

7. J ames G. March ,Jonan P. Olson, Rediscovering Institution, the Organizational Basis ofPolitics [M] . New York, The Free Press ,1989. 161.

8. JohnJ. oilulio, Gerald Gavreyand Donald F. Keetl: Improving Government Peorfrmance, An owner' s Manua, Baltimore and London, TheBrookings lnstitution ,1993. 79.

9. JackRabin, W. Barley Hildreth and Gerald J. Miller, Handbook of public Administration [M]. New York, Marcel Dekker, 1998. 21 ,21.

10. Mathew D. McCubbins ,Terry Sullivan Congress, St ructure and Policy [M] . Cambridge : Cambridge University Press, 1987 ,Kenneth A. Shopsle, Barry R. Weingast (ed) . Positive Theories of Congressional Institutions [M] . Ann Arbor, University of Michigan Press ,1995. 86.

11. Osborne, D. and. T. Gaebler. Reinventing Government, How the Entrepreneurial Spsrits Trsansforming the Public Sector From the Schoolhouse to Statehouse[M], Mass. : Addison – Wesley. 1992. 5.

12. North , Douglass C . Institution, Institutional Change and Economic Performance [M] Cambridge: Cambridge University Press ,1990. 3.

13. Pratchett. The Demise of the Public Service Ethos [M] London: Macmillan, 1997.

14. Pratchett. Democracy and Local Government. [M] London: Macmillan, 1996.

15. Stewart. J. The Rebuilding of Public Accountability[M]. London: European Policy Forum, 1992.

16. Simey, M. Democracy Rediscovered: A study in police accountability [M]. London: Pluto Press, 1984.

17. Kenneth Prewitt. Principles of American government [J]. Publishers ,1980.

18. Harty, Harry P . Performance measurement: Fashions and fallacies [J] . Public Performance & Management Review, 1999, (4).

19. Craig Foltin. State and local government performance: It's time to up [J]. The Government Accountants Journal, 1999, (1).

20. Kaplan and Norton. Linking the Balanced Scored to Strategy[J]. California Management Review, 1996, (7).

致　谢

2006年6月，当我从南开大学博士毕业，获得政治学博士学位后，在我的博士导师朱光磊教授的推荐下，获得福特基金的全额资助，到香港中文大学参加由“亚太汉学研究中心和当代中国研究中心”发起的“政治学研究方法论”研习营学习。在这里，对政治学与行政学领域的方法论构建及其研究应用，有了全面的认识和深刻的了解。

2006年9月，我到中国人民大学公共管理学院做博士后，在确定研究方向时，我与合作导师张康之教授谈起：希望从历史与逻辑、定性与定量研究相统一的方法论构建上，来探讨地方政府绩效生成的基本内容，并进行模型检验。导师十分赞许，并鼓励我认真执着，既要脚踏实地，又要大胆创新，积极进取。

时光任苒，逝者如斯夫。两年的博士后生涯，在苦读、沉思和追索之中，匆匆流逝。在博士后出站报告得以完成、并修订出版之际，谨向引领我学术成长的两位导师：朱光磊教授和张康之教授致以诚挚的敬意和衷心的感谢！

感谢中国人民大学公共管理学院的张成福教授、朱立言教授、毛寿龙教授、孙柏英教授，在两年的博士后学习和工作中，就学术前沿理论和学术信息的引领等方面，给予我的无私点拨和帮助。他们一丝不苟的科研精神和一贯严谨的治学风范，是我学习的榜样。

感谢对我书稿进行评审的各位专家评委，感谢教育部高等学校社会科学发展研究中心的资助，感谢光明日报出版社的领导和编辑，是他们的支持和帮助，才使得我有信心和勇气进一步完善出站报告，并修改充实出版。

本出站报告，是我两年工作的基本心得，由于时间仓促，存在着许多不足之处，一些观点和结论，尚待完善和进一步深入研究。

一个终点的休止意味着另一个新起点的诞生，在我的行政学学术研究生涯，进一步向前迈进之际，深深熏染我的是于“吾生有涯而学海无限”的警句中，所蕴含着的深刻寓义。我深知：作为一名青年学人，在迎接未来学海中的浩瀚知识时，需要的是务实存真的求知韧性、上下求索的学术品格！

张玉谨识

2009 年 10 月 14 日